广东省优秀社会科学家文库（系列一）

夏书章自选集

夏书章◎著

·广州·

版权所有　翻印必究

图书在版编目（CIP）数据

夏书章自选集/夏书章著. —广州：中山大学出版社，2015.11
〔广东省优秀社会科学家文库（系列一）〕
ISBN 978-7-306-05440-1

Ⅰ. ①夏…　Ⅱ. ①夏…　Ⅲ. ①行政管理—文集　Ⅳ. ①D035-53

中国版本图书馆 CIP 数据核字（2015）第 217826 号

出 版 人：徐　劲
策划编辑：嵇春霞
责任编辑：嵇春霞
封面设计：曾　斌
版式设计：曾　斌
责任校对：陈俊婵
特邀校对：吉芳芳
责任技编：何雅涛
出版发行：中山大学出版社
电　　话：编辑部 020-84111996，84111997，84113349，84110779
　　　　　发行部 020-84111998，84111981，84111160
地　　址：广州市新港西路 135 号
邮　　编：510275　　传　真：020-84036565
网　　址：http://www.zsup.com.cn　E-mail：zdcbs@mail.sysu.edu.cn
印　刷　者：广州家联印刷有限公司
规　　格：787mm×1092mm　1/16　20 印张　326 千字
版次印次：2015 年 11 月第 1 版　2015 年 11 月第 1 次印刷
定　　价：60.00 元

如发现本书因印装质量影响阅读，请与出版社发行部联系调换

夏书章

　　1919年1月生，江苏高邮人。中山大学政治与公共事务管理学院名誉院长，教授、博士生导师。享受国务院政府特殊津贴。教育部人文社科百家重点研究基地——中山大学公共管理研究中心名誉主任，兼中国行政管理学会名誉会长、中国政治学会与中国老教授协会顾问、武汉大学政治学系名誉主任、华中科技大学公共管理学院名誉院长、江汉大学名誉教授、中国政法大学兼职教授等。中国当代行政学的主要奠基人，被誉为"中国MPA之父"。历任副系主任、研究所所长、校副教务长、副校长、校务委员会副主任等职务。曾兼任全国高等教育自学考试指导委员会政治管理类专业委员会主任、全国行政学教学研究会第1届至第2届理事长、美国哈佛大学教育研究院客座教授、联合国文官制度改革国际研讨会顾问等。获得（世界）东部地区公共行政组织（EROPA）"杰出贡献"奖牌、人事部与教育部"全国模范教师"、美国公共行政学会颁发的2006年度"国际公共管理杰出贡献奖"、中国管理科学学会"管理科学特殊贡献奖"等荣誉（称号）。

"广东省优秀社会科学家文库"（系列一）

主　任　慎海雄

副主任　蒋　斌　王　晓　李　萍

委　员　林有能　丁晋清　徐　劲

　　　　魏安雄　姜　波　嵇春霞

"广东省优秀社会科学家文库"（系列一）

出版说明

哲学社会科学是人们认识和改造世界、推动社会进步的强大思想武器，哲学社会科学的研究能力是文化软实力和综合国力的重要组成部分。广东改革开放30多年所取得的巨大成绩离不开广大哲学社会科学工作者的辛勤劳动和聪明才智，广东要实现"三个定位、两个率先"的目标更需要充分调动和发挥广大哲学社会科学工作者的积极性、主动性和创造性。省委、省政府高度重视哲学社会科学，始终把哲学社会科学作为推动经济社会发展的重要力量。省委明确提出，要打造"理论粤军"、建设学术强省，提升广东哲学社会科学的学术形象和影响力。2015年11月，中共中央政治局委员、广东省委书记胡春华在广东省社会科学界联合会、广东省社会科学院调研时强调："要努力占领哲学社会科学研究的学术高地，扎扎实实抓学术、做学问，坚持独立思考、求真务实、开拓创新，提升研究质量，形成高水平的科研成果、优势学科、学术权威、领军人物和研究团队。"这次出版的"广东省优秀社会科学家文库"，就是广东打造"理论粤军"、建设学术强省的一项重要工程，是广东社科界领军人物代表性成果的集中展现。

这次入选"广东省优秀社会科学家文库"的作者，均为广东省首届优秀社会科学家。2011年3月，中共广东省委宣传部和广东省社会科学界联合会启动"广东省首届优秀社会科学家"

评选活动。经过严格的评审，于当年7月评选出广东省首届优秀社会科学家16人。他们分别是（以姓氏笔画为序）：李锦全（中山大学）、陈金龙（华南师范大学）、陈鸿宇（中共广东省委党校）、张磊（广东省社会科学院）、罗必良（华南农业大学）、饶芃子（暨南大学）、姜伯勤（中山大学）、桂诗春（广东外语外贸大学）、莫雷（华南师范大学）、夏书章（中山大学）、黄天骥（中山大学）、黄淑娉（中山大学）、梁桂全（广东省社会科学院）、蓝海林（华南理工大学）、詹伯慧（暨南大学）、蔡鸿生（中山大学）。这些优秀社会科学家，在评选当年最年长的已92岁、最年轻的只有48岁，可谓三代同堂、师生同榜。他们是我省哲学社会科学工作者的杰出代表，是体现广东文化软实力的学术标杆。为进一步宣传、推介我省优秀社会科学家，充分发挥他们的示范引领作用，推动我省哲学社会科学繁荣发展，根据省委宣传部打造"理论粤军"系列工程的工作安排，我们决定编选16位优秀社会科学家的自选集，这便是出版"广东省优秀社会科学家文库"的缘起。

　　本文库自选集编选的原则是：（1）尽量收集作者最具代表性的学术论文和调研报告，专著中的章节尽量少收。（2）书前有作者的"学术自传"或者"个人小传"，叙述学术经历，分享治学经验；书末附"作者主要著述目录"或者"作者主要著述索引"。（3）为尊重历史，所收文章原则上不做修改，尽量保持原貌。（4）每本自选集控制在30万字左右。我们希望，本文库能够让读者比较方便地进入这些岭南大家的思想世界，领略其学术精华，了解其治学方法，感受其思想魅力。

　　16位优秀社会科学家中，有的年事已高，有的身体欠佳，有的工作繁忙，但他们对编选工作都非常重视。大部分专家亲自编选，亲自校对；有些即使不能亲自编选的，也对全书做最后的审订。他们认真严谨、精益求精的精神和学风，令人肃然起敬。

在编辑出版过程中，除了16位优秀社会科学家外，我们还得到中山大学、华南理工大学、暨南大学、华南师范大学、华南农业大学、广东外语外贸大学、广东省社会科学院、中共广东省委党校等有关单位的大力支持，在此一并致以衷心的感谢。

广东省优秀社会科学家每三年评选一次。"广东省优秀社会科学家文库"将按照"统一封面、统一版式、统一标准"的要求，陆续推出每一届优秀社会科学家的自选集，把这些珍贵的思想精华结集出版，使广东哲学社会科学学术之薪火燃烧得更旺、烛照得更远。我们希望，本文库的出版能为打造"理论粤军"、建设学术强省做出积极的贡献。

"广东省优秀社会科学家文库"编委会
2015年11月

目录

学术自传 / 1

第一部分　关于政治与政治学

列宁关于辛亥革命的科学预见 / 3
政风建设与制度建设和改革 / 14
喜迎中国特色社会主义政治学的"春天"的到来 / 19
全面贯彻"三个代表"重要思想与建设"三个文明"之间的有机联系
　　——学习党的十六大报告和党章 / 21
在中国行政管理学会 2002 年会暨政风建设研讨会上的闭幕词 / 27
构建和谐社会应加强中国特色社会主义政治学研究 / 30

第二部分　关于公共管理

孙中山与公共管理 / 41
提高公共管理水平是当务之急
　　——公共管理硕士（MPA）系列教材总序 / 50
用科学发展观指导 MPA 教育的发展
　　——在 MPA 新增培养单位培训暨研讨会上的讲话 / 52
提高公共管理水平必须从"头"做起 / 56
从建设创新型国家看我国的 MPA 教育 / 64
建设创新型国家需要创新型公共管理 / 75
在科学发展观的指导下进行我国公共管理改革 / 81
中国公共管理正在努力创新
　　——庆祝新中国成立 60 周年 / 95

"2005年全国MPA教育研讨会"上的书面发言 / 106

第三部分　关于行政管理

机构必须精简才能有高效率、竞争力和生机活力 / 111
行政学研究应当重视"知识管理"的兴起
　　——当代中国行政学研究的回顾与展望 / 119
行政改革中的可喜转变 / 141
加强行政成本研究贵能及时到位 / 151
行政成本是发展成本的重要组成部分 / 158
必须高度重视行政成本研究 / 166
建设服务型政府是落实科学发展观的必然要求 / 181
科学·实践·时间
　　——30年的回顾 / 197
行政管理学科研究顶层设计问题刍议 / 200

第四部分　关于人才与人力资源管理

思想政治素质与其他素质的关系 / 213
在普通高校举办高级公务员研讨班的成功尝试 / 217

第五部分　关于城市管理

略论幸福城市的建设与治理 / 227

第六部分　关于高等教育管理

改革管理是提高高教质量和办学效益的中心环节 / 241

第七部分　关于合作治理

中美合作是上策，是高招和明智选择 / 249
加强合作治理研究是时候了 / 251

第八部分　关于《孙子兵法》

略论《孙子兵法·计篇》与现代管理／257

第九部分　关于"中国梦"

"中国梦"与社会性别平等／271
公共管理与"中国梦"／282

附录　夏书章主要著述索引／284

学术自传

◎ 夏书章

一、新中国成立前所受的教育和从事的教学工作

（一）新中国成立前所受的教育

家庭教育对我的影响并不大。母亲基本上是文盲，父亲的文化水平也不高，且在我高小毕业前即去世。我自高小五年级起便离家到县城小学寄宿，初中后走出县境到过不少地方，学校教育和社会教育对我的影响较大。

先说社会教育。主要是生活环境和社会现象的启示，对我学术道路的选择有推动作用。记得在七八岁时见到旧军阀的队伍在北伐军面前望风而逃的景象，长大后方知后者的骨干是共产党人。

"九一八"事变发生时，我已读初中。当时，政府采取不抵抗政策，迫害主张抗战者，极不得人心。读高中时，尽管江西"剿共"和红军长征军被封锁消息或做歪曲报道，毕竟"纸包不住火"，真相仍在广为流传。民不聊生、民怨沸腾现象随处可见。逼蒋抗日的"西安事变"发生时我在南京，形势急转直下，舆论肯定共产党人的凛然大义。接着全面"抗战"开始，我在战时考进大学。选择学术生涯起点时，希望国家富强的愿望比较强烈，我自作主张地选择了政治学。

再说学校教育。中小学不多说了。我以第一志愿考入国立中央大学（今南京大学）政治学系，当时学校已迁往重庆。专业选择除社会因素外，过去读书对"治国平天下""上医医国"等有较深印象。政治学系课程共分三类：一是理论，二是国际，三是行政。我的兴趣在"治"，选修课即侧重行政方面，到研究生阶段以行政学为专攻方向非常自然。我进的是美国哈佛大学立陶尔行政学研究生院（今肯尼迪政治学院前身），曾到

州政府实习和所在地市政府参观访问。获专业学位时，日本投降已几个月。难禁对"抗战"胜利的喜悦，难禁归心似箭，就回来了。

（二）新中国成立前所从事的教学工作

小学、私塾、民众夜校、中学、高校都有，与学术生涯联系的主要是高校工作。首聘我为副教授的是江苏学院，我讲过政治学、行政学、市政学和管理学。当时已在打内战，社会经济形势恶化，写过几篇呼吁性的文章，如《公教人员薪给问题之理论与实际》等，无非是"对牛弹琴""与虎谋皮"的书生之见。学院虽已预聘我为教授，但因地处内战前线，人心思散，恰逢中山大学北上招聘教授，出于对中山先生的景仰和对学术环境的了解，便欣然应聘来到广州。

在中山大学政治学系任行政学、市政学和行政法三门课程。除常做学术演讲外，写过多篇专业性文章，较多载于上海《市政评论》。我的《官僚制度与民主政治》则载于院办的《中山大学社会科学论丛》。人文社科研究动辄犯禁、得咎，正直的学者都希望早日解放和有安定有序的环境。

二、新中国成立后、"文革"前的再学习和担任的教学工作

（一）学习马克思主义和在社会实践中学习

重视学习是共产党领导工作的重要特点，高级知识分子赞赏这种工作方式。学习内容颇有理论意义和学术价值，如"社会发展史"等。在"夜大学"主要介绍马克思主义的来源和组成部分以及"中共党史"和"联共（布）党史简明教程"，学习正确的立场、观点与方法。

在社会实践中学习体现理论结合实践的原则，如参加"土地改革"等运动。对教学研究有直接影响的是课程改革和院系调整。

（二）教学研究内容的重大变化

新中国成立之初，各院系在原有课程外加开公共"大课"，如"新民主主义论"等。教师边学边教，集体备课，觉得新鲜有益。初步课程改革变化不大，院系调整的结果是政治学系撤销，我转教"马列主义基础"

课程。有些不解和纳闷，对停授学科仍难忘怀。这段经历帮助我明确了学术研究的指导思想和加强与培养了观察、思考、分析能力。

1960年中山大学复办哲学系，有哲学和政治学两个专业。我任系副主任分管政治学专业。不知何故专业不久又被取消，我被调往校部负责教务工作。接着是十年"文革"，未列专题因为"臭老九"中断了学术生涯，学术自传也无话可说。同学术沾边的只有"文革"后期接待外国来访学者要让教授们出面。

三、改革开放以来新的历史时期中的学术活动

（一）新的历史时期中的教学研究工作

"文革"后"拨乱反正"，中国进入新发展时期，邓小平在1979年底发出政治学等赶紧补课的号召，原因是政治学长期被忽视了。此举深得人心，学术界群情振奋。政治学界同仁虽多垂垂老矣，我当时也已年逾花甲，但都焕发青春，联名上书中央，建议在基础较好的高校先办政治学系，并筹备中国政治学会于1980年底成立。社会科学院也成立政治学研究所等。

1982年春，学会委托复旦大学办政治学师培班，有行政学专题。新时期第一本《行政管理学》即在学员推动和参与下由我主编出版。教育部设学科教学指导委员会。当年1月29日《人民日报》发表我的《把行政学的研究提上日程是时候了》一文，社会反应热烈。人事部与国务院办公厅领导参与或组织了两次研讨会，并安排我做专题报告。在成立中国行政管理学会前先办刊物，又成立教研会，我都担任过领导工作。

在教育系统，行政专业发展很快。中专有，高教、函授和自考也有，学士、硕士、博士点、博士后流动站、教育部人文社科百所重点研究基地中都有。"学科教指委"则用"公共管理"名称。政府有国家和各级行政学院。引进公共管理硕士（MPA）专业学位计划后，现已有超过百所高校办理。试点论证过程我都参与其事。关于学科名称，实为同源异译，"行政学"原译自英语 Public Administration，略去公共，后者乃多义词，译为行政或管理均可。因学科研究开始于政府管理，初无不当，但其广义内容拓宽后即难以表达。我国将公共管理列为一级学科，列行政管理为二

级学科之一。有人认为，Administration 是行政，Management 才是管理。应当慎重。因企业管理硕士（MBA）中的 A 即为管理，汉译有变化而英语以"A""M"并用，学派用词又当别论。

（二）新的历史时期中的学术活动和成果

没有想到新时期竟是我一生中学术活动最活跃和成果最多的阶段，故更感欣慰和珍贵。1978 年，中山大学成立学术委员会，我任秘书长。1979 年，中美关系正常化后，美方大学学术代表团来访，中山大学组团回访，任我为秘书长。时隔33 年，老友见我健在而惊喜，因"文革"小报传到美国说我已"畏罪自杀"了。随后交流多次，受聘为哈佛大学客座教授一年，并在纳布拉斯加大学讲学；纳布拉斯加大学校长拟对我续聘，因我已任中大副校长就婉谢了。

国内外学术活动多，不一一报"流水账"了。有些是结合调研任务的，如"香港行政管理""新加坡行（市）政管理"等。在普及管理知识方面，曾到全国各地做专题报告。与高校的联系也很多，不少兼职和名誉职务。成果因经历"抗战"、出国求学、辗转各地而多散佚，尤其是"文革"浩劫中多次被抄家，致资料尽毁。只有在"拨乱反正"后才积累起一些（见本书附录，因未及时记录必多遗漏）。这是"大气候"的转变所致，绝非个人"老运亨通"。至于各种奖项似不属"自传"范畴，从略。

现在学术研究气氛日趋浓厚，但应防止某些学术腐败，提高研究质量，赶超世界先进水平，为建设和发展中国特色社会主义各门学科多做贡献。这是我在垂暮之年的由衷体会和愿望。

回顾我从为学术研究打好基础、确定学术研究的指导思想，到谈些学习体会和尝试运用基本理论的习作，有一个较长的过程。真正全面、系统开展专业学术研究是改革开放以后的事。回顾这 30 多年来的学术活动和成果，自己也没有想到晚年还有这样好的学术机遇和环境。小康社会，"中国梦"的实现，都离不开优良的公共管理，也就是优质的公共服务。形势喜人，信心倍增，只要一息尚存，仍当努力耕耘。愿向中青年学者们学习！如蒙不弃，争取合作、共勉！

夏书章自选集

第一部分

关于政治与政治学

列宁关于辛亥革命的科学预见

在隆重纪念我国民主革命时期的伟大革命运动辛亥革命五十周年的时候，认真温习一下列宁就这次革命所做的评价、分析与论断，对于我们是大有教益的。列宁的科学预见，不仅有助于我们加深了解辛亥革命的伟大历史意义与领会马克思列宁主义的革命真理，而且尤其是有助于我们进一步认识中国共产党的伟大、光荣、正确与毛泽东思想的英明可贵。

伟大的世界无产阶级革命导师与领袖列宁，自他开始从事革命活动时起，就经常密切注意地球每个角落各族被压迫人民的处境与动向。对于占全世界人口四分之一的中国的情况，他给予了高度的关怀与重视。

早在一九〇〇年，列宁在为在俄国建立马克思主义政党而创办的《火星报》第一号上，即发表了一篇专题论文：《中国的战争》①。他对中国人民在义和团运动中反对帝国主义侵略的正义斗争深表同情，同时严厉斥责了俄国沙皇政府与其他各国资产阶级政府的掠夺政策与罪恶行为。毛泽东同志曾指出："辛亥革命是革帝国主义的命，中国人所以要革清朝的命，是因为清朝是帝国主义的走狗。"② 正是由于自反对英国鸦片侵略战争直到义和团运动反对八国联军侵略战争都失败了，于是再有反对帝国主义走狗清朝的辛亥革命。

辛亥革命爆发以后，列宁表示热烈欢迎，并对这次革命的意义做了很高的估计。不仅如此，他还在俄国新的革命高涨的时期中，也就是在他领导俄国革命的百忙之中，十分留心与仔细研究关系到中国革命成败的一系列的理论与实际问题，进行了马克思主义分析，提出了科学预见。辛亥革命以来的中国革命的历史证明列宁是完全正确的。

---

① 《列宁斯大林论中国》，人民出版社1953年版，第15～21页。
② 《毛泽东选集》第四卷，第15～17页。

一

在苏联共产党历史上占重要地位的、一九一二年一月在布拉格①召开的俄国社会民主工党第六次全国代表会议，曾经讨论当时的国际问题，并且做出了专门的决策，单独列出《关于中国革命》这一项。决议中写道："代表会议指出中国人民革命斗争的世界意义，因为这个革命斗争使亚洲获得解救，摧毁欧洲资产阶级的统治，它欢迎中国的共和派革命者，它表明俄国无产阶级以忠诚的兴奋和充分的同情注视着中国革命人民的成功；它斥责那支持沙皇政府侵略政策的俄国自由主义的行为。"② 这是以列宁为首的俄国马克思主义政党对辛亥革命所抱的极其鲜明的根本态度与总的看法。

经过辛亥革命，封建主义和帝国主义在中国的势力受到打击，中国人民长期没有能够推翻的、统治中国达二百七十多年之久的清朝终于被推翻了，相沿两千多年的封建君主专制也一起宣告结束而代之以共和制度。诚如刘少奇同志所说："辛亥革命使民主共和国的观念从此深入人心，使人们公认，任何违反这个观念的言论和行动都是非法的。"③ 在中国人民的政治生活中，这次赶跑从来被看作"神圣不可侵犯"的皇帝的革命，实在是一件很了不起的精神上大解放的事。列宁当时就曾一而再、再而三地为中国人民的革命行动而热情欢呼。他说："这个伟大的人民不仅善于悲叹自己成百年的奴隶地位，不仅善于梦想自由和平等，而且还善于同中国成百年的压迫者做斗争。"又说："地球上四分之一的人口，可说是已经由酣睡进到光明、运动、斗争了。"列宁还兴奋地写道："中国不是早就被称为以长期完全停滞的国家的典型而著名吗？但是现在中国的政治生活沸腾起来了，社会运动和民主主义高涨，就像喷泉一样汹涌起来了。"④ 当然，列宁如此重视中国人民的斗争，也是同他一贯认为中国是对世界局势有决定性影响的国家之一分不开的。

---

① 旧译作"普拉加"。
② 《列宁斯大林论中国》，人民出版社1953年版，第22页。
③ 刘少奇：《关于中华人民共和国宪法草案的报告》，人民出版社1954年版，第40页。
④ 同②，第25、32、39页。（引文中的着重点为引者所加）

对于在辛亥革命时期，领导中国人民推翻帝制、建立共和国的孙中山先生，列宁称他为"先进的中国民主主义者""革命的民主主义者"；并且把担任共和国临时总统的孙中山先生，同欧美先进文明各国的共和国总统做了一番比较，认定后者都是资产阶级手下的仆役、走狗或傀儡，而前者则充满着高尚精神与英雄气概。① 列宁这样理解孙中山先生，是完全符合实际情况的。毛泽东同志指出："中国的反帝反封建的资产阶级民主革命，正规地说起来，是从孙中山先生开始的，……从孙中山先生开始，才有比较明确的资产阶级民主革命。""而辛亥革命，则是在比较更完全的意义上开始了这个革命。"② 对于我们中国的这位伟大的革命先行者，毛泽东同志曾亲身感到他有一种宏伟的气魄。"他在中国民主革命准备时期，以鲜明的中国革命民主派立场，同中国改良派做了尖锐的斗争。他在这一场斗争中是中国革命民主派的旗帜。"③ 这些都足以为列宁对孙中山先生认识准确做最好的证实与说明。

辛亥革命遇到了困难与挫折，后来失败了。但是，这不等于中国革命就此完结。列宁对中国的前途是非常有信心的。他在《马克思学说的历史命运》一文中写道："不管各种文明豺狼现在所磨牙欲噬的伟大中华民国的命运如何，但世界上决没有一种力量能在亚洲恢复旧有的农奴制度，能铲除亚洲国家中人民群众的英勇的民主精神。"在同一个时期的另外几篇文章中，列宁又强调了这个年轻共和国享有全世界劳动群众的同情，而整个年轻的亚洲，即亚洲的几万万劳动者享有一切文明国家的无产阶级这个可靠的同盟者。所以，"世界上任何力量都不能阻止他们把欧洲人民和亚洲人民解放出来的胜利"④。这里，列宁已经把中国革命同亚洲、欧洲以及全世界人民的解放斗争结合在一道，把中国革命同世界无产阶级的共同事业直接联系起来了。

---

① 参见《列宁斯大林论中国》，人民出版社1953年版，第23、25页。
② 《毛泽东选集》第二卷，第551～552页。
③ 毛泽东：《纪念孙中山先生》，载《人民时报》1956年11月12日。
④ 同①，第35、37、44页。

二

列宁不仅肯定了辛亥革命的重大意义以及前途远景,给中国人民以极大的鼓舞,而且还凭他天才的洞察力对革命成败关键所系的一些问题的看法,给中国人民提供了深刻的启示。

首先,根据中国的实际情况,列宁要我们认清革命的主要社会支柱是广大的农民群众。列宁认为:"没有高度的真实的民主主义的高涨,中国人民就不可能有摆脱成百年奴隶地位的真正解放,因为只有这种高涨可以激起劳动群众,使之能够完成奇迹……如果没有群众的巨大的精神和革命的高涨,中国民主主义就不能推翻中国的旧制度,取得共和国。这种高涨是以对劳动群众状况的恳切同情与其对压迫者和剥削者的激烈憎恨为前提,并且又产生这些同情和憎恨。"① 这里所说的劳动群众,其中最大量的显然是农民,因此,列宁所指的民主主义高涨或群众精神和革命的高涨能否形成、保持与继续发展,都要取决于农民发动的程度如何。在辛亥革命的历史条件下,列宁更明确指出过,"中国的自由是由农民民主派与自由资产阶级的联盟所争取的"②。农民在革命中的地位与作用,于此可见。

前面已经谈到,辛亥革命的结果,推翻了帝制,建立了共和国,这是值得我们纪念的丰功伟绩。可是,用孙中山先生自己说过不止一次的话来说,这个共和国后来只落得一块"空招牌"或"假招牌","民国"是有名无实,没有达到预期的目的。这也就是毛泽东同志在谈到辛亥革命失败的地方时所一语道破的:"辛亥革命只把一个皇帝赶跑,中国仍旧在帝国主义和封建主义的压迫之下,反帝反封建的革命任务并没有完成。"③ 其根本原因之一,便在于广大农民群众的力量没有能够真正及时动员起来投入革命斗争。

关于这一点,孙中山先生是觉察到了的。他说得很对:"农民是我们中国人民之中的最大多数,如果农民不参加革命,就是我们革命没有基

---

① 《列宁斯大林论中国》,人民出版社1953年版,第26、27页。(引文中的着重点为引者所加)
② 同①,第34页。
③ 《毛泽东选集》第二卷,第562页。

础。"① 他在《中国国民党第一次全国代表大会宣言》中重新解释"三民主义",即把旧三民主义发展为新三民主义的时候,将"扶助农工"列为著名的"三大政策"之一,以及直到临终时在他的遗嘱里还念念不忘与谆谆言之的"必须唤起民众",都表明了他对这一点已有充分的认识。在抗日战争时期,毛泽东同志在他的重要著作《新民主主义论》中谈到旧三民主义与新三民主义时,曾指出:"中国的革命实质上是农民革命,现在的抗日,实质上是农民的抗日。新民主主义的政治,实质上就是授权给农民。新三民主义,真三民主义,实质上就是农民革命主义。"② 问题讲得再清楚不过了。

不过,在辛亥革命时期,农民的革命积极性还没有调动起来。早在第一次国内革命战争时期,毛泽东同志就针对湖南农民运动的情况写道,"一切革命同志须知:国民革命需要一个大的农村变动。辛亥革命没有这个变动,所以失败了。现在有了这个变动,乃是革命完成的重要因素"③。这里,我们不禁要问:辛亥革命为什么没有这个变动呢?原因是中国资产阶级的软弱性决定了它不能也不敢发动农民群众。这一点,我们在后面还要谈到。为了农民的解放,必须实行土地制度的改革。我们知道,孙中山先生是主张"耕者有其田"的。在资产阶级民主主义性质的革命时代,这本来是正确的主张,"但是可惜,在他掌握政权的时候并没有主动地实行过土地制度的改革。自国民党反人民集团掌握政权以后,便完全背叛了孙中山的主张"④。在这种情况下,辛亥革命没有能够完成任务,只有在制定和执行了坚决的土地纲领,为农民利益而认真奋斗,因而获得最广大农民群众作为自己伟大同盟军的中国共产党的领导下去完成了。

---

① 《孙中山选集》下卷,人民出版社1957年版,第865页。
② 《毛泽东选集》第二卷,第685页。
③ 《毛泽东选集》第一卷,第17页。
④ 《毛泽东选集》第三卷,第1076页。

三

与农民问题相联系，列宁通过对袁世凯及其所代表的阶级的分析，给我们预示了关系到辛亥革命成败的另一个重要问题。

列宁在袁世凯继孙中山先生之后担任临时总统三个月，与在他就任正式总统以前一年多①，即以马克思主义阶级分析的武器击中要害地说："和农民并列的是自由资产阶级，而它的活动家，类如袁世凯，是最能变节的：昨天他们害怕皇帝，匍匐在他面前；后来，看见了革命力量，感到了革命民主主义的胜利，于是就背叛了皇帝，可是明天为了和什么新的或旧的'立宪'皇帝勾结，就会出卖民主主义者。"在同一篇论文里，列宁曾又一次提醒人们，要提防："皇帝大概要把封建主、官僚、僧侣联合起来，准备复辟。刚好才从自由保皇派变为自由共和派（能长久吗?）的资产阶级的代表——袁世凯，将进行一种在帝制与革命之间操纵的政策。"②曾经做过维新派又出卖过维新派、在政治上惯于进行大投机的大地主大买办反动派首领袁世凯，当时所玩弄的伎俩和他后来所走的道路正是如此，到一九一五年，甚至还在国内反动势力与帝国主义的支持下，表演过复辟帝制自为的丑剧。

精通马克思主义革命理论，又亲自大大地发展了它，熟悉世界各国革命历史，又尤其是拥有俄国一九〇五年革命的丰富经验的列宁，关于辛亥革命的种种论述，是非常令人信服与敬佩的。以上的评论虽然是对袁世凯而发，但是，作为阶级分析方法的实际运用，列宁已经在这里给了我们很大的启发，教导我们如何去观察在往后的革命过程中还会出现，也果然出现的"袁世凯"们。

国内的旧势力要拼命反对革命，这是问题的一方面；另一方面，帝国主义者为了便于继续奴役中国人民，也千方百计地物色、勾引、利用袁世凯之流来扼杀中国的革命。袁世凯之流也指望同帝国主义相勾结，以增强自己的反动力量。对于欧洲资产阶级掠夺中国、帮助中国民主主义的敌人、帮助中国自由的敌人的行为，列宁极为愤慨。他戳穿他们拥护准备实

---

① 1912年2月13日，孙中山辞职。
② 《列宁斯大林论中国》，人民出版社1953年版，第26、30页。

行军事独裁的袁世凯，只是因为有利可图。如果中国人民反对呢？列宁揭露道："呵！那时候'先进的'欧洲就会大叫什么'文明''秩序''文化'和'祖国'了！那时候它就会调去大炮，与冒险家、卖国贼、反动派朋友袁世凯结成联盟，来扑灭'落后'亚洲的这个共和国了！"接着又说："整个欧洲的当权势力，整个欧洲的资产阶级，与中国反动的和中世纪的一切势力结成联盟了。"① 帝国主义的真面目和它的罪恶行径就是这样，辛亥革命就是在帝国主义与封建主义联合力量的打击下失败的。

帝国主义不仅在物质上帮助中国民主派的敌人，而且通过它们的御用文人，胡诌什么"理论"为反动派张目。例如，美帝国主义要支持袁世凯做皇帝，"有一位教授叫作古德诺，到中国来主张君权，说中国人民的思想不发达，文化赶不上欧美，所以不宜行民权。袁世凯便利用他这种言论，推翻民国，自己称皇帝"。② 这虽然只是一支可耻的插曲，帝国主义者心劳日拙地与中国人民为敌却可见一斑。

孙中山先生从切身的经验中，深深体会到帝国主义对中国为害之烈。他说："军阀本身与人民利害相反，不足以自存，故凡为军阀者，莫不与列强之帝国主义发生关系……可知中国内乱，实有造于列强……故民族解放之斗争，对于多数之民众，其目标皆不外反帝国主义而已。"辛亥革命没有能够推翻帝国主义与封建主义的压迫与剥削。孙中山先生后来虽然制定了"联俄、联共、扶助农工"的"三大政策"，但是国民党反人民集团倒行逆施，他的未竟之志，是在中国无产阶级其先锋队——中国共产党的领导下才实现的。

就辛亥革命中的阶级关系来看，革命的政治指导者与领导阶级是资产阶级。毛泽东同志写道："在中国，因为它是殖民地半殖民地，是被人侵略的，所以中国民族资产阶级还有在一定时期中和一定程度上的革命性……但同时，也即是由于他们是殖民地半殖民地的资产阶级，他们在经济上和政治上是异常软弱的，他们又保存了另一种性质，即对于革命敌人的妥协性。中国的民族资产阶级，即使在革命时也不愿意同帝国主义完全分裂，并且他们同农村中的地租剥削有密切联系，因此，他们就不愿和不能彻底推翻帝国主义，更加不愿和更加不能彻底推翻封建势力。这样，中国

---

① 《列宁斯大林论中国》，人民出版社1953年版，第43、44页。
② 《孙中山选集》下卷，人民出版社1957年版，第669页。

资产阶级民主革命的两个基本问题，两个基本任务，中国民族资产阶级都不能解决……在中国，事情非常明白，谁能领导人民推翻帝国主义和封建势力，谁就能取得人民的信仰，因为人民的死敌是帝国主义和封建势力，而特别是帝国主义的缘故……历史已经证明：中国资产阶级是不能尽此责任的，这个责任就不得不落在无产阶级的肩上了。"① 这是关系到辛亥革命成败的最重要的问题，列宁早注意到了。下面我们就要谈到列宁在这方面的科学预见。

四

在辛亥革命时期，列宁指出"中国的自由是由农民民主派与自由资产阶级的联盟所争取的"这个基本事实以后，紧接下去就提出一个极为重要的问题："未被无产阶级政党所领导的农民，能否保持自己的民主主义的立场来反对只待良机到来就会向右边奔去的自由党人——不远的将来便可表明这一点。"② 这话是一九一二年说的，果真不用很久，即不出他所料。当时革命虽号成功，但是，正如孙中山先生所说，"曾几何时，已为情势所迫，不得已而与反革命的专制阶级谋妥协。此种妥协，实间接与帝国主义相调和，遂为革命第一次失败之根源"③。列宁为什么这样看呢？原来，在帝国主义时代，无产阶级应该在资产阶级民主革命中实现领导权（领导作用）的这个基本策略原理，列宁早已在一九〇五年，在他的名著《社会民主党在民主革命中的两种策略》一书中加以肯定。中国的具体情况与俄国虽有不同，但是基本原理是完全适用的。

历史告诉我们，中国革命如果没有无产阶级的领导，就必然不能胜利。毛泽东同志指出："如辛亥革命，因为那时还没有无产阶级的自觉参加，因为那时还没有共产党，所以流产了。"在当时的历史条件下，"中国无产阶级还没有当作一个觉悟了的独立的阶级力量登上政治的舞台，还是当作小资产阶级和资产阶级的追随者参加了革命"。④

---

① 《毛泽东选集》第二卷，第666～668页。
② 《列宁斯大林论中国》，人民出版社1953年版，第34页。
③ 《孙中山选集》下卷，人民出版社1957年版，第521页。
④ 同①，第630～640、665～666页。

然而，根据社会发展规律，列宁差不多在同时指出，伴随着资本主义的发展，中国无产阶级一定将增长起来。它一定会成立自己的政党，并且在理论观点方面帮助孙中山先生的时候，"一定会细心地选择，保护和发展他的政治纲领和土地纲领的革命——民主主义的核心"①。

事情正是这样：中国无产阶级由于自己的成长和俄国伟大十月社会主义革命的影响，迅速变成了一股觉悟了的独立的政治力量，于一九二一年成立了自己的政党——中国共产党。从此，中国革命便出现了新的气象。

孙中山先生看到俄国革命胜利，对俄国共产党无限向往。当他回顾辛亥革命失败的情况时，曾有这样一段感想："夫当时代表反革命的专制阶级者实为袁世凯，其所挟持之势力初非甚强，而革命党人乃不能胜之者，则为当时欲竭力避免国内战争之延长，且尚未能获一有组织、有纪律、能了解本身之职任与目的之政党故也。使当时而有此政党，则必能抵制袁世凯之阴谋，以取得胜利，而必不致为其所乘。"② 这当然只能算是一种设想，事实上在当时不可能有那样的政党。但是，正是因为这样，"孙中山在绝望里，遇到了十月革命和中国共产党。孙中山欢迎十月革命，欢迎俄国人对中国人的帮助，欢迎中国共产党同他合作"③。

中国共产党是按照列宁所教导的原则与精神同孙中山先生合作的。毛泽东同志写道，"他在政治思想方面留给我们很多有益的东西"，并且认定"现代中国人，除了一小撮反动分子以外，都是孙先生革命事业的继承者"。至于由于思想体系不同以及某些理论观点上的问题，毛泽东同志教育我们："像很多站在正面指导时代潮流的伟大历史人物大都有他们的缺点一样，孙先生也有他的缺点方面。这是要从历史条件加以说明，使人理解，不可以苛求于前人的。"④

辛亥革命史的革命派没有一个彻底的反帝反封建的纲领，没有广泛地发动与组织人民群众的力量同帝国主义与封建主义做斗争，革命乃告失败。到了一九二四年，"孙中山先生接受了中国共产党的建议，召集了有共产党人参加的国民党第一次全国代表大会，订出了联俄、联共、扶助农

---

① 《列宁斯大林论中国》，人民出版社1953年版，第31页。
② 《孙中山选集》下卷，人民出版社1957年版，第521页。
③ 《毛泽东选集》第四卷，第1476页。
④ 毛泽东：《纪念孙中山先生》，载《人民日报》1956年11月12日。

工的'三大政策',建立了黄埔军校,实现了国共两党和各界人民的民族统一战线,因而在一九二四年至一九二五年扫荡了广东的反动势力,在一九二六年至一九二七年举行了胜利的北伐战争,占领了长江流域和黄河流域的大部,打败了北洋军阀政府,发动了中国历史上空前广大的人民解放斗争"①。但是,孙中山先生逝世后,蒋介石反人民集团在一九二七年背叛了革命,成为帝国主义镇压中国人民的工具。这样就造成了长期内战与日本帝国主义大举入侵的后果。中国共产党在艰苦曲折的革命道路上,领导全国人民击败了反动派、日本帝国主义以及在抗日胜利后美蒋的猖狂进攻,取得了反对帝国主义、封建主义与官僚资本主义的伟大胜利,结束了长期被压迫、被奴役的历史,建立了中华人民共和国。

这是辛亥革命未能完成的革命任务,自有了中国共产党的领导以后,经过顽强的奋斗而实现的最简单的图景。

五

在一九五六年纪念孙中山先生诞生九十周年的时候,毛泽东同志曾写道:"我们完成了孙中山先生没有完成的民主革命,并且把这个革命发展为社会主义革命。我们正在完成这个革命。"又说:"事物总是发展的,一九一一年的革命,即辛亥革命,到今天不过四十五年,中国的面目完全变了。再过四十五年,就是二千零一年,也就是进到二十一世纪的时候,中国的面目更要大变。中国将变为一个强大的社会主义工业国。"② 现在,距离毛泽东同志说这段话的时间,仅仅五年,我们已经取得了社会主义革命的胜利,这是毛泽东思想伟大生命力的表现,是马克思列宁主义的新的胜利。

五十年来,中国革命的历史证实了列宁的科学预见。在帝国主义时代,资产阶级民主革命要由无产阶级领导,才能彻底胜利。农民的解放,只有在无产阶级领导下获得,而无产阶级也必须能够发动广大农民群众,同他们结成巩固的联盟,以达到革命成功。资产阶级民主革命中无产阶级领导权的问题,还包括一个非常重要的思想,即无产阶级领导下的资产阶

---

① 《毛泽东选集》第三卷,第 1035~1036 页。
② 毛泽东:《纪念孙中山先生》,载《人民日报》1956 年 11 月 12 日。

级民主革命，必然要在民主革命胜利以后转变为社会主义革命。无产阶级必须这样做，也能够做到。

毛泽东同志创造性地运用马克思列宁主义的原理与中国革命实践，并发展与丰富了马克思列宁主义的革命学说。在中国共产党与毛泽东同志领导下，中国革命不断取得胜利。毛泽东同志写道："中国革命是包括资产阶级民主主义性质的革命（新民主主义的革命）和无产阶级社会主义性质的革命，现阶段的革命和将来阶段的革命这两重任务的。而这两重革命任务的领导，都是担负在中国无产阶级的政党——中国共产党的双肩之上，离开了中国共产党的领导，任何革命都不能成功。"① 这是二十多年以前写的，其中所说的将来阶段早已成为实际生涯，而且我们已更向前迈进了。

因此，当纪念辛亥革命五十周年的时候，我们再温习列宁关于这次革命的科学预见，实在不仅有助于我们加深了解辛亥革命的伟大历史意义与领会马克思列宁主义的革命真理，而且尤其有助于我们进一步认识中国共产党的伟大、光荣、正确与毛泽东思想的英明可贵。我们可以看到，今天在国际上，中国革命经验与毛泽东同志的著作，特别为殖民地半殖民地国家人民所珍视，这不是偶然的。

让我们在中国共产党和毛泽东同志的领导下，在马克思列宁主义理论的指导下，格外努力，把我国建设成为拥有现代工业、现代农业和现代科学文化的社会主义强国。

（原载《中山大学学报》1961 年第 3 期）

---

① 《毛泽东选集》第二卷，第 646 页。

政风建设与制度建设和改革

一

在我们对于"政风建设"这个主题进行研究、讨论的时候，所指的无论是思想作风、领导作风，还是工作作风，等等，或者还联系着引申到个人的生活（包括政治生活、社会生活、家庭生活等）作风，及其与行业风气、社会风气的关系和相互影响之类，一般都会比较容易理解为那些是属于精神范畴、心理活动方面的表现。

诚然，原来意义上的风，是自然界空气流动的现象，有风力、风速、风向等的区别，可以造成自然灾害，也是一种自然能源。但是，"风"字在汉语中的用途确是很广，早已从物质生活进入人文社会生活领域，作为人们在工作上、生活上一贯表现出的态度、行为，如这里所说的作风，便是一例。正像自然界的风能够成灾也能造福一样，作风也有正、邪、优、劣之分，效果自亦随之而不同。

应当认为，作风在很大程度上与个人的个性紧密相关，也就是主观因素占的比重甚至大到因人而异的地步。作风有正、邪、优、劣之分，主要是按对工作和集体是否有利来进行评价的。所谓"政风建设"，当然是指建设较好的作风而言，旨在有助于体现政府的本质、宗旨、形象、管理水平、工作效率等，使有利于人民群众根本和长远利益的共同事业有保证地获得所预期的进展和成功。

于是，针对作风建设的要求，必须扶正祛邪、择优汰劣、兴利除弊、扬长避短。其间，个性与共性、主观与客观、自律与他律等可能发生的矛盾如何协调一致的问题，便出现或突出在人们的面前。如果听之任之，极难排除自以为是、我行我素的可能。大力提倡、鼓励，加强教育、引导，固属应有之义，不可忽视，但仅仅停留于此显然不够，还要建设合理的、有效的制度大家共同遵守，制度还要不断地改革、完善，作风建设才能逐步落到实处，而不致成为空谈。

试就广大公民的道德规范而论，例如"爱国守法，明礼诚信，团结友善，勤俭自强，敬业奉献"，要是存在差距、有所偏离，或竟适得其反，总该想些办法以谋纠正。再说公务人员，应当勤政、廉政，遇到背道而驰、倒行逆施者又如何处理？因此，作风建设一定要伴以认真的制度建设和改革，已经从理论到实践成为古今中外有识之士的共识。

二

让我们由近及远，从我国的实际情况说开去。不能忽略或忘记，我国是世界上最早重视制度建设的国家。文明古国的重要标志之一，在于较早即有了较完备的典章制度，这是国际公认的事实，并且有极其丰富的历史资料来予以证明。这里不妨厚今薄古，关于古老的事情就不多说了。

坚决主张改革开放、以经济建设为中心，建设有中国特色的社会主义的总设计师邓小平，根据他长期从事革命和建设的经验，对于制度建设的重要性深有体会。他早在20多年前就明确指出："我们过去发生的各种错误，固然与某些领导人的思想、作风有关，但是组织制度、工作制度方面的问题更重要。"① 他进一步肯定强调："这些方面的制度好可以使坏人无法任意横行，制度不好可以使好人无法充分做好事，甚至会走向反面。"②

为了论证上述的观点，他曾举毛泽东和斯大林为例来加以说明。他认为："即使像毛泽东同志这样伟大的人物，也受到一些不好的制度的严重影响，以至对党对国家对他个人都造成了很大的不幸……斯大林严重破坏社会主义法制，毛泽东同志就说过，这样的事情在英、法、美这样的西方国家不可能发生。他虽然认识到这一点，但是由于没有在实际上解决领导制度问题以及其他一些原因，仍导致了'文化大革命'的十年浩劫。"③

教训极其深刻自不待言，"不是说个人没有责任，而是说领导制度、组织制度问题更带有根本性、全局性、稳定性和长期性。这种制度问题，

---

① 邓小平：《党和国家领导制度的改革》，载《邓小平文选》第二卷，人民出版社1994年第2版，第333页。

② 同①。

③ 同①。

关系到党和国家是否改变颜色，必须引起全党的高度重视"①。真是言简意赅又语重心长，制度建设的极端重要性可想而知。

事实上，制度建设不仅同作风建设相联系是重要的，而且"制度重于技术"。"制度创新在中国特别重要……好的制度建立了，人才、技术、资金等就比较容易具备了"。② 把计划经济制度改为社会主义市场经济制度，既有必要也很艰巨。还有很重要的一点，就是有了好制度，不能严格遵守、执行，仍无济于事。有人提出应"强化制度刚性"是很有现实针对性的："……的腐败不是因为制度不健全，而是健全的制度形同虚设，完全成了一纸空文。"③ 这是制度的严肃性问题，必须看到制度被掉以轻心和受到破坏的极大危害性。

三

在国际方面的情况也颇相类似。这里只是信手拈来，举几个例。其中，有200多年前、3年多以前和最近的一些事情。

其一，1770年澳洲被宣布为英国领地，直到19世纪末，英国运送本土监狱的罪犯去作为开发的劳动力。因途中条件极差，死亡率很高。对船主进行道德说教不行，法定标准因政府派官员上船监督的成本既高且难免同流合污或受到威胁。不久就找到了一种简单易行的制度："政府不按上船时运送的罪犯人数付费，而按下船时实际到达澳洲的罪犯人数付费……效果立竿见影……私人船主的人性没变，政府也不用去立法或监督，只是改变一下付费制度，一切就都解决了。这正是经济学家强调制度的原因。"④ 当然，并非制度就是一切。这里指的是有利和有助于完成任务、改进工作、提高效率的制度。制度不符合要求还要及时进行改革，包括废

---

① 邓小平：《党和国家领导制度的改革》，载《邓小平文选》第二卷，人民出版社1994年第2版，第333页。
② 《制度重于技术》，载《南方日报》2002年8月13日A7版，无作者姓名，仅注："摘自8月6日《中华工商时报》。"内容提及吴敬琏新著《制度重于技术》。另参阅韩强《反思政府在经济中的作用》，载《光明日报》2002年8月22日第C2版，注明吴著全名是《发展中国的高新技术产业：制度重于技术》，中国发展出版社2002年版。
③ 潮白：《强化制度刚性》，载《南方日报》2002年8月15日第A1版。
④ 梁小民：《制度比人性和政府更重要》，载《文摘》2002年第8期（原注："摘自《万象》"2002年第5期）。

旧立新。

其二，是一个关于经济学家强调制度的实例。说的是美国在世界上最有影响的专家之一约瑟夫·斯蒂格利茨，是一个很重视制度的人。他认为，好的经济政策必须有稳定的制度做保证才能顺利执行。说到第三世界各国的经济发展，他的意见是首先需要一个稳定制度的框架。他以中国为例："中国作为一个经济形势最好的国家已经出现在世人面前！中国的贫困率已由原来的66%减少到了22%！大家都看到了他们取得的这一成绩。"① 按他的思维逻辑和言下之意，是由于政府对路和稳定制度的保证。他还指出，"对付贪污腐败，要有制度的约束。否则，企业的私营化也可能加剧贪污的发生"②。这对希望用私营化解决贪污问题者是清醒剂，反腐倡廉必须在制度上下功夫。

其三，与生活作风有密切联系的生活方式受社会经济制度及其作用影响的事，对于说明我们所讨论的问题，也可以有些帮助。例如，美国经济不景气或者叫经济疲软和最近的金融股市动荡，"改变了许多美国人的理财和消费方式……有的人甚至不得不考虑是否需要延长就业时间或重新找一份工作来弥补损失"③。也就是说，已不能再那么"潇洒"，恬静，悠闲，而必须紧张起来，如不能按计划退休、缩短休假时间、改变休假地点、减少外出就餐和看演出次数等。"其中不良大企业负责人的贪心是祸根……忘记了起码的行为准则和商业道德……关系到经济形势的稳定。"④对于舞弊丑闻和究竟是谁应该负不可推卸的责任，显然需要有相应的制度来加以规范。

由此可见，以德治国和依法治国应当并行不悖，双管齐下，同时共举，才能相辅相成、相得益彰。物质文明建设和精神文明建设也不能一手硬、一手软，或顾此失彼，或有所偏废。依同理，在研讨"政风建设"之际，又怎能离开制度建设和改革，孤立地、主观地去就事论事呢？我们的结论是"政风建设"必须很有针对性地配合思想教育制度、领导制度

---

① 帕·里什：《世界银行的一位异端分子——采访世界银行副行长约·斯蒂格利茨》，载法国《解放报》1999年6月25日。
② 同①。
③ 吴建友：《经济衰退让美国人改变生活方式》，载《光明日报》2002年8月16日第C1版。
④ 同③。

和工作制度的建设和改革，以后者促进、带动和保证前者，使之向有利于高质、高效地实现预定目标的方面转变，在实际工作过程中逐步形成良性循环。

最后，值得一提的是美国两位教授，他们在20多年前对日本企业管理艺术进行研究所提出的著名的"7S的结构及其应用"，对我们还很有启发。他们为了通俗和便于记忆，选用了都以"S"字母开头的英语词，即Structure（结构）、Strategy（战略）、Systems（制度）、Staff（人员）、Skill（技能）、Style（风格）和 Superordinate Goals（最高目标）。结构、战略和制度被认为是硬"S"，而人员、技能和作风被认为是软"S"。要注意的是作风和制度这一软一硬并列其中绝非偶然，都是为实现最高目标所不可少的。不难设想，二者的重要意义不可低估，而它们之间的关系更要深刻领会。[①]

（原载"中国行政管理学会2002年年会暨'政风建设'"研讨会论文集）

[①] 参见（美）R. 帕斯卡尔、A. 阿索斯《日本企业管理艺术》，中国科学技术翻译出版社1984年版，第201页；（美）卡尔·佩格尔斯《日本与西方管理比较》，机械工业出版社1987年版，第208~210页。

喜迎中国特色社会主义政治学的"春天"的到来

作为教育部人文社会科学百所重点研究基地之一的北京大学政治发展与政府管理研究所承担了《中国政治学年鉴》（以下简称《年鉴》）的编辑任务，这在我国政治学界实在是众望所归的事，我们在由衷地赞赏和乐观其成的同时，还真应该对他们所付出的辛勤劳动道一声："同志们，辛苦了！"

编辑部同志们尽心尽力的具体例证很多，对于与这项工作有关的方方面面都给予注意和考虑便是明显的一个，《年鉴》即将出版之际，他们特发出专函，约请我国政治学领域的几位老人谈些意见。不才忝列其中，深感义不容辞，于是欣然命笔。

想起同政治学这门学科（不是指过去关于"政"和"治"的观点、概念或论述如"政者正也""治国平天下"《贞观政要》《资治通鉴》之类）的正式接触，从开始至今，虽然已经有了65个年头，但是《年鉴》已包括"中国政治学百年发展回顾、（20世纪）80年代政治学恢复以来中国政治学发展概况"等主要内容，所以旧话似无必要做过多重复。

必须充分肯定，"发展是硬道理"在学科建设问题上同样适用，向前看是应有之义，而能否和如何健康、顺利发展的关键则在于自主创新，"创新是民族的灵魂"一语，对中国政治学的发展也是至理名言。

应当认为，《年鉴》的出版正是我国政治学在新的历史条件下发展进程中的一块重要里程碑，这在中国学术发展史上尚属前无古人的一次创举。情况很简单，因为当一门学科还没有发展到一定程度和规模的时候，就不会让人感到有编什么《年鉴》的需要，这里用得着"水到渠成"这句成语，也就是当人们提出编辑《年鉴》的建议时，表明已有足以成"渠"之"水"了。

顺便说说，"年鉴"的英语就叫作"Yearbook"，只是例行公事的一年一度像报流水账似的一本书而已。汉语则有其丰富、积极、生动的意义。"鉴"的原意是镜子，借用于鉴定、鉴赏、鉴别，引以为鉴，意在明鉴、警戒、提醒，如习惯性的说法"前车之鉴""参考借鉴"等，以便和以求在总结经验教训的基础上继往开来，有更大和更好的发展。编辑出版《年鉴》的原因，当在于此。

我们不能忘记，自然科学和人文社会科学都各有其基础学科。前者长期形成的传统是数、理、化、天、地、生，后者则为文、史、哲、政、经、法。"政"即政治学之简称。犹忆在20多年前，邓小平同志鉴于对政治学等学科忽视已久，而呼吁赶紧补课，实在是出于高瞻远瞩，而绝非偶然。

实践雄辩地证明，我国实行改革开放政策和以经济发展为中心完全正确。随着经济体制和改革的逐步深化，加快政治体制改革的要求必然提上议事日程。因而不难察觉和理解，加强政治学研究客观要求的形势，已日益显现。由于政治学教学和研究机构（包括大学本科专业和硕士点、博士点）的不断增加，学术会议的经常举行，学术刊物的陆续出版，专著和译著的较多面世，等等，社会对政治学这门学科已不再像过去那么陌生。

最近，南方人才市场的招聘活动中传来消息说，已有单位指明要政治学专业毕业的学生，虽然这还是看起来不太起眼的小小苗头，但也反映了人们在专业观念上开始发生变化。至于"观微"能否"知著"，当然有待发展的结果来证实。

国外的评论可以参考，已有政治学教授发表专文议论《中国渐进改革的政治基础》，姑且不论其分析契合时机与否，至少已注意到这一带根本重要性的问题。"外国人需要透视中国，中国人更应了解自己。"也就是说，我国政治学界对有关情况和问题的研究是当仁不让和责无旁贷的，更加突出重要的是在中国共产党第十六次全国代表大会（简称"党的十六大"）报告中，不仅以专题论述"政治建设和政治体制改革"，而且强调"发展社会主义民主政治，建设社会主义政治文明，是全面建设社会主义的重要目标"。并且明确指出："要坚持从我国国情出发，结合自己的实践经验，同时借鉴人类政治文明的有益成果，绝不能照搬西方政治制度的模式。"最后，又在结束语的第一段，再次庄严宣告："……不断促进社会主义的物质文明、政治文明和精神文明的协调发展，推进中华民族的伟大复兴。"这对我们政治学界意味着什么，还用说么？

为此，谨借祝贺《中国政治学年鉴》出版的机会，表示喜迎中国特色社会主义政治学"春天"到来的心情。

（原载《中国政治学年鉴2002》，中国大百科全书出版社2003年版）

全面贯彻"三个代表"重要思想与建设"三个文明"之间的有机联系
　　——学习党的十六大报告和党章

一

　　目前，全国城乡广大干部和群众正处在空前积极、热烈学习党的十六大文件精神的高潮之中。"三个代表"重要思想已誉满全球和深入人心。诚如美国资深政治家、最近在79岁高龄又被委以重任①的基辛格博士曾在党的十六大前夕对世界100多位媒体领导人发表演讲时感慨良多地说："站在人民大会堂的台阶上，我看到了中国30年的巨变。……江泽民的'三个代表'具有重要的意义，它代表着中国共产党的变化。"② 党的十六大的主题正是：高举邓小平理论伟大旗帜，全面贯彻"三个代表"重要思想，继往开来，与日俱进，全面建设小康社会，加快推进社会主义现代化，为开创中国特色社会主义事业新局面而奋斗。《中国共产党章程》（简称"党章"）"总纲"中已明文规定："中国共产党以马克思列宁主义、毛泽东思想、邓小平理论和'三个代表'重要思想作为自己的行动指南。"

　　在党的十六大报告和党章中，明确提出规定建设社会主义政治文明任务，也非常令世人瞩目。值得注意的是："发展社会主义民主政治，建设社会主义政治文明，是全面建设小康社会的重要目标。"而全面建设小康社会，开创中国特色社会主义事业新局面，就是要："在中国共产党的坚强领导下，发展社会主义市场经济、社会主义民主政治和社会主义先进文化，不断促进社会主义物质文明、政治文明和精神文明的协调发展，推进中华民族的伟大复兴。"这也就是人们日益流行的建设"三个文明"说法的由来和根据。应当肯定，将政治文明与物质文明和精神文明并列，是对马克思主义和"两个文明"理论的一大发展。因为要实现中华民族的伟大

---

① 后已辞职。
② 《基辛格十六大前感慨良多》，载新加坡《联合中报》2002年11月8日。

复兴，除先进生产力和先进文化外，还需要有先进的民主政治及其制度。

那么，既然建设和发展这"三个文明"具有如此重要的作用，它们与"三个代表"重要思想的贯彻落实有什么联系呢？其实，要回答这个问题，只要认真学习党的十六大报告和党章全文特别是有关部分，便不难逐步深入领会。

"三个代表"的全文是："代表中国先进社会生产力的发展要求，代表中国先进文化的前进方向，代表中国最广大人民的根本利益。""三个文明"的具体内涵分别与经济、文化和政治密切相关，则两相对照，其在本质上相通、相映之处，岂非显而易见或不言自明？但是，我们还不应停留或满足于此，必须从各个和整体方面又分又合地加以观察，才能更深刻地理解它们之间内在、生动的有机联系，以及提出政治文明的重要意义。

二

第一个"代表"是："代表中国先进生产力的发展要求。"贯彻落实这个"代表"的情况，反映于物质文明建设、发展的程度或水平。如果生产力落后，物质文明将出现什么光景，便可想而知。全面建设小康社会，加快推进社会主义现代化和开创中国特色社会主义事业新局面云云，自然也无从实现。

因此，在回顾过去5年的巨大成就时，首先就是"国民经济持续快速健康发展"，这才使"人民生活总体上达到小康水平"。在谈到13年所积累的宝贵经验时，当然少不了"坚持以经济建设为中心，用发展的方法解决前进中的问题"和"坚持改革开放，不断完善社会主义市场经济体制"。关于全面建设小康社会的目标，要力争国内生产总值达到2020年比2000年翻两番。报告强调指出："全面建设小康社会，最根本的是坚持以经济建设为中心，不断解放和发展社会生产力。"对经济建设和经济体制改革所提出的八项任务，即："（一）走新型工业化道路，大力实施科教兴国战略和可持续发展战略。（二）全面繁荣农村经济，加快城镇化进程。（三）积极推进西部大开发，促进区域经济协调发展。（四）坚持和完善基本经济制度，深化国有资产管理体制改革。（五）健全现代市场体制，加强和完善宏观调控。（六）深化分配制度改革，健全社会保障体系。(七) 坚持'引进来'和'走出去'相结合，全面提高对外开放水平。(八) 千方百计扩大就业，不断改善人民生活。"真是无一不是着眼于解放和发展社会生产力，并都是建设和发展物质文明的应有之义和必由之路。

党章的"总纲"在指出"实现全党工作中心向经济建设的转移"后，明确："我国社会主义建设的根本任务，是进一步解放生产力，发展生产力，逐步实现社会主义现代化，并且为此而改革生产关系和上层建筑中不适应生产力发展的方面和环节。"还进一步强调："各项工作都要把有利于发展社会主义生产力，有利于增强社会主义国家的综合国力，有利于提高人民的生活水平，作为总的出发点和检验标准。"更再三表明："中国共产党在领导社会主义事业中，必须坚持以经济建设为中心，其他各项工作都服从和服务于这个中心。"由此可见，这一个"代表"必须高度重视其全面贯彻落实。

三

第二个"代表"是："代表中国先进文化的前进方向。"贯彻落实这个"代表"的情况，反映于精神文明建设、发展的程度或水平。如果文化方面较差，精神文明必将相形见绌，也不符合全面建设小康社会、实现社会主义现代化和开创中国特色社会主义事业新局面所要求达到的标准，或者说还很不全面。

因此，在回顾过去5年的巨大成就时，当然少不了"社会主义民主政治和精神文明建设成效显著"。在谈到13年所积累的宝贵经验时，就有"坚持物质文明和精神文明两手抓，实行依法治国和以德治国相结合"。关于全面建设小康社会的目标，专门谈到"全民族的思想道德素质、科学文化素质和健康素质明显提高"等。对文化建设和文化体制改革，提出的六个要点是："(一) 牢牢把握先进文化的前进方向。(二) 坚持弘扬和培育民族精神。(三) 切实加强思想道德建设。(四) 大力发展教育和科学事业。(五) 积极发展文化事业和文化产业。(六) 继续深化文化体制改革。"在历史上，中华民族已经为人类文明进步做出巨大贡献是世所公认的事实。我们深信："在当代中国人民的伟大奋斗中，必将迎来社会主义文化建设的新高潮，创造出更加灿烂的先进文化。"在关于国际形势和对外工作中，报告指出："扩大对外文化交流……和平的力量，正义的力量，进步的力量，终究是不可战胜的。"在谈到建设高素质的领导干部队伍时，"德才兼备"从来都是必须强调的。还有加强和改进党的作风建设，深入开展反腐败斗争，更直接事关"浩然正气"。

在党章的"总纲"中，多次提到了文化、文明。例如，"……不断满足人民日益增长的物质文化需要……为把我国建设成为富强、民主、文明的社会主义现代化国家而奋斗。……吸收和借鉴人类社会创造的一切文明成果……社会主义精神文明建设为经济建设和改革开放提供强大的精神动力和智力支持……提高全民族的思想道德素质和科学文化素质，弘扬民族优秀传统文化，繁荣和发展社会主义文化。应当用党的基本路线和爱国主义、集体主义、社会主义思想教育党员和人民群众，增强民族自尊、自信和自强精神，对党员还要进行共产主义远大理想教育，抵御资本主义和封建主义腐朽思想的侵蚀、扫除各种社会丑恶现象，努力使我国人民成为有理想、有道德、有文化、有纪律的人民"。

四

第三个"代表"是："代表中国最广大人民的根本利益。"贯彻落实这个"代表"的情况，既反映于物质文明、精神文明发展的程度或水平，也与政治文明发展的程度或水平存在着直接和密切联系。如果属于根本利益的政治权利受尊重和保障得不够，那就是政治文明方面还有待注意加强，才符合全面的根本利益。

因此，在回顾过去5年的巨大成就时，前面已提到"社会主义民主政治和精神文明建设成效显著"。在谈到13年所积累的宝贵经验时，就有"坚持四项基本原则，发展社会主义民主政治"等内容。随后更在"政治建设和政治体制改革"的专题中，首先指出前已引述的："发展社会主义民主政治，建设社会主义政治文明是全面建设小康社会的重要目标。"又指出："要坚持从我国国情出发，总结自己的实践经验，同时借鉴人类政治文明的有益成果，绝不照搬西方政治制度的模式。"报告所列举的九项任务，都旨在加强制度建设，以"实现社会主义民主政治的制度化、规范化和程序化"。它们是："（一）坚持和完善社会主义民主制度。（二）加强社会主义法制建设。（三）改革和完善党的领导方式和执政方式。（四）改革和完善决策机制。（五）深化行政管理体制改革。

（六）推进司法体制改革。（七）深化干部人事制度改革。（八）加强对权力的制约和监督。（九）维护社会稳定。"最后，在"加强和改善党的建设"中，又一次指出："不断促进社会主义物质文明、政治文明和精神文明的协调发展，推进中华民族的伟大复兴。"

在党章的"总纲"中，指出了在新中国成立以后，"确立了社会主义基本制度，发展了社会主义的经济、政治和文化"。这也就是开始建设和发展了物质文明、政治文明和精神文明。不仅如此，关于政治文明还专有一段论述："中国共产党领导人民发展社会主义民主政治，建设社会主义政治文明。坚持扩大社会主义民主……积极支持人民当家做主……广开言路，建立健全民主决策、民主监督的制度和程序。……"对于政治文明的地位和作用，也可以从以下的说明下得到深刻的印象："中国共产党领导人民在建设物质文明、政治文明的同时，努力建设社会主义精神文明，实行依法治国和以德治国相结合。"

五

以上已将"三个代表"与"三个文明"分别做了介绍，但是，事情并非"一对一""各就各位""各得其所"那么简单。重要的是它们之间的相依、互动和合乎逻辑的辩证关系，既有综合交叉的影响，又表现为全面配合和支持。在"三个代表"和"三个文明"各自的内部如此，二者之间也是这样。事实上，只要我们通读和细读报告和党章的全文，便不难发现或察觉关于上述情况的精辟阐释和析述。

试以"全面建设小康社会的奋斗目标"为例，所指出的"现在达到的小康还是低水平的、不全面的、发展很不平衡的小康，人民日益增长的物质文化需要同落后的社会生产之间的矛盾仍然是我国社会的主要矛盾"。这正足以表明"三个代表"重要思想尚待继续全面贯彻落实，"三个文明"尚待加强建设和发展。要达到更高水平的小康社会，必须"是经济更加发展、民主更加健全、科教更加进步、文化更加繁荣、社会更加和谐、人民生活更加殷实"。这六个"更加"的顺序排列并非随意或偶然，第一个"更加"是后五个"更加"的物质基础，最后一个"更加"是前五个"更加"的归结，又从而进一步发挥当家做主的主动积极作用。这是"中国特色社会主义经济、政治、文化全面发展的目标"。

在党章的"总纲"中，明确宣布："始终做到'三个代表'，是我们党的立党之本、执政之基、力量之源。"指出前已述及的："我国社会主义建设的根本任务，是进一步解放生产力，发展生产力，逐步实现社会主义现代化，并且为此而改革生产关系和上层建筑中不适应生产力发展的方面和环节。"也因此而肯定亦已在前面提到过的："必须坚持以经济建设为中心，其他各项工作都服从和服务于这个中心。"这些都是依据马克思主义关于基础与上层建筑关系理论的指导而发，实践充分证明完全符合社会发展的客观规律。

由于贯彻落实"三个代表"重要思想和努力建设、发展"三个文明"，国内情况与过去比，已经大为改观。朝气蓬勃、欣欣向荣的景象已为世人所共见。国际地位和形象也在发生重大变化，这是有目共睹的现实和趋势。继加入世界贸易组织（简称"WTO"），申奥、申博成功之后，中国逐渐成为世界热门话题，投资热、旅游热、留学热、汉语热、中医热等等，还在不断升温，"项目"也可能还要增加。当然，机遇和挑战齐来，我们必须保持清醒并自强不息，不能仅看到有利的一面，而要对已经存在和将要出现的问题采取有效措施并认真有所准备。

值得注意的是报告专题论述了"'一国两制'和实现祖国的完全统一"。香港、澳门已胜利回归，台湾问题应早日解决。"台湾同胞求和平、求安定、求发展的意愿日益增强……台湾同胞具有光荣的爱国主义传统……两岸应扩大交流交往，共同弘扬中华文化的优秀传统。实现两岸直接通邮、通航和通商，是两岸同胞的共同利益所在……"看来，我们"三个代表"重要思想落实得愈彻底，"三个文明"建设得越好，也更有利于推进统一大业。

（原为"党的十六大与中国政治发展及公共管理改革"学术研讨会论文）

在中国行政管理学会 2002 年会暨政风建设研讨会上的闭幕词

这次会议开得很好，我想讲以下几点体会：

这次会议的一个很大的特色，就是国务院总理对我们学会工作做了重要指示，给我们年会一个很好的开幕式。朱镕基总理指出，"行政学院要长期办下去，行政学会要办好""行政管理学会对行政改革的研究要长期坚持下去"等。可见，国家领导人对我们学会是非常重视的，话不多，但道理深刻。这是最好的开幕词，是前所未有的。

这次年会报到的时候，每个人都收到两本《国务院公报》，它有重要的意义。在第27号封二上介绍了中国行政管理学会，向全国宣布中国行政管理学会是怎么回事，这是很隆重的，因为这不是一般的公报。我们学会正蒸蒸日上、朝气蓬勃。我们学会不仅在国内非常有名，在国际上与其他学会的交流也很频繁。杂志是我们的门面，全国的同志都要大力支持这个刊物，把它办得更好。现在杂志已经有很大的进步，而且越办越好。尽管还有不同的感受，众口难调，因为实际工作部门的同志感到它书生气太重、理论太多了，而搞理论的人认为理论浓度还不够。这次把学会、杂志在两份国务院公报上介绍一下，把它的深意说明一下，这一点非常重要。营销学中有一个公式：AIDA（Attention, Interest, Desire, Action）。"注意"是非常重要的。现在有些地方不是没有能力、没有财力，而是对有些事情掉以轻心、不够重视。其实不仅在营销方面，在教学研究等领域，也有 AIDA 的作用存在。现在全国没有成立学会的所剩无几，仅有两三个省（自治区）。没有成立的原因是多方面的，更重要的是没有注意到这一点。现在我们有了强劲的东风，中央领导都很重视学会、学院，要长期办下去，还要办好。大家都要积极认真地来办好这个学会。

今年的年会选题很好。有同志认为，有些理论落后于形势。有的地方先进一步，不平衡发展是经常有的，如福建走得比较快。据我所知，珠海搞政风建设比较早，几年前就搞了。但作为全面的理论探讨，还是很及时的，这个选题很重要。

这次会风是很好的。因为时间不长，非常紧凑，会议准备是煞费苦心的。有些同志感到非常紧张，行政哲学会议上，有些同志讲到政风建设要突出服务的观点。建设服务型政府是比较带根本性的意见，这么多人积极参与本身就是一个具体的表现。这次研讨会，除了个别地区没有来人，全国基本上都来人了，安排得非常紧凑，效率也比较高，好多新的观点借此机会交流，有些新的信息也是在家里听不到的。

大家一致认识到，党的十六大前夕，在我们的岗位上，无论是实际工作者还是教学研究者，应该做出新的成绩来迎接党的十六大这一历史性的重要会议。我深深感觉到我们面临新的时代，加入WTO后，不仅是领导的素质有所提高，而且公民的素质也都有很大的提高。有的同志讲得好，制度、思想教育和风气的形成之间的关系不是单一的，是相互影响的，尤其需要制度来推动。制度不好可能败坏风气，制度好也可能促进优良作风的形成；反过来，优良作风可能补足制度的不足。过去，我们也搞了制度，但有的制度不痛不痒，不解决问题。现在，我们说立于先进的民族之林，立于不败之地，凭什么立，跟人家竞争？抽象来说是个素质问题，但素质不是抽象的，是看得见、摸得着的。所以"风"不光是政风，很多同志讲的民风、党风、文风、会风、校风，都不是抽象的，是和我们的工作直接联系的。工作做到家没有，制度是否健全完善，工作是否深入细致，有些东西跟制度有关。我们应该用这样的眼光来看待管理，国家行政管理、企业管理、社会上的管理等，都要注意"政风"导向，要从细致的作风中建设良好的社会形象和风气。

议论还是要议论，务虚还是要务虚，但终要落实。虚晃一刀的花架子不能再继续下去。老百姓对当官的一些民谣尖锐得很，当然大家心中有数，不能一概而论，不是所有的官员都是那么糟糕，都是那些害群之马、败类、丑类害了我们这支队伍，不能容许，要做到"老鼠过街，人人喊打"。有好多事情，风气败坏不是大多数，我们不能容忍，听之任之，无动于衷，熟视无睹。尤其是我们的领导，单位领导也好，团体领导也好，"表扬与自我表扬"的风气是有，但批评与自我批评的风气要接上来，这是党的传统。实事求是，我很欣赏这四个字。这个"实"，首先必须在我们的生活工作中要充实，不要空空洞洞；其次，落实，什么事都要落实，行政管理就是要落在实处。"求实、务实、切实"是我们常常放在嘴上的，同时我们要求有真正的"实力"，不是虚假的泡沫经济。我国的国际地位，不搞实力政策，但没有一定的实力，尤其是综合实力，能有今天吗？人家能愿意到这儿投资吗？愿意听听中国人的声音吗？这些变化的原因何在呀？看看我们的外汇储备上的2500亿美元就知道了。另外，办事是不是实在，信用问题很重要。中国人有这个传统。"诚信"，过去做生意，不要合同，不要契约，一句话就可以。现在我们有些毛病出现了，所以提倡诚信，就是要靠得住，不搞花架子。还有就是"实招"，不是天桥的把式，光说不练，要能解决问题，是不是人才，要靠这个。还有重视"实效"，绩效管理在全世界是最热门的，你用什么办法评出你的绩效。最后，就是靠"实干"。有中国特色的社会主义不是吹出来的，而是干出来的。中国的市场经济经过许多困难、曲折，要转型，"摸着石头过河"也好，就是在实践当中一步步取得成就的。所以，现在有些同志对一些事情看不惯，不要抹杀了主要的一面。改革开放以来，如果我们行政管理真的是一塌糊涂、一无是处，能有今天这样的成就吗？工商企业要发展，行政管理要卡它，它就没有办法发展。行政审批制度改革在加入WTO后是首当其冲，职能转变首先是搞行政审批的问题。很具体的，有些事情在发达国家要两三个小时，到了我们这个地方要两三个礼拜、两三个月或两三年。这差距有多大呢？这里好多是审批问题，它不是为人民服务，而是借此机会来卡、拿、要。现在观念改变了，作风转变了，很好办。现在的电子政府（E-Government），如广东的江门，过去办事耗时几天，现在几十分钟、几分钟就解决了；还可以上网，利用现代技术，提高行政效率。

最后，我的文章里就强调把制度问题提到应有的位置上。政风问题不是孤立的，要很多方面配合。思想教育和制度加强结合很必要。还有个制度创新问题，跟上时代。江泽民主席提出的"与时俱进"不是个口号，是要真正把创新体现出来，把它提到民族之魂这样一个高度，中华民族能否振兴，就靠创新的强度。

（原载《中国行政管理》2002年第11期）

构建和谐社会应加强中国特色社会主义政治学研究

2006年12月下旬，中国政治学会第六次代表大会暨和谐社会与社会主义政治建设学术研讨会在哈尔滨召开。笔者给会议所写的贺词是："构建和谐社会，要求'政通人和'，应加强中国特色社会主义政治学学习研究。有语云，'政者正也'，政风、政声当正必须大讲特讲中国特色社会主义政治文明。"这是原文，但在发出以后直到现在，觉得社会主义和谐社会的政风、政声一定要更加突出这个"正"字。它的含义很广，诸如正确、正直、正派、公正、正当、正气、正义、正大、正道，还有正常、及时和有针对性，等等。应当认为，社会主义政治建设和政治学研究，就是要伸张正义，发扬正气，最大限度地追求、争取和体现公正。

学术研讨会的主题定得很好，在"通知"中所列出的参考题如科学发展观与社会主义和谐社会建设、和谐社会与社会主义政治制度的健全和完善、和谐社会与社会主义政治价值体系建构、和谐社会与党的执政能力和先进性建设、和谐社会与政府能力提升等，对研讨主题扣得很紧，都是在中国研究政治学的重要内容和中国政治学专业师生教学研究中所需要认真思考的一些现实课题。

基于我们所说的构建社会主义和谐社会中的社会主义是中国特色社会主义，为节省篇幅，本文在一般论述中即不言而喻。

一、关于构建和谐社会

这可不是随便说说的愿望，而是中共中央庄严地做出的一项历史性决定，即《中共中央关于构建社会主义和谐社会若干重大问题的决定》①（以下简称《决定》）。其中就发展全局和全过程深刻地阐明了：构建社会

---

① 《中共中央关于构建社会主义和谐社会若干重大问题的决定》（2006年10月11日中国共产党第十六届中央委员会第六次全体会议通过），载《光明日报》2006年10月19日。

主义和谐社会的重要性和紧迫性，指导思想，目标任务和原则；坚持协调发展，加强社会事业建设；加强制度建设，保障社会公平正义，建设和谐文化，巩固社会和谐的思想道德基础；完善社会管理，保持社会安定有序；激发社会活力，增进社会团结和睦；加强党的领导。

这无疑是指导今后一个时期我国社会主义建设至关重要的纲领性文件，我们必须认真学习，领会和贯彻《决定》的精神，切切实实为把我国建设成为既富强民主又文明和谐的中国特色社会主义现代化国家而努力奋斗和做出应有的贡献。构建和谐社会不是轻而易举的事，它所涉及的面很广，要求也很高。正如《决定》所指出："构建社会主义和谐社会是一个不断化解社会矛盾的持续过程……最大限度地增加和谐因素，最大限度地减少不和谐因素，不断促进社会和谐。"

由于和谐社会是人民共同建设和共同享有的，所以在人们达到基本共识以后，大家一起来构建和谐社会便极有可能。尽管社会现象非常复杂，但是大体上已有政治、经济、社会、文化、教育、科技等领域之分。社会生活也无非是物质生活、精神生活和政治生活。对构建和谐社会而言，建设高度的物质文明、精神文明和政治文明，就显得具有特别直接和重要的积极意义。完全可以这么认为："这三项文明程度的消长对和谐因素的增减起着同步进退的作用。而在这三项文明之间，又存在相互影响的关系，同时也影响到社会和谐。"

说到政治文明，同构建和谐社会联系起来，可以肯定后者的正常景象之一必然是"政通人和"；否则，就是政不通、人难和，不能成为和谐社会。至于怎样才能真正和完全达到"政通人和"的境界，问题不仅在于政风是否正派、政声是否良好，事关当政、从政、执政者，从中央到地方，从高、中、基层各级领导到广大第一线人员的政治素质、文化素质、业务素质、精神素质状况，以及公众（包括和尤其是贫困、弱势和特殊群体）同他们接触之际和办事（无论办成或办不成，办好或办不好）之后的反应与感受如何，而且还在于所持的政治理念是否正确无误，政治制度是否合理、适宜、健全，政策措施的制定和执行是否具有合法性、针对性、及时性、可行性，政绩评估是否正常、可信，政治监督是否民主、透明、到位、公正，等等，这些都需要有认真切实的调查研究为根据，才能做出准确的判断。

与此同时，我们不能忘记必须对政治学这门重要学科进行理论密切结合实际的深入研究。正像从事经济建设应研究经济学、干一行要研究一行一样，对政治建设也是如此。既然和谐社会中缺少不得政治和谐，那么，加强中国特色社会主义政治学的学习研究，自是合乎逻辑和可以理解的应有之义了。不过，还要看到，政治学研究在中国，经历了一个不寻常的曲折和变化过程。因此，很有必要将这方面的情况做简要介绍，将有助于加深认识和有利于学习研究的更好开展。

二、关于政治学研究在中国

政治实践和有关政治方面的观点、论述，在中国是古已有之，并且相当丰富。这是客观存在和举世公认的事实。但是，作为一门独立学科去专门研究的政治学，则自西方开始，我国在20世纪初才予以引进，至今有百年左右的历史。从历史背景来观察，在长期封建专制统治的末期，改良派想通过"维新"实行"君主立宪"。他们所提倡的"新学"，即包括政治学等在内的"西学"。于是，在废科举以后兴办的学堂中，就设置了这类课程。不久帝制被推翻，学校教育继续发展。

旧民主主义革命结束了封建王朝的统治，建立了共和国。孙中山的"三民主义"和"五权宪法"，以及建国须经"军政""训政""宪政"三个时期之说虽曾令人耳目一新，但是鉴于世界潮流和国内实况，他及时提出了著名的"联俄、联共、扶助农工""三大政策"，对"三民主义"做出新的解释，成为新"三民主义"，坚决建立统一战线。可是，他的继承者完全背叛了他的遗志，终于沦为独裁政治，为人民所唾弃。

现在回想起来，在新中国成立之前，政治学的教学研究是十足的理论脱离实际。除在政治学系的课程表里（当时无"专业"之称）逐渐有"中国政治思想史""中国政府""中国外交史"之类的配套课程外，"政治学原理（或概论）"这门基础课内容则全部甚至可以说纯粹是"舶来品"，不是直接用洋教材，便主要是根据原文译述的编著。这种情况在学科引进之初，当然难以避免，有时还是必要的。问题在于一直与中国实际无关，没有或不许发生联系。结果是为引进而引进，只是一种摆设、装饰，不能离开课堂和书本。因为当政者连资产阶级民主都怕，一度禁止学社会科学的出国留学，后来迫于国际舆论压力才不得不开禁。

在新中国成立初期，高校进行课程改革，要求用新观点开展教学，课程变化不大。但自1952—1953年，实行高校院系调整，政治学系被撤销，所有课程当然不再讲授。在记忆中，原因似未明确宣布。据传闻和推测，可能认为那是"资产阶级伪科学"或者是"一边倒"，从形式到内容学苏联所致，即当时苏联所没有的学科也无立足之地。其实，我们倒是应该讲真科学，而且，在《改造我们的学习》这篇重要报告中，毛泽东同志早已在批评理论和实践分离时提到"教政治学的不引导学生研究中国革命的策略"①。那是同哲学、经济学、军事学并提的，可见要改的是实质性的内容，而非一砍了事。

此事令人纳闷了30年之久，倡导改革开放的伟大的总设计师邓小平同志终于郑重提出："我并不认为政治方面已经没有问题需要研究，政治学、法学、社会学以及世界政治的研究，我们过去多年忽视了，现在也需要赶快补课。"② 正是在这样的形势下，政治学的教学研究在中国得以逐步出现于高等院校和社会科学研究机构。不过，事情也有曲折。例如，1989年天安门发生的那场政治风波被平息后，人们更清醒、更明确和更坚定的共识是：某些被标榜得冠冕堂皇的政治理论原则，在有关国家往往是徒具形式，并没有真正实行，有时竟是赤裸裸的谎言，直到成为陷阱、骗局。他们还常对人对己采用双重标准，或以"我"划界，强加于人，对别人抱有严重的偏见。③ 我们应根据自身的国情，在马克思列宁主义、毛泽东思想、邓小平理论的指导下，全面落实"三个代表"重要思想和科学发展观，服从和服务于建设创新型国家和构建和谐社会的历史任务。中国的政治学研究，也必须是这样。实践证明，中国能和平发展离不开政治稳定，要持续发展又怎么少得了有利的政治条件或因素？

三、关于构建和谐社会与政治学研究

在大致了解构建和谐社会是怎么一回事和政治学研究在中国的概况之后，我们就要有针对性地具体和集中考虑政治学研究如何为构建和谐社会

---

① 毛泽东：《改造我们的学习》二（1941年5月），第8段。
② 邓小平：《坚持四项基本原则》（1979年3月30日），见《邓小平文选》第二卷，人民出版社1994年第2版，第180～181页。
③ 参见江泽民《在党的十三届四中全会上的讲话》（1989年6月24日），见《江泽民文选》第一卷，人民出版社2006年版，第61页。

做贡献的问题。为了便于学习和讨论，以下试拟循着《决定》的思路和顺序分别进行析述。

一是关于重要性和紧迫性。如果认清了构建和谐社会的重要性和紧迫性，那么，对政治稳定、政治保证、政治和谐的作用就不会掉以轻心。在构建和谐社会的各种有利条件之中，当然包括有利的政治条件。社会主义政治文明建设和社会政治长期稳定，显然是有助于促进持续发展的得力因素。但也应该看到，政治体制改革仍待深化，民主法制还不够健全，以及一些领导干部的素质、能力和作风尚难完全适应新形势任务的要求。因此，理论密切联系实际地加强中国特色社会主义政治学的学习研究很有必要。通过认真的学习研究，也对学科建设有积极意义，即根据时间、地点、条件在理念、制度、方法等方面不断创新。

二是关于指导思想、目标任务和原则。这里不多引述《决定》内容（以下同），仅就加强社会主义民主政治建设，发展社会主义民主和民主执政，维护人民群众的主体地位而言，这也是政治学研究中的基础和主要课题。对于别人的偏见不可偏听偏信，坚持正确的指导思想、目标任务和原则，走自己的路。历史的教训令人记忆犹新。苏联经历69年后在1991年末解体。"俄罗斯当初奉'美式民主'为圭臬……去年俄罗斯隆重推出'主权民主'新概念，要根据本国国情，自主决定实行什么样的民主。"① 普京曾在八国峰会上嘲笑布什在伊拉克实施的"民主"。② 其实，美国的政治制度也一直受到明智人士的批判，美国政要所讲的"国家利益"只是军工集团、石油巨头等利益的代名词而已。③

三是关于坚持协调发展，加强社会事业建设。如果说，社会和谐在很大程度上取决于社会生产力的发展水平和发展的协调性，那么，与此同时，必须坚持协调发展和加强社会事业建设。这就需要有政治稳定做保证和相适应的政治发展、建设来配合与促进。无论在社会主义新农村建设、城乡关系、区域发展，还是在就业、劳动、教育、医疗卫生服务，文化事业和文化产业的发展，以及环境治理保护等方面，都直接或间接关系或影

---

① 高大伟：《龙的蜕变》，载香港《亚洲时报》在线2006年12月9日。转载刊物所用标题为"学者认为西方对中国民主认识有偏见"。

② 参见盛世良《看今朝，重新赢得西方正视》，载《参考消息》2006年12月14日第11版。

③ 参阅詹得雄《2006：美国站在十字路口》，载《参考消息》2006年12月28日。

响到公民所应享有的基本的由宪法和法律规定的各种权利。试以发挥广大农民在社会主义新农村建设中的主体作用为例，要使这种主体作用得到充分发挥，也就是要真正具有当家做主的精神。

四、关于加强制度建设，保障社会公平正义

先说制度建设，制度是社会公平正义的根本保证，而在政治、经济、文化、社会等方面都需要有适宜、合理、健全的制度。《决定》把完善民主权利保障制度、巩固人民当家做主的政治地位，列为加强制度建设的第一点，是完全可以理解的。如何推进政治制度改革，健全民主制度、丰富民主形式以及实现社会主义民主政治制度化、规范化，程序化……均有待不断总结和深入研究。再说社会公平正义的保障，除法治基础、司法保障、财政制度、公共服务制度、分配制度、社会保障制度的完善外，也与政治参与、政务公开以及公民的知情权、参与权、表达权、监督权的有效行使有经常和密切的联系。

五、关于建设和谐文化，巩固社会和谐的思想道德基础

说起和谐文化，不能没有和谐的政治文化，思想道德也包含政治思想和政治道德。因而，关于社会主义核心价值体系、指导思想、共同理想、民族精神、时代精神、社会主义荣辱观、讲正气、男女平等等等，无一不在政治方面有所体现。例如，社会科学就包括政治学，也要坚持以马克思主义为指导、以重大现实问题研究为主攻方向，发挥认识世界、传承文明、创新理论、咨政育人、服务社会的作用。又如，弘扬社会正气，在政治领域尤其重要，这在本文开头已经提到，要坚决刹住政界的不正之风，如贪污腐败、铺张浪费之类。

六、关于完善社会管理，保持社会安定有序

这与建设服务型政府、推进社区建设、健全社会组织、协调利益关系、处理社会矛盾、完善应急管理、加强社会治安、加强国家安全工作和国防建设等密切相关。要做好这些工作，健全党委领导、政府负责、社会

协同、公众参与等机制都很有必要。在保障国家稳定安全方面，政治稳定和政治安全必须予以高度重视。它对其他方面的稳定安全起保证、保障作用。这又全面涉及真正执政为民的问题，联系到深化行政管理体制改革，要求各级政府转变职能、权责一致、强化服务、改进管理、提高效能。为此，改革行政审批制度、简化办事程序、推行政务公开、提高服务质量、增强政府公信力等均属势在必行。

七、关于激发社会活力，增进社会团结和睦

社会活力是多方面的，政治活力被激发起来，会带动对其他活力的激发。社会团结和睦情况也是如此。政治上不团结和睦，便影响到整个社会的团结和睦。发挥统一战线在促进社会和谐的独特优势，正是中国特色社会主义的政治优势。人民政协的两大主题是团结和民主，履行政治协商、民主监督、参政议政的职能，发挥协调关系、汇集力量、建言献策、服务大局的作用，使各党派、各团体、各民族、各阶层、各界人士的团结和谐得到加强。"长期共存、互相监督、肝胆相照、荣辱与共"的方针，有利于我国社会主义多党合作事业的发展。坚持"一国两制""和平统一"的方针与和平发展的道路，对民族复兴和营造良好外部环境以及建设持久和平与和谐世界都有积极意义。

八、关于加强党对构建社会主义和谐社会的领导

历史已经证明"没有共产党就没有新中国"，并在继续证明"只有社会主义能够救中国"。中国人民在中国共产党领导下进行革命和建设所取得的伟大胜利有目共睹，中国共产党是立党为公的党、执政为民的党、与时俱进的党。接受和拥护共产党的领导，是中国各族人民的历史性选择。构建社会主义和谐社会，关键在党。党的领导核心作用、执政能力和先进性，为构建和谐社会提供了坚强有力的政治保证。当然，党已深感重任在肩，自觉必须提高领导本领、加强基础工作、建设人才队伍和开展党风廉政建设和反腐败斗争。把我国建成富强民主、文明、和谐的社会主义现代化国家，全国上下都很有信心。

说回到构建和谐社会应加强中国特色社会主义政治学研究的问题上，要有正确的指导思想固不待言，还要认真从实际出发吃透国情国策，密切注意与时俱进，高度警惕教条主义，尤其是把善于参考借鉴同照搬洋教条区别开来。有人分析，苏联解体是由于执政党坚持教条主义，"不思进取，推迟改革，拒绝世界潮流和时代大趋势。这是最致命的错误"①。如此看来，苏联毁于死抱教条不思进取的教训是发人深省的。

（原为"中国政治学会第六次代表大会暨和谐社会与社会主义政治建设"学术研讨会论文）

---

① 白嗣宏：《苏联毁于理想主义双刃剑》，载香港《亚洲周刊》2006年12月24日。

夏书章自选集

第二部分

关于公共管理

孙中山与公共管理

世所周知，中国在20世纪有公认的三大伟人。按照历史顺序排列，居于第一位的是孙中山先生。伟大的孙中山集中和竭尽毕生的精力粉碎殖民主义和封建主义所强加于中国人民的牢笼和枷锁。他高高举起民主革命的大旗，倡导了推倒封建王朝和代之以共和体制的辛亥革命，并且实行国共合作，促进国民革命深入开展。这些丰功伟绩，早已载入史册。他的爱国爱民的精神，也永远活在广大革命人民的心中。

孙中山全力以赴地从事于救国救民的崇高事业，他总是在想如何建设起一个能够实现国家富强、民族兴旺、人民幸福而正常、合理、公平、有效开展和运作的公共管理平台。尽管在他的言论和著述中，我们可能还没有发现"公共管理"这个词，但是可以肯定，事实内容是完全存在的。为了文要对题，试从以下各方面来开展和联系。

一、"天下为公"

人们在纪念孙中山的场所，常会看到迎面高悬的"天下为公"四个大字的横匾。那是他的重要手迹之一，虽非他自己的原话，却可见他的最高理想是古人所说的世界大同。这四个字选自古籍中的一段文字，他曾亲笔录写了全文，还单独题写了一幅"天下为公"。全文如下：

大道之行也天下为公选贤与能讲信修睦故人不独亲其亲不独子其子使老有所终壮有所用幼有所长矜寡孤独废疾者皆有所养男有分女有归货恶其弃于地也不必藏于己力恶其不出于身也不必为己是故谋闭而不兴盗窃乱贼而不作故外户而不闭是谓大同。①

---

① 原件未加标点符号。单幅见岭南文库编辑委员会、广东中华民族文化促进会《孙中山文粹》上卷卷首影印体，广东人民出版社1996年版。

且说上述情况，如果真正、全面和持续做到、做好，岂非也就是和谐社会所应有的景象么？再说从上下文来看，这"天下为公"显然是大道之行也，即"行大道"的结果，只有"天下为公"了，才有可能出现紧随其后所描述的大同境界。其中的关键则在于一个"公"字，用曾经流行过的一种说法，便是我们所讲的"公共管理"也"姓"公。"天下为公"便离不开、少不了得力的公共管理。何况，据孙中山的讲解："民生主义就是社会主义，又名共产主义，即是大同主义。"① "大同"必须"大公"，孙中山必然非常重视公共管理是简单推理得出的正确结论。这也将为随后所要谈到的内容所证明，同时是他积极主张与共产党加强合作的思想和理论基础。

二、"管理众人的事"

从对什么是政治所做的解释来看，我们更清楚地确认上述结论是完全切合实际的。因为他的说法与公共管理很相接近或在实质上基本相同。他指出："许多人以为政治是很奥妙很艰深的东西，是通常人不易明白的……政治两字的意思，浅而言之，政就是众人的事，治就是管理，管理众人的事便是政治。有管理众人之事的力量，便是政权。今以人民管理政事，便叫作民权。"② "管理众人的事"或者对"众人之事"的管理，不正是公共管理么？

所不同的，只是现行广义的公共管理除指政府管理之外，还包括非政府、非营利公共组织的管理，上面仅及于"政权"罢了。不过，在孙中山的《建国方略之三·民权初步（社会建设）》中，他所讲的"民权"要广泛得多，如"是集会者，实为民权发达之第一步"。③ 而他所指的"集会"，是除各级政府方面的集会以外，还有如家族、社会、学校、农

---

① 参见岭南文库编辑委员会、广东中华民族文化促进会《孙中山文粹》下卷，广东人民出版社1996年版，第929页。

② 引自《三民主义·民权主义》，见《孙中山选集》下卷，广东人民出版社1956年版，第661～662页。

③ 同①，第483、484页。

团、工商等非政府组织的各种集会。① 对现代公共管理来说，这就比较全面了。

作为一门新兴独立学科的公共管理在当时虽尚未正式问世，但已在积极酝酿中，呼之欲出。值得注意的是，公共管理研究始于政府管理，与政治学的关系密切。"管理众人的事"的提出，过去中国政治学界未予重视，偶尔谈到亦轻描淡写，没有当作一家之言。孙中山说明是"浅而言之"，可是让"通常人不易明白的"明白了，实在是一大贡献。可能有人觉得孙中山不是这方面的专家学者，殊不知他对政治和政治学的研究是下过大功夫的。

在就读于香港西医书院五个学年中，他"不满足于专业知识。他研究国际法、各种派别的政治学……认真探讨'历朝制度之沿革'和'古今治乱之道'"②。这是研究"各派别的政治学"，而非一般的政治学常识！他的英籍教师康德黎十分赞许自己的这位中国学生，指出"他不懈地工作，阅读有关政治、外交、法律……的书籍……政治经济学类，占据了他的注意，而且细心地耐心地研究"③。可见，他对政治和政治学及其发展的认识，绝不是仅凭一知半解而轻率做出有关论断的。

三、从《民权初步》看公共管理

前面提到的《民权初步》是孙中山的一本专著，已注明是"建国方略之三"和"社会建设"。其主要内容虽然是关于临时集会的组织、永久社会的成立议事规则、程序等等，但它恰好是公共管理中普遍和经常需要又容易被忽视的社会团体和会议的管理。它的覆盖面很广："家族也、社会也、学校也、农团也、工党也、商会也、公司也、国会也、省会也、县会也、国务会议也、军事会议也，皆当以此为法则。"④ 它的可操作性很

---

① 参见岭南文库编辑委员会、广东中华民族文化促进会《孙中山文粹》上卷，广东人民出版社1996年版，第483、484页。
② 同①，第9页。
③ J Cantlie, C S Jones. Sun Yat-sen and the Awakening of China. 译文见岭南文库编辑委员会、广东中华民族文化促进会编《孙中山文粹》上卷第15页注1，广东人民出版社1996年版。
④ 岭南文库编辑委员会、广东中华民族文化促进会：《孙中山文粹》上卷，广东人民出版社1996年版，第484页。

强:"此书譬之兵家之操典、化学之公式……乃习练演试之书也。一旦贯通,则会议之妙用,可全然领略矣。"① 孙中山曾感慨地写道:"自西学之东来也,玄妙如……资治如……无不各有专书,而独于浅近需要之议学则尚付阙如,诚为吾国人群社会之一大缺憾也。"②

即以会议而论,时至今日,各种会议的质量、效率、作用、成本等,依然是公共管理水平的明显重要影响因素之一。不少公共管理人员(包括各级领导者)虽然也知道要发扬民主、走群众路线、集思广益、依法和有序地办事、高效管理与服务,但是在具体主持和参与各种会议的实践过程中,往往缺乏应有的知识甚至是常识或必要的运作方法技巧,致使有些会议流于形式、不能正常和充分发挥其功能,有的是把大部分时间、精力"泡"在会议里,解决不了或解决不好实际问题特别是老大难问题。

看来,孙中山作《民权初步》,表明他是早有预见并真心诚意地希望民权能够发达起来的有心人。他给我们的启示是:议事之学关系合群团体之力,必须认真对待开会,讲求实效,以免劳民伤财、失时误事。

四、公共管理需要合格人才

孙中山深知教育的根本重要性。当他还是书院学生年方24岁时,即曾致书同乡前辈,谈到教育问题:"呜呼!今天下之失教亦已久矣……综人数而核之,不识丁者有七八,妇女识字者百中无一。此人才安得不乏,风俗安得不颓,国家安得不弱?"③ 后来,在著名的《上李鸿章书》中更着重强调"人能尽其才"和列为"富强之大经,治国之大本"四事之首;接下去很有说服力地指出:"所谓人尽其才者,在教养有道,鼓励以方,任使得法也……故教养有道,则天无枉生之才;鼓励以方,则野无郁抑之士;任使得法,则朝无幸进之徒。斯三者不失其序,则人能尽其才矣;人既尽其才,则百事俱举;百事举矣,则富强不足谋也。"④

他是这样想的,也是在力所能及的时候努力去做的。他总是把培养人

---

① 岭南文库编辑委员会、广东中华民族文化促进会:《孙中山文粹》上卷,广东人民出版社1996年版,第484页。
② 同①,第483、484页。
③ 同①,第7～9页。
④ 同③。

才和革命活动紧密结合。例如，在1897年秋，即在日本横滨办起"中西学校"培养华侨子弟和联络革命同志；1903年8月又"设军事研究所于日本东京之青山"，以"养成革命军事人才"；1912年倡办民国大学（1914年改称中国大学）以培养文化科学建设人才；还有"在东京设讲习所以培养政治人才，在大森设浩然庐以培养军事人才"① 等等，都是实际行动。

当然，"管理众人之事"的公共管理更迫切需要合格的优秀的人才。孙中山痛感"民国"在成立13年以后，仍然只是有名无实，革命和建设事业中人的因素极其重要。于是，在1924年，差不多是同时，在广州创办了黄埔陆军军官学校和作为现在中山大学前身的国立广东大学。这两所颇具规模的一文一武的学校，正是为了加快培养、造就新型军事、文职和科学技术人才的。由此可见，他完全和十足不尚空谈，注意抓住要害，时刻着眼于根本和长远之计。他给国立广东大学成立题写的训词（校训）是："博学　审问　慎思　明辨　笃行"。把学、问、思、辨，落实到行，也就是要学以致用，勉励大家为革命和建设读书、成才，这很有普遍意义。

五、孙中山的宝贵精神遗产

在纪念孙中山诞辰90周年所写的文章中，毛泽东在列举其丰功伟绩的同时指明："他在政治思想方面留给我们许多有益的东西。"接着又说："现代中国人，除了一小撮反动分子以外，都是孙先生革命事业的继承者。"② 对于公共管理这门学科的教学研究者和在这个领域从事实际工作的人来说，更应该学习、研究孙中山的优点和长处。

从孙中山的演说、宣言、谈话、书简、言论、著述等来观察，由于他的知识丰富和具有比较深厚的理论根底，所以一贯表现为气度恢宏、大气磅礴，有凛然正气和很强的感染力、号召力、吸引力。毛泽东也根据亲身的感受这样写道："孙先生是一个谦虚的人。我听过他多次讲演，感到他

---

① 钱远镕：《孙中山的办学精神和教育思想》，见《纪念辛亥革命七十周年学术讨论会文集》（下），中华书局1983年版。

② 参见《毛泽东文集》第七卷，人民出版社1999年版，第156页。

有一种宏伟的气魄。从他注意研究中国历史情况和当前社会情况，又从他注意研究包括苏联在内的外国情况方面，知道他是很虚心的。"①

的确，从公共管理角度来研究孙中山的生平，我们可以获得很多教益。江泽民在纪念孙中山诞辰130周年大会上讲得好："孙中山先生给中华民族和中国人民留下许多宝贵的精神遗产，特别是他的爱国思想、革命意志和进取精神，值得我们永远学习、继承和发扬。"② 他还举了若干具体的例子。例如，"振兴中华"口号的提出、明确"建设是革命的唯一目的"、擘画现代化建设蓝图、实行"开放主义"、学习外国长处、强调"发展之权，操之在我"、维护国家主权和统一等，至今仍有重大现实意义。

六、新三民主义和统一战线政策

这里特别值得一提的是毛泽东在纪念孙中山逝世13周年及追悼抗敌阵亡将士大会上的讲话中，称赞孙中山所制定的新三民主义和统一战线政策，是他"对于中华民族最伟大的贡献"③，这样的历史评价绝非偶然。

新三民主义和统一战线政策的制定，体现了孙中山对待真理、科学、国家发展大局和前途命运的正确态度和明智思路。他毕生追求真理、服从真理、尊重科学、相信科学，时刻以大局为重和为未来着想。他极为重视马克思列宁主义的理论和实践，以及高度赞赏中国共产党人的质量、主张和行动，并且坚定不移地与之真诚合作，从而开创了中国革命的崭新局面。正如他的传世墨迹之一所写："世界潮流浩浩荡荡顺之则昌逆之则亡。"④ 这也正是他的理念、信念。

大家知道，统一战线早已成为共产党的一件"法宝"。不仅过去行之有效，现在继续运用，而且永远坚持。对于构建和谐社会与和谐世界，也有积极作用。我们清楚地记得，曾经有那么一小撮反动分子，自称是孙中山的"信徒"其实是叛徒，集中表现于反孙中山之道而实行仇共、反共

---

① 参见《毛泽东文集》第七卷，人民出版社1999年版，第157页。
② 参见《江泽民文选》第一卷，人民出版社2006年版，第594页。
③ 参见《毛泽东文集》第二卷，人民出版社1993年版，第111页。
④ 岭南文库编辑委员会、广东中华民族文化促进会：《孙中山文粹》上卷卷首影印件，广东人民出版社1996年版。

和妄想灭共。当然只能以失败告终。

周恩来在1966年一次对首都红卫兵的讲话中郑重指出:"孙中山的功绩,毛主席在北京解放后写的一篇重要文章《论人民民主专政》中就肯定了的。他的功绩也记在民族英雄纪念碑上。每年'五一''十一'在天安门对面放孙中山的像是毛主席决定的。"① 当时的背景是南京有不明真相的学生要毁掉孙中山铜像,周恩来表示:"我们绝不赞成。"②

七、孙文、孙中山和孙逸仙

中国过去的知识分子,一个人常有几个名字,如名、字、号、笔名等。孙中山的正规用名(或者叫"官名")是"孙文",在正式场合包括签署文件、题词等都用。但在习惯上,则在国内通称"孙中山"或"中山先生",而在国外尤其是西方则"孙逸仙"或"孙逸仙博士"(Dr. Sun Yat-sen)的知名度比较高。识汉字的外国人士也知道孙中山,日本人更自不待言,因为"中山"原即取自孙中山在日本所用的"中山樵"。

这里所讲这方面的情况没有离开公共管理的主题,以下是关于中国这位伟大的公共人物在国内和国际对他如何纪念的各种方式和具有怎样深刻的印象。由于所使用的名称存在差异,所以有必要先做简要说明。

先说国内(包括台、港、澳地区)。孙中山逝世以后,除北京、广州等地的纪念场所外,南京有中山陵,孙中山的故乡香山县改名为中山县(今中山市);大中城市很多马路、公园、图书馆等以"中山"命名,如上海还分中山东、西、南、北路(又各有路段),广州则有中山1~8路;原国立广东大学改名为"中山大学"后,一时各地出现许多同名大学,或按编号称"第1—4中山大学"或注地名为"某地中山大学",后经决定仅保留广州一校。现在台湾高雄也有一所以中山命名的大学,广东还有一所中山学院。《孙中山全集》《孙中山选集》《孙中山文粹》等相继出版,纪念活动不断举行。香港大学特设"中山阶"以资纪念。孙中山曾在澳门行医,日本友人铸赠的4尊中山铜像有一尊现在澳门(其余为南京一尊、中山大学一尊、黄埔军校旧址一尊)。

---

① 参见《周恩来选集》下卷,人民出版社1984年版,第451页。
② 同①。

再说国际。除日、英、美等国有孙中山活动遗迹外,新加坡的"晚晴园"是纪念孙中山的场所;莫斯科中山大学曾经是培训东方革命家的重要基地,中国不少革命家在那里学习过。不久前,中山大学时任校长率团到欧洲访问,开始时用汉语拼音说起中山大学(Zhong Shan University),对方似无反应或反应冷淡,经解释即"孙逸仙大学"(Sun Yat-sen University)后,则立即表示熟知此名而活跃起来。原来如此:有"中国的华盛顿"之称的是"孙逸仙博士"(Dr, Sun Yat-sen)。

从以上只能算作举例的简要忆述中,可见广大公众和进步人类对孙中山是非常崇敬与景仰的。

八、孙中山是中国公共管理研究先驱

综上所述,我们看到孙中山的一生,直到辞世前夕都是在期盼"天下为公"和实现"大同"中努力学习、研究和实践的。具体而言,就是在他著名的遗嘱中的第一句话:"余致力国民革命四十年,其目的在求中国之自由平等。"① 在推翻帝制以后,面临公共管理必须以新代旧的现实环境与形势,他提出要管理和管好"众人的事",从重视正确结社集会的"民权初步"入手,关心公共管理人员的培养,制定新三民主义和统一战线政策,为谋求国家民族和人民大众的根本和长远利益而顽强奋斗,受到革命群众的爱戴和拥护。

我们说他是中国公共管理研究先驱是有根据的。严格地讲,作为一门新兴独立学科的公共管理(初译为"行政学"或"公共行政学")于20世纪20年代中后期(1926—1927年)在美国正式问世。那是孙中山去世不久的事。而在这个时期到来之前,经历过风吹草动和紧锣密鼓的"催生"阶段。例如1887年威尔逊《行政学研究》、1900年古德诺《政治与行政》、1912年泰勒《科学管理》等书的相继出版,都正是孙中山积极认真学习、思考、研究有关问题的时期。前已述及,他虽未用"公共管理""公共行政"之类的名词、术语,但实质上是一致的。他广泛阅览英文书刊、留意学术动态,对这方面应有接触。像"管理众人的事"这样朴素、

---

① 岭南文库编辑委员会、广东中华民族文化促进会:《孙中山文粹》下卷,广东人民出版社1996年版,第1128页。

率直、切实的表述，即使没有上述因素，算是巧合，仍抹杀不了研究先驱的事实。

总之，我们应当对孙中山的生平事业和著作言论进行广泛深入的研究。其中，关于公共管理的理论和实践占有较大的比重。笔者撰写过《孙中山的伦理思想》[①]，也在很大程度上属于行政伦理或公共管理的精神文明范畴。

（原为"第二届'21世纪的公共管理——机遇与挑战'"国际学术研讨会论文，本次会议论文集由格致出版社、上海人民出版社出版2009年出版；又载《公共管理学报》2007年第3期）

[①] 见夏书章《管理·伦理·法理》，法律出版社1984年版，第177～191页。

提高公共管理水平是当务之急
——公共管理硕士（MPA）系列教材总序

发展经济，固然要重视提高经济领域的管理水平，但如果公共管理水平不能及时得到相应的提高，那就或迟或早会产生这样那样的消极影响，有时甚至非常严重。一个常见和简单的例子：如某些行政审批手续，在发达国家两三个小时可以办妥的事情，而在某些发展中国家和地区却要两三天、两三周、两三个月，甚至两三年或更久。这就是公共管理方面存在的差距！究其原因，总少不了人员素质问题。

近现代对管理的研究，是从工商界开始的。管理学作为一门新兴学科的建立和发展，一直保持着最积极、最活跃以及不断创新的研究状态和势头。其理论观点和学派之多，有"理论丛林"之称。新的管理理论、方法、体制，很多首先在经济领域提出、试行和实施，然后推广、普及到其他领域。值得注意和必须指出的是：在企业管理研究的带动下，研究管理之风逐渐形成和进入其他管理领域。在时间顺序上，公共管理学科的问世，正是紧随其后的事。

本来，社会经济要发展，各级政府和所有公共部门的工作，都必须予以密切配合和大力支持，而不能有所妨碍；否则，社会进步便难以顺利向前发展，更不用说加速发展了。可见，发展和繁荣经济必须提高公共管理水平是大势所趋。

我国在实行以经济建设为中心的改革开放过程中，为了提高管理人员素质，继引进MBA教育之后，又让MPA教育"登陆"，是非常及时的。首批开办MPA教育的24所高校面临的共同困难之一，是缺乏能够理论结合实际、学以致用、既有中国特色又同国际接轨的教材。经认真讨论，决定采取分头编写的办法，以便发挥优势，共同提高。

这套系列教材是13所高校（校名略）通力合作的成果，受到各校领导的高度重视和武汉出版社、科学出版社的热情帮助。尽管通常"第一个火车头"是不会很完善的，但是从无到有，难能可贵。而且据我了解，编写者原有基础较好，研究有素，态度积极，他们努力使这套教材实现预期目标。相信经过试用，再进行修订、补充、加工，必将更加符合要求。提高公共管理水平毕竟是当务之急，我们有理由对中国的 MPA 教育寄予厚望。

（原载《学术研究》2003 年第 11 期）

用科学发展观指导 MPA 教育的发展
——在 MPA 新增培养单位培训暨研讨会上的讲话

同志们,我们这次会议说明 MPA 教育发展新的阶段开始了。我们共同发展我们共同的事业。所以我就想讲这么一个题目:"用科学发展观指导 MPA 教育的发展",中心是科学发展观的问题。我认为,科学发展观的提出是非常重要的、非常及时的,我就围绕这个中心结合 MPA 教育谈一些想法。

第一个问题,发展不能一概而论,有个性和共性。个性就是这项事业那项事业、这个领域那个领域都在发展,各有不同的特点,都有自己的特色与自己的任务。发展的共性我讲三点。第一,发展不是盲目的,发展一定是有目标的。不是为发展而发展,总有一个想法,一个目标。如果说我们的目标的话,最高的目标就是建设中国特色社会主义,实现中华民族的伟大复兴。大家都朝着这个总的目标,其他都是分工的问题。要有目标,不然就是盲目的。我们发展 MPA 教育也有目标,前面的同志都讲了,我就不多说了。第二,发展不可能是孤立的,单枪匹马、一枝独秀,那是天真得很,不可能。你总要一些支持和配合,不能孤军深入;要孤军深入就没有前途,就发展不起来,想发展也发展不了,拖后腿的、卡脖子的、拉拉扯扯的,没有办法发展。这就告诉我们,大家要互相信任,互相支持,共同发展。第三,要发展,发展得好、发展得快,就需要一个正确的发展观,如果指导思想不明确、不正确,要么走弯路,要么事倍功半,要么一事无成,要么吃败仗,一塌糊涂、一败涂地。所以,发展观是指导思想,发展观正确了,就能够保证顺利和健康发展。

第二个问题,我们就讲科学发展观,科学发展观在这次的两会中是最热门的一个词。胡锦涛、温家宝同志会内会外反复强调。我在广东,省委书记回来传达"两会"精神,其中最重要的一点就是要树立、坚持落实科学发展观,这是核心问题。回顾一下,科学发展观不是偶然提出来的,是从"三个代表"重要思想顺理成章产生的。去年八九月,胡锦涛总书记到江西视察工作,就提出了科学发展观,后来党的十六届三中全会

《关于社会主义市场经济发展若干决定》里面又明确提出了科学发展观。今年2月份,温家宝总理在省级干部研讨班上大讲特讲了科学发展观,各个省、自治区、直辖市的领导参加了这个研讨班。想一想,我们之所以有今天这样一个局面,就是在科学发展观逐步形成的过程中走上一条正确的道路的。中国的和平崛起,经济发展得这么快,没有因为"非典"或者是美国的压力、日本的压力而缓慢下来,而经济总量又是那么大,成倍地翻。有人说中国是"世界工厂"。他们的说法很多,我们不管,反正中国的经济与社会发展在那种情况下能够达到9%,这是让全世界刮目相看的。要回答这个为什么的问题,在国外,有的学者已经讲到点上了。那就是中国力求稳定、协调地发展,这就是科学发展观的问题。科学发展观现在很重要,"两会"一结束,《光明日报》的社论就说"用科学发展观指导发展"。最近很多篇文章都讲科学发展观,要深刻理解科学发展观,研究如何落实科学发展观。科学发展观跟我们有什么关系呢?我个人认为关系太大了,比旁类的学科还大。"中央三号文件"在前不久见诸报端,要进一步繁荣发展哲学社会科学。我认为,要落实科学发展观,没有哲学社会科学的繁荣发展是不可能的。因为科学发展观的内容很多都需要哲学社会科学去配合和支持。所以我们说,现在哲学社会科学的春天是真正地到来了,我们一定要抓住这个机遇来发展我们的哲学社会科学。其中,公共管理这个学科处于非常突出的位置。

温家宝总理的政府工作报告强调搞好公共管理,做好社会服务。我们怎么去做到这一点,怎么样的队伍才能符合这个要求。这就涉及公共管理学科和MPA教育。这个话说来也不长,只是前几年的事。MPA怎样引进的?记忆犹新啊!当时,国务院学位办李军同志主持这个工作,反反复复地论证,可行性如何,可操作性如何,怎么样开始,怎么样起步,等等。MPA比MBA晚了10年,这是可以理解的。因为我们以经济建设为中心,厂长、经理需要"充电加油"。MBA引进来了,是20世纪80年代末90年代初的事情。可是当经济体制改革进行到一定程度的时候,行政体制改革若不配合支持,很难再继续前进。这就对公共管理形成了一个客观需要。在这个时候,中国加入WTO成为事实。谈判了15年,终于实现了加入WTO。WTO需要中国,中国也需要WTO。可是加入WTO后,首当其冲的是谁呢?是政府。龙永图同志在广州讲过这句话:"加入WTO后,我们面临挑战的不是企业,首先是政府。"很简单,是政府谈判了15年,政府签约的，政府承诺的。政府要遵守"游戏规则"。所以，首当其冲的是政府。政府首当其冲的是怎样提高广大公共管理人员，特别是公务员的综合素质。怎么样才能应付这样一个国际挑战，完成我们许下的承诺。在这个时候，MPA应运而生。第一批评审批准了24家，全是重点大学。全国有50多个院校有研究生院，这第一批24所都是有研究生院的。当然有研究生院的未必都能加入这个行列，它是有综合评估的，师资力量如何、培养研究生经验如何、学术环境如何等等。定下的24家办了两年以后，形势逼人，要扩大。我听说在黄山会议上，100多家参加申报，结果最后确定23家，差一家就是翻一番，现在是47家。我们国家光是公务员就有500多万，非政府、非营利性组织的公共管理人员有3000万，加起来共3500万。现在有一个比较数在这里。美国拿到MPA学位的公共管理人员达到10%～20%。我们不要20%，我们就要10%。我们不说那3500万，就说我们的500多万公务员，10%是多少？50多万。那我们不要10%，我们要5%吧，25万。我们现在24所院校一年只招3000多人，现在47所，就算一年招1万人，要达到5%要25年啊！我们要培养高层次、复合型、应用型的人才。你现在不要看报名的人多少（那里另有暂时性原则的），要看大的，看整体的形势。上海不愧是先进地区，上海已经有复旦大学、上海交通大学、同济大学、华东师范大学四所MPA试点院校。但上海市等不及了，提出公务员多少岁以上都要学MPA的精选课程，先把在位的提高起来。当然，我们不能指望500万公务员全都拿了MPA，我们寄望于公务员队伍的建设，寄望于MPA学员能够适应时代要求、能够更好地发展。所以现在问题集中一点，就是我们现有的47家MPA教育如何发展？这是继往开来的影响后代的大事。搞得好，我们MPA的声誉就好。要争口气，要有志气，要有出息。我们要达到一个共识：这是我们共同的事业，关系到我们国家的进步，我们要为国家培养顶梁柱人才。

科学发展观如何跟我们MPA教育挂起钩来，我认为第一条，是求真务实。我们培养出来的是有真才实学真本领的，不是光戴个硕士帽的。当然要给一个文凭，有没有学历那是另外一回事，主要的是能力水平是否真提高、是不是达到培养目标。这不光是技术性的东西，还有思想观念方面的。第二，就是以人为本。我们的MPA教育对象就是人。这些人是去一个顶一个用，是去一个顶两个用、顶三个用，那就成功了。如果我们没有以人为本，那就是敷衍了事，走过场。以人为本这是个大文章，从头到尾贯穿教育和管理的全过程。我们教师和管理人员，特别是 MPA 教育负责人在每一个过程都应该心中有数，求真务实，以人为本。第三，就是更加重视全面发展，不可顾此失彼。MPA 教育计划中注意了全面性，课程的安排有核心课、专业方向课、选修课，要安排好学习。过去有的时候有人有意见：你要工作 4 年以上，我们学的数学都忘了，学的外语也荒了，考不过大学刚毕业的。但是，要想一想为什么？大学刚毕业的不要，要有 4 年以上实践经验的？来这里学习的学员确实是很辛苦的，但是我们的入学考试外语还是要考的，数学也是要考的，把逻辑学、数学、语文合起来考综合知识。现在搞现代化，你不能上网，这怎么能适应呢？外语还要掌握，加强国际交流、国际竞争，语言能力确实是很重要的。我们要求人的全面发展，德、智、体、能、美成为一体，我们的公务员更要力求如此。第四，就是可持续发展。如果没有远见，只看到眼皮底下那么一点利益和好处，就会坏事，半途而废。什么叫可持续发展？就是能够稳步地、持续地向我们伟大的目标前进。我们的课程，我们所培养出来的人都应该有这样的一个志气，有这样的一个眼光，有这样的一个能力，才能达到我们物质文明、政治文明、精神文明的共同进步，实现中华民族的伟大复兴。我们秘书处经常发简报交流经验。网上也很活跃，有啥就说啥，点名某某老师怎样、某某老师如何，这是好事，当然要分析。新增院校 MPA 教育从一开始起步，每一个老师都要同心同德，大家达到一个共识，认识到我们共同的使命不是一般的教学，教完就完了，应该密切注意我们的课程、教学对公务员的成长有什么帮助，并及时总结经验。

总之，科学的发展观对我们的教育事业、对教学和学科的发展有指导作用。而在社会科学这么多门类当中，我们公共管理学科在落实科学发展观上是最直接的学科之一，是最应该做出贡献的学科之一，让我们大家为此而互相勉励和共同努力，并首先努力树立、坚持、落实科学发展观于教学研究和工作实践之中。

(原载《中国 MPA 通讯》第 6 期)

提高公共管理水平必须从"头"做起

引言

作为一门引进学科，公共管理在英语中从一开始沿用至今的是 Public Administration，后来也有用 Public Management，特别是近期以来叫 New Public Management 的。其原意既包括政府管理，也包括非政府的社会公共组织的管理。公共管理实践历史悠久，但成为新兴学科尚不足百年。由于学科问世时从研究政府管理开始，而 Administration 是个多义词（可做十几种解释），当时中国和日本译为行政学和后来称公共行政学等均无不当。"二战"以后，对非政府公共组织的管理受到重视，"行政"已不足以体现公共管理的全部内容，有必要做相应的调整。

从历史发展趋势来考察，公共管理水平有待不断提高。社会进步、经济建设和国际竞争等，都有迫切需要。对此，世界各国已达成共识。因而究竟应如何提高，也是理论界和实际工作者所同感兴趣和有较大积极性去讨论的热门话题。本文选题是基于对公共管理学习、研究和总结以及公共管理领域人力资源开发的重视，主要从用好"头"（脑）、善思考，带好"头"、会领导，开好"头"、保实效三个方面，借汉语特点之助展开论述，并附述力求争取切实做到"头头是道"（非贬义的），从而进一步表明"从'头'做起"还有更广泛、更深刻的耐人寻味之处。

一、汉语中关于"头"的解释和应用

在汉语中，关于与"头"组成的词义很多。其应用之广，可能是使用频率最高或比较高的常见字眼之一。经查阅了解，一般字典、词典上举例说明的,就有16种解释①。估计在方言、俗话中还有不少,这里没有必要一一列举,也难以尽举。

这些似乎与公共管理没有什么关系,其实不然。试看在任何管理(当然包括公共管理)的全过程、诸环节和各种场合的各种人、各种事、各种关系、各种问题的对待与处理之际,几乎颇为经常甚至难以避免接触到以语言、文字进行沟通。这就必然涉及含有"头"字的各式各样的说法,而且极其自然,又那么通俗、得体。

日常生活和工作中的例子不胜枚举,且说与这里将要讨论的问题有关的一些实例。

遇到错综复杂的事情难以着手解决,人们常呼"头"痛,或者叫很伤脑筋,也就是要大大地、狠狠地又要好好地动动脑筋。"一筹莫展""无计可施""深谋远虑""集思广益"等等,所有"筹""计""谋""虑""思"之类,无一不与各人的头脑、才智有直接联系。

人们在需要交流某些情况和意见时,常常说"碰碰头",有时干脆就开个"碰头会"。显然,这不是大家真的拿头去碰,而是有所商量、各抒己见,或集体讨论。

有一句名言,大意是说:"一个人的最大的开发区,就在自己的帽子底下。"不言而喻,指的是头及其所能发挥的创造性思维的巨大作用。可不是么?观念如不更新,怎能适应时代发展的要求?

一个非常流行的习惯用语,是把领导者称为"头",有时还亲切地呼作"我们的头儿"。也有"好头头"与"坏头头"之分。此外,"开头炮""打头阵""立头功""头一回"等的意思不言自明。那都是些对于后续行动至关重要的举措。下面将要谈到的从"头"做起的三个主要方面,正是据此选定的。

---

① 参见中国社会科学语言研究所词典编辑室《现代汉语词典》(修订),商务印书馆1996年第3版,第1270页。

二、从"头"做起主要是指三个方面

（一）用好"头"（脑）、善思考

"人为万物之灵。"灵在哪儿？还不就是能用头脑思考所表现出来的聪明才智！如果有脑不用，孔夫子早已说过："饱食终日，无所用心，难矣哉！"① 孟子也说："饱食暖衣，逸居而无教，则近乎禽兽。"② 古人以为心是思维器官，把思想感情都说成心："心之官则思，思则得之，不思则不得也。"③ 我们的注意力应集中于这个"思"字。

关于"思"的重要性的另一种说法是："行成于思，毁于随。"④ 唐代著名的《谏太宗十思疏》⑤ 便是从"居安思危"开始，列举"十思"，通篇只重一"思"字。"三思而后行"是人们经常听到的一句忠告，还有要"九思"的，无非意在多思。对于"百思不得其解"的事情和问题，若仍想能"得其解"，还要继续学习、调查和思考。因为"思"不是凭空的胡思乱想，有了现成的事实或论断亦不可不动脑筋。这叫作"学而不思则罔，思而不学则殆"⑥。

可见，不仅学需要思，行也需要思。所谓学以致用，学用一致，学为了用，用就是付诸实际行动。但是从学到用，还离不开思。否则可能用不上、用不当、用不好。有一种"三角形面积理论"⑦ 有助于形象地说明这个问题，即以学、思、用为三条边构成的三角形面积为所收实效的总和。倘将一边延长，或者缩短，另两边照旧，面积便将缩小至近于零。

孙中山先生用作中山大学校训的"博学、审问、慎思、明辨、笃行"⑧，还有古代"敬重五事"中的"貌、言、视、听、思"⑨。其中"慎

---

① 《论语·阳货》。
② 《孟子·滕文公上》。
③ 《孟子·告子上》。
④ 《韩愈·进学解》。
⑤ 魏征：《谏太宗十思疏》。
⑥ 《论语·为政》。
⑦ 参见夏书章《行政学新论》，中国政法大学出版社1986年版，第44、45页。
⑧ 原据《中庸》："博学之，审问之，慎思之，明辨之，笃行之。"均略去"之"字。
⑨ 《书·洪范》。

思"和"思"虽均单列,但其实际运作则及于各点。因此,在讨论为何和如何提高公共管理水平之际,积极用好"头"(脑)、善思考,是真正下决心、有勇气和诚意,以及负责态度的综合体现。当"思想懒汉"便一事无成。

(二)带好"头"、会领导

现代公共管理组织机构庞大,从业人员众多,业务范围很广,而且关系到国计民生、社会进步以及民族的兴衰,可谓影响深远。所以,无论从总体还是从分支领域来看,都不能不对各类和各级领导者提出较高和更高的要求,才能满足广大公众和共同事业不断发展的需要。任何一个工作班子或大小团队,如果领导者不能称职,难以胜任,甚至发生瞎指挥、"乱弹琴"的情况,将会出现什么局面,可想而知。

古今中外长期的实践经验表明,"头头抓,抓头头"这句通俗易懂的说法颇为中肯。一个经过精心设计和构造的、既分工又合作的管理网络,只有这样一"抓",便能如纲举目张、各就各位、各得其所、各自发挥其应有的作用。而哪里的"纲"朽了、"网"破了,亦必随之而出现漏洞,影响大局。在管理领域,人们对培训领导是改善管理最经济有效的办法之一,达成共识不是偶然的。在新兴学科中,领导科学引人注目和受到重视,其社会时代背景也在于此。

古人早已有言在先:"强将手下无弱兵""千军易得,一将难求"。不是说不要兵或兵不重要,光杆司令也不行,而是说即使兵强马壮,若将帅无能仍一定要打败仗。历史上以少胜多、以弱胜强的例子很多,除了别的因素,其中必有是否领导有方这一条。在经济发展中不也有"一个能人救活一个厂"的事实么?所以,不能仅强调练兵,还要注意练将。将练好了,可以更好地练兵、用兵。"弱将手下无强兵"这话虽没有人说过,但是不难分析,在弱将手下,强兵也无可奈何。

迅速有效地提高公共管理水平,除需要具备其他有关的必要条件外,改善领导者的素质是一个决定性因素。上述重视培训领导的经验,早已在企业管理领域得到有力的证明和积极推广。手边恰好有两本这方面的书可供参考：一是《终极管理——哈佛商学院高级管理教程》[①]，二是《挑战！——哈佛 AMP 留学》[②]，内容都是关于"AMP"（Advaned Management Program）的事。前者是情况介绍，后者是"现身说法"。后者是一个独特的公司训练课程，创建于第二次世界大战初期，可追溯到 1939 年。参加学习的都是年长、资深、位高的人士，而且要求很严，完全自愿地接受 3 个月的封闭教育。人们不禁要问：所为何来？真值得么？

（三）开好头、保实效

"万事起头难""一个好的开始，是成功的一半"。这类流传很久、很广的说法，大家都会非常耳熟，也确确实实是经验之谈。"万事"就是"凡事"，公共管理当然不能例外。要开好头，必须做充分准备。在一般、正常情况下如此，在特殊、非常环境中犹然。这种慎始的态度，是敬业、乐业精神所反映的事业心、责任心和领导、管理能力的集中体现。因为办任何一件事情，总应该希望办成、办好，而不是不顾后果和实效。在突发事件面前，确实来不及准备怎么办？那就是对是否训练有素、胸有成竹、具备应急本领的考验。所谓"功夫在乎平常"，饥不择食、慌不择路或临时不知所措都很危险。

在军事上，有一条公认的原则，叫"不打无准备的仗"。有备才能无患，所以要求常备不懈。只要战端一开，有时几乎可以立见分晓。毫无准备或准备不足的一方遭到突然袭击，必将显得被动。"养兵千日，用在一朝。"不只是消极的养，而是要积极的练。上面已经讲了，不只是练兵，而且更要练好带兵、用兵的将。他们是重要战役、战斗的直接指挥者。"头"开不好，往往难以为继，或不易扭转不利的态势，甚至一败涂地。至于避其锐气、诱敌深入、诈败佯输，那与没有准备不同，本来就是那么设计的。

开好"头"之所以要认真对待，是由于它涉及全面发展的问题。从具体环境和形势、目标、决策、组织状况、物质条件到计划、方法等等，

[①] Mark Stevens. Extreme Management：What They Teach at Harvard Business School's Advanced Management Program．2001．（中信出版社有译本，2002 年出版。）

[②] Yoshihiko Fujii．Challenge！Advance Management Program at Harvard Business School，2001．（中国发展出版社有译本，2001 年出版。）

无不需要周密考虑。在"谋定而后动"之中，还应该包括为可能发生的意外保留回旋的余地。总之是贵能顺利见效，而非轻率从事。假如是重点或试点任务，属于切入点或突破口性质的工作、示范或样板工程，以及自主创新或难度较大的项目等，便要在勇挑重担的同时，绝不掉以轻心。

慎始其实与慎终有密切联系，慎终实际上就是从一开始便考虑到后果。"慎终如始，则无败事。"① 这是老子的名言，说的是直到事情结束仍像开始时一样慎重，即不至于失败。这也是针对有人在开始时倒也谨慎，后来渐趋懈怠，终于虎头蛇尾、尽弃前功。但是，有了慎始的经验，只要坚定保效求成的初衷，"慎终如始"，可以做到。还有一说为"慎终于始"②，则慎始已包括慎终了。

三、争取做到"头头是道"（非贬义的）

这原是佛家语"方知头头皆是道，法法本圆成"③，是随处皆是道的意思，后用以形容言论或措施有条有理、触类旁通。但也有用于贬义的，指夸夸其谈、言行不一、文不对题之类。这里仍用原意，就是说提高公共管理水平，要争取做到"头头是道"，即力求符合时代精神、特点，社会经济、教育、科技、文化发展需要，广大公众要求等，用一句四川方言来说，就是一切"对头"。

这可不那么容易，所以要去争取和力求。除了上述三个主要方面的"头"以外，公共管理中与"头"有关联的词语可能多到不可胜数，果真做到"头头是道"，必将差强人意。

让我们还是从"头"（以下为省篇幅略去引号）说起。实行集体领导，不能变成政出多门的多头领导。寡头政治与发扬民主难以协调。领导者既不可乱点头，也不可乱摇头。依法行政应坚持在法律面前一律平等，而不管谁是什么来头。复杂问题特别是老大难问题，要到源头上去解决，才能根治。在日趋剧烈的人才竞争中，已有以"猎头"为专业的跨国公司。善于察觉苗头非常重要，发展一定要看势头，过犹不及，说话办事都

---

① 老子：《道德经》第64章。
② 《书·太甲下》。
③ 《续传灯录·慧力洞源禅师》。

不宜过头。目标明确,使大家有奔头。共图大业,不能有小山头。"强龙不敌地头蛇"的现象应该引起注意。在新社会,"封建把头"的作风必须清除。团结有影响的头面人物和在各领域拥有实力的巨头,鼓励和引导他们为国家振兴和社会发展多做贡献。

人们的念头分正邪善恶。遇到困难、挫折,不可垂头丧气。面对恶势力,显示出的是一身正气的硬骨头。工作起来有劲头,工作方法上抓中间时不忘带两头。处于转折点,意识到正是发展的重要关头。说真话、做实事,从不玩空头、抛浪头、耍滑头,不做银样镴枪头。建功立业挑重担,不怕吃苦头。胜利不昏头,失败不低头。是"敢"字而不是"怕"字、是"公"字而不是"私"字当头。牵头就当火车头。不想出风头,不去抢镜头。该昂头时昂头,该埋头时埋头。无怨无悔无愧无憾,别有一番滋味在心头。抓紧努力,莫等闲白了少年头!以及诸如此类,不一而足,简直可以编顺口溜了。

此外,反映各种现象的日常用语如焦头烂额、脑满肠肥、头痛医头、抱头鼠窜、神头鬼脸、鬼头鬼脑、头破血流、浪子回头、好马不吃回头草、顶天立地、头角峥嵘、头重脚轻、怒发冲冠、人头猪脑、人面兽心、垂头丧气、蓬头垢面、晕头转向、畏首畏尾、首尾不能相顾、不堪回首、肝脑涂地、俯首帖耳、奴颜婢膝、忠言逆耳、颐指气使(脑、顶、发、面、耳、颜、颐均与头有直接联系)等等。倘能在管理实践过程中去从、弃取、选避得宜,也无一不表现为"头头是道",有利于全面和经常提高公共管理水平,而不是相反。

结束语

提高公共管理水平,有必要,也有可能。应当坚其志、健其制、利其器、善其事。时代不同了,改革深化了,风气也正在向愈来愈好的方面转变。

古人早就指出:"青,取之于蓝而青于蓝;冰,水为之而寒于水。"[①]原来的意思是说学生应该胜过老师,这是合乎规律和很有道理的事。推广来看,也就是在人类社会的发展进程中,总的趋势必然是一代胜过一代。

---

① 《荀子·劝学》。

如有一代不如一代的现象，那只是暂时的曲折，开了倒车，走了弯路，甚至有落伍、被淘汰的，但总的趋势不可逆转。对于提高公共管理水平，我们应有信心。

（原为"海峡两岸第四届公共事务与跨世纪发展"研讨会论文）

从建设创新型国家看我国的 MPA 教育

我们肯定要建设创新型国家，也就理所当然地需要有创新型公共管理。于是，对于创新型公共管理人员的迫切需求，便极其自然地凸显在我们面前。原因非常简单和十分清楚：任何一种管理都少不了管理人员，事在人为至今没有过时，自动化装置的程序仍然是由人设计和编制出来的。何况，一个大国的公共管理，更是庞大、复杂无比的系统工程，缺乏得力的管理人员将难以正常运作。

大家所熟知的科学发展观的第一条根本要求是"以人为本"，这不仅是说发展完全是为了人，也表明发展主要是依靠人，包括人在发展过程中所表现和发挥的积极性、负责精神和主观能动性等。说到管理工作，管理就是服务，领导也是服务。无论是管理人员还是领导者，其管理和领导水平如何，都是各人能力和综合素质的集中体现。这些人的能力和综合素质并非与生俱来，而是经过相当长期培养教育的结果，包括继续教育和学习。

在不同领域、专业或行业，不同历史时期和不同国度或地区，对管理人员的要求不尽相同。但是，在事实上，他们之间除存在明显的个性特点之外，也存在大体相近、相似或相同的共性要求。立足于当今世界，我们必须在强调中国特色的同时，还要注意在可能的条件下实行与国际接轨。后者即主要属于共性要求的范畴，遵循平等互利的原则。

此外，从国外引进一些成功的和先进的科技、管理等方面的知识与实践经验，不仅无可避免，而且很有必要，问题在于我们应该如何正确对待和处理。以下即拟沿着"我们要建设创新型国家"和"建设创新型国家需要创新型公共管理"的思路，围绕"创新型公共管理需要创新型公共管理人员"的问题，来分析有关情况（重点是我国的 MPA 教育）和提出几点设想、意见。

一、各种管理需要各种管理人员

在现代社会生活中，几乎是随时、随地、随人、随事都离不开及时、切实、有效的自我或别人的管理。管理种类之多，也难以甚至是无法列举无遗。完全可以这么说：生、老、病、死，包括生前死后，衣、食、住、行，或者叫吃、喝、拉、撒、睡、生活、生产、生命；学习、娱乐……无一不能没有相应的管理。而且管理状况如何，直接关系到成败利钝、吉凶祸福、喜怒哀乐、生死存亡。其必要性和重要性可想而知。

回想起在20世纪的70年代末，笔者亲眼所见，国外某次会场悬有横额一幅："Management is Everything"（管理就是一切），这样的标语口号，可能太夸张了些，会引起非管理者和非管理研究者的反感或不快。如果换个说法，像"一切需要管理"，也许要切合实际得多。也有人主张是"三分科技，七分管理"，但还是有很浓的重管理、轻科技的味道，不利于团结。

比较普遍容易认可的论断为："现代社会文明进步靠两个车轮，即科技和管理。"不过如此"平起平坐""平分秋色"，在对管理不够重视者的心目中仍不大以为然。看来，这种形式上的"名次""身价""比重"之类的计较和争论没有多大意义，应当实事求是。俗语说："四两拨千斤。"岂能不要那个"四两"？在维持生命的诸要素中，空气最不值钱或不用买，在城市里水价也很便宜，又岂能不要它们？话又说回来，比譬总是有局限性的。这里主要是说，管理绝非可有可无，并非无足轻重。至于是对开、三七开还是什么的，那倒无关宏旨，似乎不必去争。

既有各种各样的管理，就需要有各种各样的管理人员，也需要后者具备各种各样的管理理念、知识、能力、经验和有关条件。当然，一方面，由于同是"管理"，自应有相通之处；另一方面，"各种各样"即分门别类，也就各有特点，因而在各种各样的管理之间，存在着前已述及的共性和个性。

试以常见的工商管理或企业管理与公共管理（含行政管理）为例：二者虽各有其所专之业和特定的领域，但是在各自学科发展的全过程中，无论是过去、现在和将来，在理论原则、方式方法、实践经验等方面，常可以互相参考、借鉴，直到引用与移植（至于是否得当，那是有待认真检验与总结的另一问题）。例如，目标管理、决策理论、质量控制、绩效评估、信息技术、人力资源开发、会计审计等等，大家都可以应用。但是怎样应用和应用得怎样，就要各做各的"文章"，切忌机械地照搬照套。"依样画葫芦"容易，"削足适履"可笑，必须领会和掌握好精神实质，有针对性地从实际出发，才能收到预期的效果。

上述情况不仅存在于现实的业务内容大不相同的管理，有时还会出现乍听难免令人诧异但又可以理解的跨越。管理种类确实很多，也有不同的分类方法。通常照粗线条来概括，有时间上的古与今、地域上的中与外（细分则国内还有不同地区和国外还有不同国家之别）、性质上的公与私、规模上的大与小、行业上的彼与此（习惯的说法如"三百六十行"或"七百二十行"早已突破，现在究竟有多少行，谁也说不清楚，并且在不断增长）之类，在公职之中历来又有文武之分。所谓"跨越"，就是指跨越这些区分的界限而言。

这里接下来要说的是我国古代的军事名著《孙子兵法》，在现代西方的工商管理学界已公认和推崇它是研究管理最早的经典之作。这岂不是把时空、公私、文武、行业等都跨越了？西方著名的商学院（工商管理或企业管理学院）开设"孙子兵法"课程久已不是新闻。"商场如战场"，对跨国公司和个体经营都是一样。不过要注意的是有个"如"字，并非真动刀枪。尽管"商场"与"战场"异中有同、同中有异，要操胜算终究必须各就各位、各显"神通"。

二、管理人员素质关系管理绩效

从历史上来考察，管理工作经历了一个由不当回事、不够重视、开始重视、比较重视和越来越当回事因而受到高度重视的长期演变过程。管理的绩效如何，固然与当时的规章制度、工作环境（包括自然环境与社会环境、物质环境与精神环境）和其他条件有密切关系，但是实践证明，包括领导者在内的管理人员自身的素质至关重要。可以肯定，其关键性和决定性的作用是无法回避和无可代替的。古代早已有经验总结："国家之败、由官邪也。"说的是国家管理。军事方面，有"精兵强将"的要求。家庭或家族的衰落，是因为没有好的"当家人"，出了"败家子"。"得人才者昌，失人才者亡"，可以用于各种事业。现在，国际"猎头公司"兴起，争夺出类拔萃的顶尖优秀人才，其中在很大程度上就包括物色高素质的管理精英。《中国紧缺管理人才》《中国高级管理人才短缺严重》《中国经济转型急需高素质大学生》① 等报道和文章虽然主要是指企业管理方面的情况，但都应该看作关于管理人才的可供参考的消息。

可是，高素质的管理人员不是"天生"的，不是由什么"天公"随便"抖擞"一下就真的会"不拘一格降人才"的。人才要经过长期教育、培养和在实践中锻炼成长。需要一些什么知识、能力、素养等，应从实际出发，首先必须强调工种、任务的针对性。但也不宜对此做过于狭隘的理解，而要用发展的眼光，打好基础，留有余地，以备不断改善、提高、开拓进取，不致因缺乏"后劲"而难以攀登。

在建设创新型国家的总目标下，各种管理人员除各个领域的专业要求以外，具有创新观念和创新能力必须是普遍共同的重要要求之一。创新型国家不是一个抽象的概念，科技创新是一马当先，各行各业创新如万马奔腾。这样，也只有这样，综合国力才会全面、明显、迅速和大幅度提升。科学发展观中的全面、协调、可持续发展所希望出现的，正是这种欣欣向荣和蒸蒸日上的局面。因此，各种管理人员特别是各级领导者要自勉和共勉，将知大势、明大义、识大体、顾大局作为基本素养之一。

现在，世界已经开始进入知识经济的新时代，全民学习、终身学习的呼声越来越高。构建学习型社会、建设学习型城市与学习型组织等计划安排，也日益普遍地被提上议事日程和见诸具体行动。建设创新型国家更迫切需要全国上下加强学习，国家的主人翁、建设者们理所当然地要格外自觉地鼓励别人和自己成为努力学习的积极分子。

我们习惯上称管理人员为"干部"，曾有人通俗地做出解释，说那是指实在干和干实事的人，也就意味着是创新所依靠的骨干。当然，创新不同于处理一般的日常"例行公事"，而是要能够干出新意、开创新局面、登上新台阶、做出新贡献、得到新成果、创造新纪录、迎接新挑战、达到新水平、进入新境界，没有真心实意和真才实学不行。

---

① 依顺序分别见《中国工作场所紧缺管理人才》（载美国《国际先驱论坛报》2005年3月16日）、萨拉·谢弗《急需帮助》（载美国《新闻周刊》2005年8月29日）、《毕业生短缺可能会阻碍中国经济发展》（载美国《金融时报》2005年10月7日）。

三、创新型公共管理人员的培养

在关于创新型公共管理人员的培养问题上，为了吸收国际成功经验，以免多走弯路，我们试从引进实践证明确是行之有效的教育方案或模式入手。首先是对引进项目的可行性和可操作性进行比较审慎的反复论证，继之以选点开展试验，然后逐步推广，并在实践过程中和到了一定阶段后认真总结、评估，以求切实改进，使之更能适应我们建设创新型国家所需要的创新型公共管理和创新型公共管理人员的要求。

（一）关于引进 MPA 教育的论证

实行改革开放以经济建设为中心以来，我国人事制度和人事工作的改革一直在认真进行。记得在 20 世纪 80 年代的初、中期，仅是与联合国教科文组织有联系的这方面的活动，就有好多次。例如，在北京举办的"文官制度讲习班"，在北京举行的"文官制度改革国际研讨会"，以及由人事部主持的关于案例教学的研究项目等，都曾得到联合国的资助，并从而建立联系和不断得到各种有关信息。

国内采取的措施也很多，如行政管理学科的恢复、学术团体（如全国和各地的学会、研究会等）和教研机构（如普通高校、行政院校中的院、系、专业设置和研究院、所）的成立等，专业书刊的出版，政策法规制度颁布，都有利于对公共管理人员队伍的改善和加强。特别是高等教育系统，在公共管理学科领域，已提供攻读学士、硕士、博士学位与进博士后流动站研究等机会，以及建立重点研究基地等措施，对学科发展和不同层次人员的培养很有积极意义。

在社会主义市场经济有较大发展的情况下，积极提高厂长、经理的业务水平和管理能力成为一时的紧急任务。于是开始引进了世界通行的"工商管理硕士"（即 MBA——Master of Business Administration 的缩写）专业学位教育计划，这要比引进公共管理硕士（即 MPA——Master of Public Administration 的缩写）专业学位教育计划要早 10 年多，是完全可以理解的。当时和后来的历史背景表明：一是经济体制改革深化以后，要求和推动行政体制进一步改革；二是加入世界贸易组织（即 WTO——World Trade Organization 的缩写）以后，迫切要求提高公共管理水平和公共管理人员素质。情况虽然如此，但是究竟决定引进 MPA 教育计划与否，经历了多次论证。这说明了对于引进项目没有轻率从事，而是经历了一个郑重其事、郑重其事的过程。同时，上述的前期工作尤其是引进 MBA 教育计划的 10 年运作情况，也不无影响。

担任论证工作的"专家组"经正式任命组成，牵头的是人事部公务员管理司的司长，有北京和各地的专家学者参加。先后分别在北京、上海、广州、厦门等地进行调研和举行论证会多次，决定引进后经批准在试办初期招生向在职政府公务员倾斜，因为公共管理人员原包括政府与非政府公共组织的管理人员，在一定时期内，这种倾斜很有必要。实际情况是我国加入 WTO 以后，直接面临挑战的首先是政府工作，公务员队伍有必要尽快更新观念、知识、工作方法等，在坚持中国特色的同时，注意如何做好与国际接轨，以及尽快提高工作效率等。

（二）"拿来主义"和"洋为中用"的真谛

引进 MPA 教育计划令人想到"拿来主义"和"洋为中用"。不错，确实是这么一回事。可是，事情并不是那么简单，还有一系列的问题需要好好思考和认真回答。例如：拿什么来还是什么都拿来？为什么要拿来？怎么拿？洋为中用用什么，为什么，怎么用？洋的是不是都合用，都好用？拿来了，用了，是不是就算了？或者永远坐享其成，不断拿下来、用下去、完全或主要依靠、依赖直到依附别人？还要不要独立自主？还能不能自力更生？

在对上述问题提出答案以前，我们不妨看看科技界在讨论自主创新时对引进技术的意见。他们认为，引进技术不等于引进技术创新能力，引进形式不等于引进（掌握）实质性内容（核心技术），只有在引进以后，在引进的基础上从模仿、消化、吸收转而进行再创新，才能有提高、发展和进步。

韩国是一个人们惯举的例子。曾有专家指出："某些方面的技术，我国和韩国是同时起步，同时从国外引进的，但是几年后，韩国的技术已经能够参与国际竞争而我们还在继续源源不断地引进，原地踏步。"[①] 原来，韩国花 1 元钱引进的技术要用 5 元钱（还有一说为 5～8 元）去进行研究

---

① 郑晋鸣：《自主创新：我们"短"在哪里》，载《光明日报》2006 年 1 月 21 日第 5 版。

开发，而我国的这种比例仅为1∶0.08。

虽然引进教育计划和引进技术项目的情况有所不同，但是在考虑引进问题时，后者的有关意见也有参考价值和有所启发。至少是不能停留和满足于照搬，而必须在适用性、有效性和创新性上狠下功夫。特别应强调的是再创新的必要性和可能性，不做思想懒汉，开动"机器"，"有志者事竟成""天下无难事，只怕有心人"均非虚语。

可见，实行"拿来主义"和"洋为中用"，目的是在填空补缺、取长补短，并在得到填补的同时，在新的基础上经过消化、吸收和再创新，从而不断增强自身的竞争实力。我们还可以从另外一方面，观察一下别人对中国的创造发明是怎样采取"拿去主义"和"中为洋用"的。我们也可以从中得到启迪，缩短和消除在认识上的差距。

除前面已提到过的《孙子兵法》外，还有不少中国古籍，至今在国外仍颇受推崇。如日本企业管理界曾不止一次地掀起过"《三国》热"，韩国有学者认为"《论语》《孟子》是行政学教科书"①，等等，都与管理学科有关。古老的科学技术如中国的"四大发明"（纸、印刷术、指南针、火药），在国外经过不断和较大创新的情况，更是众所周知。他们既是"中为洋用"，也是"古为今用"。又如雷锋的照片已挂在美国西点军校的墙上，也可见凡被引进的都应属于择善而"拿"和择优而"用"。欢迎真善美，拒绝假恶丑。

（三）我国的MPA教育有待创新

当前，加强自主创新，建设创新型国家，是我国的首要任务。我们走的是中国特色自主创新之路，而自主创新的基本点之一是："在引进国外先进技术的基础上，促进消化、吸收和再创新。"② 这一原则精神，对于我们刚引进不久的MPA教育计划，也同样适用。若不树立和加强自主创新的观念，人家又前进了，我们势必仍然落后，于是再引进、再落后，将永远难以摆脱被动局面。

1．加强引进工作中的薄弱环节

既然已决定引进，就要力求对该项有比较全面和深刻的了解。对于某

---

① （韩国）李文永：《〈论语〉、〈孟子〉和行政学》，宣德五等译，东方出版社2000年版，序、第1页。

② 徐冠华：《走中国特色的自主创新之路》，载《半月谈》2005年11月13日第22期。

些实际上相当重要和精优而一时还不易照办与办好之处,即不可忽视。例如,案例教学便是存在的薄弱环节之一,应当予以注意和加强。其中,包括它的全面理解、案例的选择与制作、方法的具体运用和师资培养等方面。案例教学不同于一般的举例,案例也不只是像讲故事一样描述一番,而是重在分析,所以又叫案例分析或案例研究。编写教学案例的专业性很强,需要理论密切结合实际的能力。

  此外,还需要过细考虑其他方面尚有何不足或缺失,以便能拥有一个较为扎实的再创新的平台和基础。因为如果引进工作没有做好,那就很有可能在再创新的过程中出现吃"夹生饭""消化不良",仅得其"皮毛"和立足不稳等现象。这也好像要更上一层楼,必须地基牢固和底层能够承受。

  再创新本来有超越前人或别人的意思,那就先得一定把所要学的内容真正学到手、学好、学透,不然也不知道如何超越、超越什么,以及果真超越了没有。何况超越与否,完全不能仅凭自我感觉,即主观估计,而是客观的公正评价;不是徒具形式,而在于实质性内容。因此,要真正做到、做好再创新,有如兵法所说"知彼知己"的原则要求不能忘记。倘若对方情况不明,岂非冒昧行事!

2. 应用学科的生命力在于应用

  应用学科并非不要或不讲理论,而是更注重和强调理论联系或结合实际。凡事要从实际出发,要坚持实事求是。所谓学以致用,还是要学,但须学用一致,学为了用。应努力避免脱离实际,空谈理论和为理论而理论;同时,争取做到有的放矢,使理论有助于解决疑难问题。公共管理便是这样的学科之一。离开了应用,应用科学便失去生命力。

  引进 MPA 教育计划的目的非常明确,在于提高我国公共管理人员的素质,这就要根据中国的国情办事。我们已不止一次地说过,在注意与国际接轨的同时,不忘保持中国特色。不久以前,我国三位在这方面有影响力的青年学者在谈到政治体制时提出"坚持'国际化视野,本土化行动'"①,应当认为这是一种共识。前面讲的应用与此有关,是在中国应用。看来,在本土化问题上还大有可为和有待努力,才能真正和确实为我

---

  ① 王浦劬、薛澜、林尚立:《政府转型的12个关键问题》,载《21世纪经济报道》2005年11月13日。

所用并用出新意来。应用学科的生命力既在于应用,就必须和值得在用活、用好上狠下功夫。

"重洋轻土"的观念是不正确的、不正常的。盲目照搬外国的理论观点和实践经验,有时轻则会闹些尚无关宏旨的小笑话,重则将导致国家社会严重祸乱的大悲剧。这在国际上远近的教训都有,我国革命和建设中也不乏其例。

3. 创新要不拘一格和勇于试验

在教育计划的具体安排上,全国公共管理硕士(MPA)专业学位教育指导委员会(以下简称"教指委")和各试点院校的领导者、教师们都曾经和正在尽心力以求做好工作,并不断调整、改进。最初全无经验,特别小心谨慎是可以理解的。经过一定时期的实践,尤其是在运作了一两个周期以后,便不妨稍大胆放手一些,根据实际情况进行不拘一格的试验。这当然需要有勇气,应当受到鼓励。

多增加些教学内容而时间有限,确实是个难题。MPA教育又要与本科和非专业学位有所区别。全部是"正规"课程并以讲授为主行吗?好吗?专业学位更重视应用理论知识于管理实践的能力。可喜的是,已有不少院校在这方面开展各种试验。例如,设置比较灵活实用和丰富多彩的专题讲座、举办生动活泼和开拓创新的学生论坛等,均受到热烈欢迎。

说到论坛,联想到不久以前的一件事:在中国举行的"首届世界大城市高层论坛"上,中国市长们的发言水平与他国市长或到会代表之间有明显的差距。主要表现为:一是说话让人听不懂,有的连中文也听不懂。二是说话不分场合,给人以千篇一律的印象。三是讲宣传多,讲问题研究少。原报道的标题是"中国市长亟待提升说话水平"[1]。市长圆桌会议主席、博鳌亚洲论坛秘书长龙永图说,中国市长们应该多参加类似的国际会议去锻炼自己。[2] 这对我们从事MPA教育工作者岂不也有启发?

4. 继续发挥教指委的积极作用

顾名思义,教指委不是一般的权力或管理机构,但是它的积极作用是明显和应予肯定的。在引进MPA教育计划的全过程中,能够有序和稳步进行,与教指委的存在和运作有关。它已经和正在做的许多工作有目共

---

[1] 《作家文摘》2005年第788期。
[2] 同[1]。

睹，尤其是在紧密联系和沟通信息方面，做得更为出色。经常性和基础性的工作如课程设计、师资培养、经验交流、研究评估、扩大试点等等，都着眼于建设和发展。这些工作需要继续去做，在初具规模的现实状况下，如何在再创新的问题上有所侧重和突破，似应已到了列入议事日程的时候和优先加以考虑。

建设创新型国家需要创新型公共管理及其管理人员，对 MPA 教育计划有再创新的要求是应有之义。如何加速和有效培养创新型公共管理人员，教指委宜做专题调研和讨论。第三届全国 MPA 论坛以"和谐社会与公共管理创新"为主题并举行了辩论比赛等活动，实际上已把注意力引向创新。其六个分主题之一，即："公务员制度与公共部门人力资源管理创新"。那么，制度上与管理创新怎样实现呢？下文岂非已呼之欲出或已不言而喻？

5. 各院校进一步合作努力创新

旧社会有"文人相轻""同行是冤家""同行如敌国"的恶习。我们现在是在共同的远大目标之下，从事共同的伟大事业，虽然有合作也有竞争，但合作是前提、是真诚的，竞争则是互相促进共同提高、是良性的。MPA 教育计划自开局以来，各校合作得很好。现在形势要求我们进一步合作努力创新，共同为建设创新型国家做出新贡献，当然义不容辞也责无旁贷。合作的方式方法可以多种多样，也不限于在各院校之间的合作，这里仅以院校合作为例。

一是在同一个城市的院校合作。如北京、上海、广州、武汉、南京、长沙等市，有 MPA 教育任务的高校较多，合作非常方便，费用和时间成本较低。

二是邻近地区合作。如京津、沪杭、沪宁等，或省内、大区（华北、东北、华东、中南、西南、西北）等，不做统一规定，完全民主协商。

三是双向或多向选择，即自由组合、性质相同或不相同、全面或单项合作，主要是实行优势互补。

四是校内院系专业间的合作。如公共管理、工商管理和法学硕士专业学位之间，以及其他方面互通声气、资源共享等，校内的事更好商量。

至于在全国范围内的全面合作，自当由教指委统筹，办学具体单位自身的创新研究不能放松自不待言，通力合作必有成效；但切忌流于形式，那将反而劳民伤财，何止得不偿失，可能有失无得。合作的方式方法，也要创新，在时间紧、任务重、大家都很忙的情况下，寄语广大同仁，勿忘走中国特色自主创新之路！

　　从建设创新型国家看我国的MPA教育，真是浮想联翩，又想多干点实事。记得孙中山的遗墨中，有一幅是"天下为公"。那是我国古籍《礼记·礼运》中紧接在"大道之行也"后面的一句话。也就是说，实现"天下为公"要"行""大道"或者是"行""大道"的结果。公共管理正是"为公"，为公共管理培养人才也是在"行""大道"，这是重要的光荣任务，我们应该把它完成好。以上芜杂陈词，希望同志们指正！

　　另附前不久，《致"2005年全国MPA教育研讨会"与会同志们的一封信》，作为未尽之意的小补充（见本书中的《"2005年全国MPA教育研讨会"上的书面发言》一文）。

（原为"2006年MPA教育"研讨会论文）

建设创新型国家需要创新型公共管理

一

最近一个时期以来,"创新""再创新""原始创新""自主创新""创新型"之类词语经常出于口头或见诸文字,使用频率日益提高,显而易见,这绝不是一种偶然的现象。

2006年的新年刚刚开始,全国科学技术大会便在北京隆重举行。会议突出的主题以"创新"尤其是"自主创新"为核心而展开和深入。这充分说明创新不是一般的问题,而是直接关系到国家民族前途命运的根本大计和头等大事。因为:一方面,这是我国今后能否持续发展、确保兴旺发达和长治久安的"龙头"、关键、要害或决定因素;另外一方面,我们应该清楚地看到,任何一个领域的发展、改革和变化,从来不是也不可能是孤立的,而总是需要所有各相关因素的大力支持和密切配合,否则,必将寸步难行和一事无成,科技创新工作也是如此。

这就说到本文选题"建设创新型国家需要创新型公共管理"的问题。让我们从实际出发来考察,科技创新事业是离不开或少不了公共管理的积极有效服务的。并且,如果后者一切率由旧章,不能在理念上、体制上、方法上相应地有所创新,就难以或无法满足前者各种落实行动的具体要求。通常我们把这种情况叫作服务脱节或者不到位,只能使当事者一筹莫展和徒唤奈何!

记忆犹新的是在20世纪90年代初期,曾经发生过科技成果进当铺的事。① 那是由于科技成果未能及时和直接转化为现实生产力而造成的。也许好在当时还有当铺可进和当铺还愿意接受,不然便只有落得个"胎死腹中"或者"前功尽弃"了。为此,在面对"建设创新型国家"这一庄

---

① 夏书章:《从中国居转轨大国之首和科技成果进当铺说起》,载《学术研究》1993年第4期。

严任务的时候，我们痛感公共管理必须领会精神、紧紧跟上、尽心尽力，以"创新型公共管理"共襄其成。

二

既然公共管理应为建设创新型国家服务，那就首先要对建设创新型国家是怎么一回事有所了解。根据国际社会各种类型国家历史和现实的实践经验，以及新中国成立以后特别是改革开放以经济建设为中心发展至今的深切体会，我们必须建设创新型国家才有出路。这里有三个问题。

第一，什么是创新型国家？这要从世界各国在近现代历史时期内如何选择自己的工业化和现代化道路说起。例如，有的国家自然资源比较丰富，他们据以进行开发利用，从而不断地积累起社会财富。也许可以称之为"得天独厚"，具有比别人优越的发展条件。又如，有的国家明显缺乏上述有利条件，采取了依靠相对富庶国家的资源、资金、技术、市场等因素去发展自己的道路。但是很容易受制于人，常处于消极被动的地位。仰人鼻息的日子很不好过。再如，有的国家虽然天然优势不多，但着力于科学技术的创新尤其是自主创新、原始创新，并以此为强项，在国际竞争格局中大显身手，使强大的竞争对手也不得不甘拜下风。这后面一种情况，就是国际上被公认的"创新型国家"。这种国家为数不多，潜力极大，在知识经济时代，更富有生机活力。

第二，为什么我们要建设创新型国家？我们应审时度势和知彼知己。世界各国的发展状况对比鲜明。差距的形成和存在，以及逐步拉大，也非常清楚。大国小国，有盛有衰。有的渐渐落后于形势，在走下坡路；有的则忽如异军突起，颇引世人瞩目。试究其原因，莫不与能否加强和提高竞争实力有关。而在显示竞争实力的诸方面中，又以科学技术自主创新能力为最重要。若说出奇制胜，奇招即在于此。换句话说，就是要在自主创新能力上见高低、决胜负。反观我们自己，人口众多。但地大而物并不博。有些资源总量似乎可观，人均却微不足道：如人均水资源严重不足，已敲响警钟；能源有很大缺口，相当紧张；拥有一些资源也经不起不合理的消耗和浪费。因此，靠吃"老本"非长久之计，此路不通。没有或较少自主创新，主要或完全由别人主使，当然更不是办法。所以，出路只有一条：建设创新型国家。自主创新才能自力更生，自强不息才能自求多福。

第三，怎样建设创新型国家？我们不会忘记，建设创新型国家的任务是从大力提升科技自主创新能力的着眼点和出发点提出的。可是，这绝不能仅仅认为是科技创新型国家的简称。因为正是为了使科技创新的加快和广泛实现，整个国家在各方面都要有所作为。在《中共中央、国务院关于实施科技规划纲要增强自主创新能力的决定》（2006年1月26日）中，五大要点是："一、实施《规划纲要》，努力建设创新型国家；二、坚持自主创新，全面提升国家竞争力；三、创新体制机制，走中国特色自主创新道路；四、制定配套政策，激励自主创新；五、动员全党全社会力量，为建设创新型国家而奋斗。"值得注意的如：一是要使科技创新成为国家发展战略，是国家大事，由国家主导和给以全面支持。国家应创造和满足科技创新所需要的条件，不能光凭分散的、自发的积极性，对它不闻不问，任其自生自灭。二是要认真倡导、动员、奖励、促进，让必须实现科技创新的观念家喻户晓、深入人心，形成强烈、浓厚的社会风气，大家都崇尚创新和以能创新为荣、为乐，并勇于创新。三是要将有利于开展创新活动和产生创新成果的方针、政策、规章、制度、原则、办法等配套成龙地推出、颁布、到位、落实，使科技创新得以顺利进行和实现，而非困难重重。四是要提供适当的物质保证，加强有关的基础设施建设，较大幅度地加大投入，承担必要的风险投资，对优秀成果实施重奖。五是要加紧培养大批创新型人才。这既是当务之急，又属于关键所系。如果说科技创新水平是现代经济社会发展中的决定性因素，那么，高素质创新型人才的重要作用便不言而喻。事关教育发展和改革，教育也需要创新。

三

上面在讨论怎样建设创新型国家所提出的几个值得注意点时，其实已无一不指向或涉及公共管理领域。具体来看，国家的任何一种发展战略和任何一项重要任务，莫不通过有效的公共管理服务去实施和完成，建设创新型国家当然也是如此。此其一。弘扬创新精神不仅是国家和各级党政领导者应郑重其事地反复宣讲，而且各种媒体、社会舆论、专家学者，尤其是广大教师和公共管理人员，都必须经常阐述、提醒。此其二。制定相应的方针、政策、规章制度等和依法行事，更是公共管理首先是政府部门的职责所在。而若假设没有这一条，或者是薄弱环节，则创新实践必将受到严重影响。此其三。缺乏物质保证，创新可能徒托空言，或仅落得个"纸上富贵"，难以兑现。若是连"纸"也没有，窘况可知了。再说创新是有风险的，科学试验未必一举成功，少不了巨额经费的支撑。此其四。至于教育发展和改革，事关创新型人才培养，不可掉以轻心。教育是一项庞大的系统工程，包括初、中、高等教育和继续教育、终身教育。教育如不普及，优选余地有限。基础教育欠佳，提升难度也大。最重要的，还在于教育制度、内容和方法一定要创新，才能培养出创新型人才。此其五。

归纳一下，这里要说的，就是我们要建设创新型国家需要创新型公共管理。也就是说，当我们已经明确提出要建设创新型国家以后，若公共管理却一仍其旧，结果必然会格格不入，或事与愿违，或事倍功半，或旷日持久，致失时误事。本来，在一般情况下，管理跟不上，总要影响建设的进度和质量，这是常识范围以内的事。

前面已略述及，创新型国家为了实现科技创新，必须全面创新。常言道："牵一发而动全身。"何况科技创新不是普通的"一发"，而是关系今后发展全局的决定性的任务。它将带来强大的竞争优势，推进"全身"的发展和提高"健康"水平。

在全面创新中，首当其冲的正是公共管理必须努力创新。这又包括公共管理的全面和全过程的不断创新。原因很简单，也很清楚：公共管理是为国家实施发展战略服务的，不允许在任何一个方面和任何一个时间段里出现缺位和失误。同时，公共管理创新不是一次性的，不可能"一劳永逸"，还要紧紧跟随时间的推移和形势的变化继续创新。这是创新型公共管理所应当遵守的总的原则要求。必须永远牢记："与时俱进。"公共管理若是安于现状甚至故步自封，则建设创新型国家将有落空之虞，这绝不是危言耸听。

关于创新型公共管理，有几点应予强调。

一是创新的针对性。不是凭空或想当然的创新，也不是为创新而创新，而是针对或瞄准科技创新尤其是自主创新所需要的服务项目、内容而发。力求做到需要什么提供什么，不让"巧妇"兴"无米之炊"之叹。使"善舞"者能有"长袖"和"善贾"者能有"多财"，使"英雄"有"用武之地"和"欲善其事"者能够"利其器"，等等，诸如此类，不一而足。与此同时，还要注意清除那些妨碍创新的陈规陋习。这也是一种很有积极意义的针对性，对释放或解放创新能力有巨大的推动和鼓励作用。

此外，从无到有、填补空白和改善、健全、强化某些规章制度或政策措施、方法等，亦属于创新性质。如关于知识产权的保障、创造发明的奖励、教育培训的改革、人才选拔和考核新方式方法的试验等，都是颇有针对性的例子。

二是创新的及时性。相信大家都听说过像"机不可失，时不再来""打铁趁热"一类的话，表明时间的重要性。有的事情要"抢"时间，真正达到争分夺秒的程度。创新要及时，否则很有可能落在后面，可惜并且浪费。因此，有了针对性还不够，还贵能及时。就公共管理而言，创新的及时性表现在有针对性的政策要及时出台，措施要及时落实，体制要及时更新，后勤要及时到位，等等。不能"他急你不急""急惊风遇到了慢郎中""任凭风浪起，稳坐钓鱼船"，把"良辰美景"变成了"明日黄花"，尽放"马后炮"。特别要警惕的是"官场"恶习，拖拖拉拉，缺乏生机活力。形象的譬如有"死狗咬着活兔子"，成为十足的成事不足而败事有余。怎么办？只有弃旧图新、除旧布新、推陈出新，首先抓紧练好及时性这一招。

三是创新的实效性。在体现针对性和及时性的同时，假如缺乏实效性，则极容易流于虚有其表的形式主义和煞有介事的走过场，尽失其应有的价值和意义。那将宛如有病及时就医了，诊断也是完全正确的，可是，药不对症或根本无效，仍然治不了病、救不了人。倘若适得其反，还会变本加厉，造成更大损害，或者叫作"帮倒忙"。办事应讲求实效，包括争取高效、速效。对于低效、无效已经不能容忍，如果出现负效（反效），到了严重的程度，便有可能等于犯罪了。至于借机营私舞弊、贪污腐败，就是明目张胆的作奸犯科，必须绳之以法。

总之，建设创新型国家需要创新型公共管理势有必至和理有固然。没有创新型公共管理，建设创新型国家便无以着手。记得温家宝总理在谈到关于"十一五"时期的主要任务时，将深化体制改革和提高对外开放水平列为其中之一，并提出着力推进政府行政管理体制改革，认为"这是全面深化改革和提高对外开放水平的关键"①，还指出转变政府职能、管理方法落后、办事效率不高等问题。这些正都是创新型公共管理所应当密

---

① 温家宝：《关于制定国民经济和社会发展第十一个五年规划建议的说明》，载《光明日报》2005年10月20日。

切注意的具体内容。前面提到过的"配套政策",现在已有明文规定:"一、科技投入;二、税收激励;三、金融支持;四、政府采购;五、引进消化吸收再创新;六、创造和保护知识产权;七、人才队伍;八、教育与科普;九、科技创新基地与平台;十、加强统筹协调。"[①] 这些都是为了营造激励自主创新的环境,推动企业成为技术创新的主体,努力建设创新型国家而制定的。可见,在这方面,公共管理重任在肩,还有许多工作要做。

(原载《中国行政管理》2006年第6期)

[①] 《实施〈国家中长期科学和技术发展规划纲要(2006—2020年)〉的若干配套政策》(2006年2月7日通知),载《光明日报》2006年2月27日。

在科学发展观的指导下进行我国公共管理改革

前言

我国公共管理改革，事关重大。各个部门和各项工作之间，不可各自孤立地考虑问题。而应在共同的正确发展观的指导下，去综观全局和全过程，力求做到和做好统筹兼顾，实现合理、健康、顺利发展。也就是说，我国公共管理改革必须在科学发展观的指导下进行。

一、发展需要管理和管理为发展服务

举世公认：现代社会进步，依靠现代科技和现代管理这两个"车轮"。发展需要管理和管理为发展服务，是不争的事实。实际上，科技发展的本身，也离不开有效的管理，特别是公共管理的支持和配合。

（一）发展是硬道理不是空道理

大家都知道，"发展是硬道理"是邓小平响遍全球的名言。既然如此，"发展不是空道理"之说便可以成立。实实在在的发展与实实在在的管理，是如影随形、共存并举，而且管理的状况和水平直接和明显影响发展的速度和质量。换句话说，这个"硬道理"究竟"硬"得起来与否，还要看管理是否能够"过硬"。对此似乎已不必多加解释，但仍必须注意，管理是伴随全面发展及其全过程的，任何管理不到位，管理不力、不善的现象，势必产生种种不良后果。

（二）管理为实现发展目标服务

发展从来不是盲目发展或为发展而发展，总是有目标的。所谓管理为发展服务，实质上亦即为发展目标的实现服务。管理服务的针对性正在于此。"目标管理"中的管理目标正是指为实现发展目标而言。可见,管理绝不可停留在和满足于办理一些日常事务,而应该始终密切关注如何保质、保量、如期甚至提前实现发展目标的问题。在发展目标确立以后,管理"机器"一定要及时开动,紧张运作,以期"生产"出实现发展目标这一经过全神贯注和全力以赴的"成果",才算完成任务。

(三) 管理必须适应发展的需求

本来,管理就是服务(领导也是服务),当然就有服务对象。要做好服务工作,便必须让服务对象满意,这可是个常识问题。管理为发展服务更加是这样,发展需要做什么和怎么做,管理即当想发展之所想和急发展之所急,进入与发展"同呼吸、共命运"的境界。管理与发展需求脱节,长期滞后,格格不入或漠不关心直到有所妨碍,是不可思议和不能容忍的。如果出现这种情况,只有抓紧整顿,改革以求尽快适应,别无选择。问题非常简单:服务置服务对象的需求于不顾是无稽之谈。

二、正确的发展观是高效管理的保证

人们已不陌生,关于正确的世界观、人生观、价值观、幸福观、荣辱观等对为人处世的重要性和必要性。发展也要有正确的发展观,为发展服务的管理应在正确的发展观指导下进行自是理所当然和不言而喻的事。

(一) "不怕官只怕管"的实质

中国历史上民间流行语中有过"不怕官,只怕管"这么一句至今还偶然会听到的话。是真的不怕"官"么?非也。怕"管"仍是怕有权"管"老百姓的"官"。因为当时"管"得野蛮、残暴、敲诈、压迫,只为统治者的私利,不顾人民的死活,常致民不聊生,很多家破人亡。所以,怕"管"是道出了怕的实质。真正为人民服务的管理不仅受到欢迎,而且得到尊重。那些"官"气十足、脱离群众的管理者在现代社会中早已令人深恶痛绝了。说到底,还是为什么目标服务和怎样服务的问题。

(二) 发展观不同管理效果亦异

上述民间流行语已经表明在不同的发展观指导下,管理效果显然不同。即使管理者有把事情办好的真诚愿望，但如指导思想不正确和不明确，仍很有可能事与愿违，严重的后果可能是欲益反损，帮了倒忙。这方面的例证不少，什么"吃力不讨好""好心办坏事""搬起石头砸自己的脚"之类，都是"只顾拉车不看路"造成的。管理一定要对"路"，才能服务到"点子"上和"搔到痒处"。这里的"路"主要是指"思路"，是正确的发展观，高效管理的保证即在于此。

（三）正确发展观实现管理高效

管理要求高效，极其自然。不过，应当注意：对于实效的评估，从来不是孤立地就事论事。管理是否高效，是看是否有助于发展速度和质量的加快与提高。如果管理也很认真、努力，或者在技术、程序等层面"无懈可击"，但未自觉遵循正确发展观的指引，则不可能达到正常意义上的高效。也就是说，它没有纳入充分满足发展需要的轨道。因此，管理只有与在正确发展观指导下的发展进程完全保持一致，才能实现高效运作。"一步一个脚印"常是指在走向共同目标的道路上踏踏实实地前进。而在"分道扬镳"之际，便要各奔各的前程了。

三、公共管理对国家发展的重要作用

这里我们说的，主要是公共管理。为了进一步讨论正确发展观对公共管理的影响，很有必要先大体了解一下公共管理对国家发展的重要作用。实际上早在国家出现之前，公共管理即已存在于人类社会的初期发展阶段了。

（一）人类社会公共管理的回顾

不难设想，尽管非常简单粗放，在原始社会公共管理的需要便已从开始萌芽到逐步成为事实。否则，人类社会日益增多的各种活动，将难以顺利展开和持续发展。在国家出现于历史舞台后，公共管理更为正式地应运而生。从奴隶制到封建制国家，公共管理的性质却是为私的。"民为邦本"中的"邦"是帝王之家的"邦"，并非真正执政为民。资本主义社会标榜"民主"，算是一大进步，可与完全、彻底的"民有、民治、民享"之间还有很大距离，远没有达到"天下为公"和"世界大同"的境地。

（二）现代公共管理的发展简述

就国家的发展水平来观察，现在有发达国家、发展中国家和欠发达国家之分，其中包括大多数资本主义国家和少数社会主义国家。公共管理水平也是发达国家较高，反映于把公共管理作为一门重要学科的教学研究，以及对从业人员的教育培训。前者如新观点和新成果的不断涌现，后者如行之有效的教育培训计划坚持执行并继续推广。与此同时，政府部门、非政府与非营利组织的公共管理改革，时有所闻。值得肯定和着重一提的是，某些可贵的勇于试验的创新精神，体现了理论和实践的紧密结合。

（三）公共管理为国家发展服务

国家要发展，缺少了有效的公共管理，只能是徒托空言。从历史到现状，从中国到外国，一个国家在一个时期的盛衰、成败、兴亡，莫不与其公共管理状况相对应或成正比。我国历史悠久，各个朝代有长有短。在改朝换代之际，总是对比分明。所谓"太平盛世"，管理必然妥善；而"末代王朝"，都是腐败、混乱、不堪一击或宛如摧枯拉朽。既然公共管理是为国家发展服务的，那么，国家发展得好固然功不可没，发展得不好又岂能辞其咎？明乎此，公共管理对国家发展的重要作用可想而知。

四、公共管理对国家发展的直接影响

应当认为，公共管理对国家发展的直接影响是具体的、全面的和贯彻始终的。以下试以发展速度、发展质量和发展成本为例，对此做些说明。从总体上来看，这是有较大代表性的几项指标，可据以对其他方面进行测评。

（一）公共管理水平与发展速度

在其他条件相同或不变的情况下，公共管理水平如何，直接影响到国家发展速度。举个很小的例子，可以说明问题。有的事情，在发达国家两三个小时内能够办妥，而在不同环境中的其他国家或地区，则依次需要两三天、两三周、两三个月甚至两三年的时间才能办成，或者两三年还办不成。差距实在太大，关键就在管理。其实，在公共管理中效率不高无非是两种情况：一是"非不能也是不为也"，是精神状态；二是"非不为也是不能为"，是业务能力。两方面采取改革措施，均可望转变。

（二）公共管理水平与发展质量

有"发展"，还蛮快，但质量不佳的事例已屡见不鲜，有的真令人发指。记忆犹新的如防洪中的"豆腐渣工程"之类，是不注重保证质量，后患无穷，不仅浪费，而且误事。信手拈来的一个例子是某单位的开会通知注明了联系人的姓名、电话和手机号码，本来算是很周到的。偏偏"无巧不成书"，有人要联系拨电话多次，机务人员都说号码有误，手机又逢关机。结果当然是白注了，白打（电话）了，联系不上。小事一桩，至少反映了其主事者或经手者不够认真。小疏忽误大事的古今都有。

（三）公共管理水平与发展成本

成本观念是个常识问题。高效、优质倘若成本过高，应当考虑何以为继。老本吃光了，又怎么办？倒是有一种发人深思的现象：管理水平愈高，愈能使得发展成本合理。不是说不要成本或者成本越低越好，而是要合理可行。这可是件大有考究的事，值得专题探讨。一般来说，首先是要避免浪费，对有限经费的开支精打细算。其次是要防治腐败，消除"黑箱"，堵塞漏洞。再次是要健全组织，不让机构臃肿、人浮于事。最后是要提高素质，使人员精干、工作得力。总之，是务求把经费、时间、心力等如"钢用在刀刃上"，而不是像某些人那样"磨、拖、耗"，落得个水平下降和成本趋高。

五、现代公共管理必须有科学发展观

前已述及正确发展观的重要性。我们现在所要树立和落实的正确发展观是科学发展观。公共管理为国家发展服务，为了使服务卓有成效，自然也要在科学发展观的指导下开展工作，才不至于有盲目性和事倍功半或劳而无功等情况发生。

（一）无发展观的发展不可思议

在本文的第二部分已经谈到过发展观的问题，那里说的是正确与否及其与实践效果的关系。这里要说的，则是无发展观的发展不可思议。不是正确的就是错误的，不是科学的就是不科学或反科学的。至于糊里糊涂和"脚踩西瓜皮滑到哪里算哪里""今日不知明日事""做一天和尚撞一天钟"，甚至连钟也懒得撞之类的心态，乍看上去，似乎无发展观可言，而实质上，仍不失为对待发展的各种想法或思路。此外，还有自觉或不自觉的表现形式，身处发展过程，无论有意无意，在面临沉浮抉择之际不能仍无所考虑。

（二）管理目标与发展观相一致

这一点前面也曾提及，在谈到科学发展观时更有必要加以强调。在科学发展观的指导下进行我国公共管理改革，首先必须端正、明确、坚持完全符合科学发展观要求的管理目标，然后瞄准目标对管理的诸环节和全过程实施改革、调整，使之充分有利于目标的顺利和圆满实现。举凡管理战略、体系、结构、人员、方法、作风、预算（财务）、信息都要无一例外地认真服务和服从于实现目标的任务。也只有这样，才能调动和运用一切积极因素，做到众擎易举和共享其成。

（三）科学发展观逐步形成过程

我们现在所说的科学发展观经历了一个逐步形成的过程。在长期革命和建设实践中，前人获得许多宝贵的经验和教训，并为之付出高昂代价。经过历史的检验，特别是改革开放以来各种新的尝试，不断总结、筛选、提高，使逐渐趋于成熟的科学发展观得以诞生、奠定、树立，得到广大中国特色社会主义建设者们的热烈欢迎和接受，并坚定不移地为落实而努力奋斗。它统领经济社会发展全局，是今后继续和平发展的指针。从此，我们心明眼亮，至少在重大决策方面，可以少走或不走弯路。

六、用科学发展观指导现代公共管理

这完全是应有之义，不需要再多加说明。以下要接触到的，主要是科学发展观的内涵、地位和作用。在对这些有所了解的基础上，我们将紧接着去分别讨论密切相关的几个根本原则性的问题。

（一）科学发展观的主要基本点

科学发展观的主要基本点在于：一是发展要以人为本。这一点是前提，是基础，非常重要。管理者必须牢牢记住，不可丝毫掉以轻心，千万不可忘本。二是要注意全面发展。考虑、分析、研究问题要避免片面性。三是要强调协调发展。随时、随地解决各种矛盾，尤忌问题成堆和矛盾激化。四是要保证能实现可持续发展。高瞻远瞩、继往开来，凡事要有战略思维，绝不因小失大。五是旨在谋求经济社会的不断进步和人的全面发展。这最后一条，正是以人为本的必然回应，是全面协调可持续发展的目的。

（二）科学发展观引导发展全局

顾名思义，科学发展观应处于引导发展全局的重要地位。所谓"引领发展全局"，就是与发展有关的各部门和全体人员，都要对科学发展观有普遍和深刻的共识，并严肃认真地身体力行。常言道："小道理服从大道理。"科学发展观就是这样的大道理。人们又常说，要明大义、识大体、顾大局，根据科学发展观的指引办事，也就体现了这种大义、大体和大局。对公共管理而言，这些显得尤其突出。不按科学发展观的引领，势必轻则欠妥、不顺，重则乱套、出格，甚至可能出现严重问题。

（三）科学发展观作用立竿见影

实践证明，科学发展观完全和充分反映了客观规律。回想在明确提出科学发展观以前，许多成功的经验，无不切合科学发展观的原则要求；而不少失败的教训，又无不有悖于科学发展观所指出的要点。必须指出，"摸着石头过河"的摸索阶段或过程虽然是难免的，但是在高度自觉地掌握了科学发展观以后，情况有极大的改善。说科学发展观作用立竿见影毫不为过，最重要的区别就在于自觉与自发之间。科学从来不是自封的，我们一贯坚信实践是检验真理的唯一标准。

七、现代公共管理必须坚持以人为本

这一点非常重要。以人为本既是现代公共管理的出发点，又是管理绩效评估的根本依据。如果不是以人为本，我们说管理就是服务，岂非连服务对象也闹不清了？必须十分明确，无论做什么工作，说到底都应该坚持以人为本。

（一）以人为本而非见物不见人

在公共管理活动中，有许多工作直接面对财、物和具体事务以及规章制度、文件资料等等，并经常同它们打交道。这就很容易在有意无意之中，程度不同地有见物不见人的倾向，结果是不能真正把工作做好。"目中无人"原是形容狂妄自大者的，这里借用于见物不见人，情况要严重得多。因为凡事与人失去了联系，便会偏离甚至背离服务对象的根本和长远利益，难以及时满足后者的正当合理要求，有违公共管理为广大公众服务的宗旨。坚持以人为本，就需要经常心中有人。

（二）发展要调动人的积极因素

以人为本除了发展是一切为了人之外，还有依靠人去发展的意思。公共管理坚持以人为本也是如此，为了发展得更好，必须尽最大努力调动人的积极因素。这里既指公共管理内部的全体从业人员，也包括全社会的广大公众，都要千方百计地调动和发挥他们的积极性，以及挖掘他们的潜能、潜力，共同用于创新型国家和小康社会的建设。在以人为本的条件下，调动人的积极因素不仅是必要的，而且是可能的。公共管理通过出色的公共服务在调动公众积极性方面大有可为。

（三）着眼于实现人的全面发展

经济社会的发展、进步，最终落实于实现人的全面发展。这一点与公共管理的关系非常密切，也是最艰巨的历史任务。从提高全民素质的角度来看，首先是教育问题。"科教兴国""人才强国""建设创新型国家""落实科学发展观"等，都必须强化和优化教育事业的发展。德才兼备、身心俱健的要求应及于每个公民。这就事关公共卫生和社会福利事业。至于物质生活的保障和水平的提高，更不在话下。人的全面发展固然很不容易，但只要在科学发展观的引领下持之以恒，经过世世代代人的不懈努力必将实现。

八、现代公共管理必须注意全面发展

全面发展的对立面是片面发展,后者的趋势是出现畸形,而终极的结果很有可能是孤立、悬殊、冲突、停滞,导致整体衰败。一般发展如此,大国发展犹然。局部先行无妨,但须带动其余,而非长期置之不理。

(一) 注意统筹兼顾,切忌顾此失彼

国家如一个有机整体,特别是像中国这样一个历史悠久、幅员辽阔、人口众多、情况复杂的大国,发展必须注意统筹兼顾,切忌顾此失彼。为了开创新局面,局部率先有所突破很有必要,但应及时抓紧扭转长期和严重发展不平衡的状况,以免在问题成堆以后积重难返。例如,实施让少数人先富起来的政策未尝不可,但不能听任两极分化愈演愈烈。"三农"问题亟待认真妥善解决,是另一个具有重大意义的例子。还有构建学习型、节约型社会,以及提出"八荣八耻"的荣辱观等都颇有现实针对性。

(二) 有重点但不失策失序失控

在公共管理的工作方法中有重点地开展工作是很正常的事,但要注意点面结合,以点带面。选点也事关全局,属于决策性质。说到决策,不能不慎之又慎。决策有缺点、错误,一定要赶紧改正、补救,失策则往往要付出很大的代价和蒙受很大的损失。再说工作应忙而不乱,要有序地进行。失序所造成的不良影响给人以恶劣的印象,轻重不分、缓急颠倒、穷于应付、招架不住、窘态毕露,完全流于被动。在出现危机之际,需要镇定善处,不可惊慌失措而致局势失控,那也是管理者的大忌。

(三) 除死角,补空缺和薄弱环节

刚才在(一)(二)两点中,主要是说全面发展应忌失衡、失策、失序、失控。这里要讲的是另外几件必须处理好的事项,即"死角"、空缺和薄弱环节,有待清除、填补和加强。这些都对全面发展不利,很有可能成为"包袱"、隐患。为此,必先进行普遍深入的调查研究,弄清真相。其中,既有由于忽视而易于改观的如卫生死角等,也有长期积累而成为老大难问题的如愚昧恶习等。在很大程度上也包含科普、普法和移风易俗的

任务，涉及物质文明、精神文明和政治文明建设。

九、现代公共管理必须强调协调发展

全面发展中必然凸显总体与各部分的关系和各部分之间的关系，有不协调处要使之协调才能照常顺利发展。强调协调发展是全面发展中不可或缺的主题，也就是要归结为能够在发展中协调和在协调中发展。

（一）摆正理顺关系和配合支持

公共管理所面对的各种关系，可谓错综复杂、难以列举。大体来看，诸如内外（包括外交与国际活动）、上下（从中央到基层和各级领导被领导关系）、左右（同级单位、地区和人员）、前后（前任与继任、历史与现状）、各部门、各领域、各行业、公与私、公共关系和人际关系，等等，怎样摆正和理顺，可是个经常性的、有时会感到"头痛"的问题。但又不能不注意处理好，因为在发展中需要各有关方面的配合和支持。正常或异常、积极或消极，情况大不一样。

（二）能向心凝聚实现社会和谐

和谐是个非常令人向往的境界。和谐社会对共同全面发展无疑更能推动和促进，但建设和谐社会，要从各个社会"细胞"做起，具体到每个家庭、单位、团体。共同的特征是成员当中都具有较强的向心力和所在集体很有凝聚力，推广到整个社会也是如此。这是现在大力倡导的"团队精神"，信息时代仍需要这种精神。有人曾对信息技术的英语简称"IT"做了另外的解释，即 I 为"我"，T 是 Team（团队）的缩写，即个人与团队密不可分，是很有意思的文字游戏。

（三）部门间协作互利共同进步

这里的"部门"是广义的，可以扩大到地区和国家。"协作"是具体行动，必须互利才能协作，否则只是一厢情愿、孤掌难鸣，无从实现共同进步。"互利"是前提，是原则，还要通过平等协商，然后进行合作。汉语言简意赅，"协作"算得一例。国际流行的另一说法叫作"双赢"，其所包含的内容并非都有钱赚那么简单。有时是实行优势互补，显然有助于共同发展。为了繁荣经济和长远利益，一方提高服务水平和提供优惠条件，也会进行双方满意的协作。可见，协作方式是灵活多样的。

十、现代公共管理要保证可持续发展

保证可持续发展，对一个国家来说，真是太重要了。因为如果不能做到这一点，就意味着无法继续存在下去。公共管理状况如何，关系到国家兴亡，这绝不是夸大之词、故作惊人之语或危言耸听。

（一）有战略眼光避免难以为继

对发展有战略眼光，就是能考虑到长远的发展前景。只顾眼前，说得不好听叫鼠目寸光。也许一时看上去还比较红火、热闹，似乎一切妥当、平安无事。可是，仅仅安于现状是远远不够的。要居安思危，认真想想来日方长，何以为继。"到时再说"的观念有很大的风险，应对"可以预见的未来"有所准备，以免发展难以持续甚至中断。习惯上有"思前想后"之说。"思前"在于总结和汲取经验教训，"想后"则在于谋划将来，都是为了维护健康的持续发展。

（二）保护环境以保持生态平衡

发展总是在一定的环境中进行的。环境一般主要是指自然环境，应加以保护以保持生态平衡。但是人文环境也应予重视，如果欠佳，同样会对发展不利，尤其是在人才培养和发挥积极作用方面有显著影响。以自然环境而论，污染、破坏直接关系到物质生产和人们的生活与生存。在"宜居"概念中，便包含很多与自然环境有关的重要因素。毋庸讳言，环境恶化是可持续发展的重大障碍，我们既不可若无其事地视而不见（那是麻木不仁）也不可茫然惊慌失措，而要痛下决心，积极采取有效行动。

（三）节约和合理使用能源资源

现代人的生活和生产，已离不开能源和资源的不断供应。但能源和资源不是取之不尽和用之不竭的。即使有可能增长的部分，时间和总量也受到限制，而非随心所欲、予取予求。供和需的矛盾随着经济社会的发展日趋尖锐，最明智的对策莫如在积极开源的同时狠抓节流，亦即对能源和资

源尽可能地节约和合理使用，严防浪费。这方面的潜力普遍很大，也极有改革、创新的余地。其中，不少是习惯问题，一经转变，立即生效。日本最近改变使用"一次性筷子"的做法便是一例，其余不难想见。

十一、既与国际接轨又要突出中国特色

在全面落实科学发展观的过程中，公共管理仍然要注意既与国际接轨又勿忘突出中国特色。我们正在建设稳定团结、兴旺发达的和谐中国，也希望与亚洲与全世界人民携手，建设持久和平的和谐亚洲与和谐世界。

（一）应当审时度势有条件接轨

与国际接轨是一种通行的国际惯例。它的原则精神是互相尊重、平等互利，自愿参与、共同遵守包括权利义务的有关规则。因此，接轨是有条件的，不是凡轨皆接或遇轨必接，乱接一气。要考察是什么轨、接不接、怎么接、何时接等，必须审时度势，谨慎从事。若非真正平等互利和具有实质性意义，贸然接轨，结果得不偿失并受制于人。有人用汉语近音和同音字调侃说，那不是接轨而是"见鬼"。不过，我们似乎还没有碰上那么尴尬的场面，例如曾经有某国际组织耍"两个中国"的伎俩，我们就坚决抵制。

（二）特色显示自身优势和活力

关于究竟是否有必要强调中国特色的问题，我们的回答是肯定的。事物普遍存在特性与个性，国家也不例外。历史早已证明，学习别国长处，不能全盘照搬；保留自己传统，亦非永远不变。在适应自身所处的环境和不断改革、调整、创新的漫长过程中，逐步形成不同于别人和区别于过去的特色，是常有的事。这种特色不仅不妨碍沟通、交流、合作、共处，而且常借以显示本身所特有的优势和活力。试以"民族性""国民性"的研究为例，我们不难得到很多有趣的启示，更不用说地方特色了。

（三）有特色和接好轨相得益彰

综上所述，与国际接轨同时突出中国特色没有矛盾，不仅可以并行不悖，而且可以相辅相成和相得益彰。原因在于，如此既能充分发挥所长，

又能在更广的范围内实行优势互补，形成共同发展的格局。从这个角度来观察，各国公共管理在为地区和国家发展服务的同时，已扩大到国际方面，有为共同发展服务的因素。这就要求公共管理人员特别是有关主管和领导者，要用国际眼光留意国际经验和处理国际事务的能力。我国在加入 WTO 以后所要加强的工作，就属于这类性质。

十二、公共管理现代化是社会发展走向

中国正在加紧进行现代化建设，在科学发展观的引领下，前进的步伐可能更趋稳健。为国家现代化建设服务的公共管理必须现代化，自然也要纳入社会发展总的共同走向。陈旧的管理是不可能对现代化事业做出应有贡献的。

（一）现代化发展趋势无法阻挡

"世界潮流，浩浩荡荡，顺之则昌，逆之则亡。"（孙文题词）大家对此也许并不陌生，现代化发展趋势正是这样，无法阻挡。国际竞争态势，一目了然：谁的现代化程度和质量较高，谁就居于上风。于是，争取现代化的努力，遍及全球。低标准的"楼上楼下，电灯电话"时代早已过去，现在正从信息时代进入知识经济时代，相应地有信息管理和知识管理。公共管理也要与时俱进。明显提高效率、降低成本、加大透明度的"电子政务""电子治理"正在加强，便是可以援引的例证之一。

（二）现代化道路可以自主选择

各国走向现代化的道路并不一致，表明可以自主选择。大别之可分三类：一是开发利用所拥有的比较丰富的自然资源，积累社会财富，堪称"得地独厚"；二是缺乏资源条件，依靠别国的资源、资金、技术、市场等要素发展自己但易受制约，难以主动；三是虽乏天然优势，但努力在科学技术上创新，特别重视自主创新、原始创新，拥有大量核心技术和知识产权，潜力无穷，亦即我们所要建设的创新型国家。我们选择这条道路，是历史的必然。因为我们清醒地看到，我们地大物不博，并要独立自主。

（三）希望我们的道路越走越好

我们当然希望我们的道路越走越好。在科学发展观的指引下，也坚信会是这样。我们的信念不是盲目的。不说别的，就拿心理学上常用的"智商""情商"和"韧商"（或作"逆境情商"）来衡量，便可以大长志气。先说智商，总体来说中国人不笨，强大的智力还远没有充分发挥。再说情商，热爱祖国，渴望振兴中华，在长期的革命和建设中涌现的英雄儿女不可胜数。还有韧商，即顽强持久的劲头和精神，更早已为历史和现实中的无数生动实例所证明。有此三"商"，我们的信心倍增。

结束语

以科学发展观统领经济社会发展全局是国家大事。为国家发展服务的公共管理落实科学发展观事关全局。既然如此，就需要从各级领导全体工作人员，以及全国广大人民群众，在达成共识的基础上，同心协力、互相勉励，为建设中国特色社会主义现代化创新型国家与和谐社会而继续奋斗。

（原载中国行政管理学会编《落实科学发展观推进行政管理体制改革》，为中国行政管理学会2006年年会论文集，列入《中国行政管理论丛》，兰州大学出版社2006年版）

中国公共管理正在努力创新
——庆祝新中国成立60周年

前言

热烈庆祝中华人民共和国成立60周年！新中国和平发展所取得的巨大历史性成就有目共睹，显然是与相对得力和有效的公共管理服务分不开的。发展需要创新，创新促进发展。为了切实保证国家社会发展得更好、更快，中国公共管理正在努力创新是应有之义。

一、对一般创新的几点共识

（一）关于新的不同性质和理解

带"新"的说法有很多，由于所表述的情况或事实的性质不同，理解也不一样，并非都是正面、积极、美好的。例如，西方寓言里的"皇帝的新衣"，原属虚构，不能当真；我国古诗中的"新人不如故"，是对当时具体情景下具体人物的评价，而非普遍如此；新闻也有负面、消极、丑恶的；创新高、新低要看是什么事情，才能区别关系人的感受。还有如"穿新鞋走老路""新瓶装旧酒"以及变换新花招来坑人、骗人等，不一而足，不胜枚举。

可是，公共管理所创之新，则必须是完全有利于正义事业的正常和健康发展，使之能在迈步向前的过程中，不断加强薄弱环节，改善发展环境，防止和杜绝各种弊端，从而出现新局面、达到新水平、登上新台阶、进入新境界，日益靠近我们既定的远大目标。因此，根本不应该也绝对不允许有假"创新"之名、行谋私（包括个人或部门、局部的利益）之实的事情发生。

（二）创新是出于主观能动之举

自然界的新陈代谢有其运行规律。人类的活动自从原始社会发展到国家组织以来，所有盛衰、成败、兴亡等各种状况无不与当时的规章制度和相关举措能否适应有直接联系。于是，我们的老祖宗很早即已认定，必须不断创新，才有生命力，要实行"日日新，又日新"（《大学》）。广为流传的江泽民同志所说的"创新是民族的灵魂"这句话是非常中肯和言而有据的。

必须提醒的是，"新"需要创、来自创，而非凭空自发到来。即使创新的客观要求十分强烈，环境、条件等也许都好得不能再好，但如当事者志不在此，对创新了无兴趣，缺乏决心、信心、毅力，不愿把能力付诸行动，创新仍然是停留于空想。说创新是出于自觉的主观能动之举，就是如"有志者事竟成"和"天下无难事，只怕有心人"所说的，要有创新的有志者和有心人。这些在后面有专题谈到培养和提高创新能力和创新人才时还要讨论，这里只是作为几点共识之一先提出来。

（三）应当特别致力于自主创新

在创新的问题上，除了要掌握新的特质和对它有正确的理解外，还要注意将跟新、用新、仿新（即引用别人之新）之类不等同于创新。虽然创新中的参考借鉴无疑是必要的，但是不可盲目照搬，以免"消化不良"或"水土不服"。因此，在理论结合实际的本土化方面下功夫，有选择和创造性地试行吸收，才算开始接触创新范畴。

可见，创新不易。但自主创新更难，又至关重要。通常讲自主创新比较集中于科技方面（还将另列专题讲述）。因其深刻影响经济社会的发展全局，如果公共管理不给予全面、经常和重点关注，支持和奖励的力度不够，便会难上加难。那就势必使综合国力的增长停滞不前，在国际竞争中处于被动地位。结果是：自主创新或原始创新少了，拥有的知识产权也少了，掌握的关键、尖端、前沿和核心技术不多，名优产品出不来、站不住，致常受制于人，难展拳脚。所以说，在议论公共管理创新之际，我们不能不注意应当特别致力于自主创新，要千方百计地让自主创新之花盛开、怒放！

（四）理论创新为创新导向领路

作为一门从国外引进的独立学科，公共管理理论与实践原有的资料相当丰富，其中包括许多新的理论观点和实践经验。为了更好地参考借鉴，我们都还学习研究得很不够，有待继续努力。这里要指出的是，在当前的中国，许多直接联系到公共管理创新实践的本国理论创新的情况，我们万万不可掉以轻心。

回顾历史，60年前的"没有共产党就没有新中国"和"只有社会主义才能救中国"，表明了以马克思主义武装起来的中国共产党将在中国建设马克思主义三个组成部分之一的科学社会主义。"建设中国特色社会主义"和"改革开放发展是硬道理"是马克思主义中国化的进一步体现。继毛泽东思想、邓小平理论之后，如"三个代表"重要思想、"用科学发展观统领经济社会发展全局"和"构建社会主义和谐社会"等，都是一脉相承属于主体性的宏观理论指导原则。那么，中国公共管理是干什么的和应当怎么干，也就不言而喻。我们深知，不是为了引进而引进，参考借鉴最终要以我为主。喧宾夺主不行，也不能反客为主、有客无主。同时，学习别人的长处固然不宜仅满足于浮光掠影，对本身的根底缺乏自知之明或心中无数则更属大忌。"邯郸学步"和"东施效颦"的历史成语故事，相信许多人是知道的。

二、公共管理创新主体简介

（一）一定要建设好创新型国家

公共管理必须创新是由建设创新型国家决定的。后者出现于世界历史舞台，是近半个世纪以来的事。某些国家把科技创新作为基本战略，形成强大竞争优势，被国际学术界称之为"创新型国家"，以区别于"资源型"和"依附型"的国家发展模式。创新型国家有四大共同特征：一是创新综合指数明显高于其他国家，科技进步贡献率在70%以上；二是研究开发投入占国内生产总值的比重大都在2%以上；三是对外技术依存度指标在30%以下；四是这些国家获得的三方专利（美国、欧洲和日本授权的专利）数占到世界总量的97%。① 我国目前虽尚存在较大差距，但国情决定必须走这条路。

从上述四大共同特征来看，主要是科技创新尤其是自主创新方面的事。但其重要性和实现的难度均不可低估，因而有必要提高到国家建设层面来隆重其事地加以考虑和安排。科技创新既是经济社会发展中的决定性力量，自主创新必将引领经济社会全面发展。凡此都需要公共管理体制、方法等的创新予以配合和支持。这是关系到国家前途和命运的大事，一定要办成、办好。

（二）公共管理创新要紧紧跟上

对一个国家来说，在管理分类中，覆盖最广和头绪最多的管理当然首推公共管理。它包括政府从中央到地方的行政管理和非政府、非营利组织的公共管理。既然要建设创新型国家，公共管理创新就要紧紧跟上是完全可以理解的。由于事实上存在政府和非政府两大部分，后面即将分别叙述。这里正好借此机会把公共管理、行政管理学科名称问题略予梳理。

学科创始时原文名称为 Public Administration。Administration 乃多义词，译作管理或行政均可（如 Business Administration，即译为工商管理）。因首倡建新学科是政治学者，并从研究政府管理入手，故中、日文皆译为行政学，公共二字从略。后来学科领域拓宽，及于非政府组织的公共管理。学科名称原文照旧，即为 P. A.。接着出现的新情况是新公共管理（New Public Management）学派兴起，用 Management 与 New Public Administration 相区别。于是而有 A 与 M 异同的争议：认定 A 是行政、M 是管理者有之，提出在实不在名者有之，指称英语无严格区分习惯者亦有之。其实在英语表述中，学术争论归争论，国际流行的公共管理硕士（MPA，即 Master of Public Administration 的略语）专业学位名称还是 A。日本亦似未改译。我国专业目录列公共管理为一级学科，其二级学科之首为行政管理。英译则按其通例。国际学术动态应当关心，我们的精力主要还得放在学以致用上为宜。

---

① 参见李薇薇《科技部：创新型国家具备的四大特征》，载《新华社电讯》2006年2月4日。

(三) 政府的管理创新首当其冲

在公共管理创新中,首当其冲的是政府管理创新。这不仅因为其管理幅度特广和管理事项特多,而且它具有权威性和持续性。我国自古就有"日理万机"的说法。西方福利国家则有"从摇篮到坟墓"都得管的概括。我们类似的俗语也有如要管生老病死苦、吃喝拉撒睡、衣食住行玩等,不过都缺了更高要求的文化教育和人的全面发展。当然,无论是改善民生或提高人民素质,都需要有雄厚的经济实力。政府管理创新正是要为建设创新型国家服务,以尽快提高综合国力。

中国加入世界贸易组织的谈判过程给人的印象很深,那是改革开放以后的一件大事。谈判历时15年之久终于成功。本来,中国希望加入,该组织也需要中国这样一个大国成员,只是条件一直不够成熟。于是边谈边改(创新),加快从计划经济向市场经济积极转变的过程,优化投资环境,健全相关法制,最后水到渠成。但是,谈判和签字的是政府代表,因而加入以后面临最大挑战的是政府当局。为了履行义务,必须加强包括公务员在内的公共管理人员队伍。稍后及时引进MPA教育计划,似非偶然巧合。后者发展之快,亦属罕见。如何培养中国式的MPA,也亟待创新。

(四) 非政府组织公共管理创新

公共管理中的非政府组织(Non-Government Organization,简称"NGO")是为公益服务、介于政府和工商企业之间的非营利组织(Non-Profit Organization,简称"NPO")。NGO在发达国家比较活跃,成为公共管理的重要组成部分,常能在公共活动中起积极作用。在第二次世界大战中后期和自"二战"结束以来,NGO迅速发展,令人耳目一新。治理(Governance)理论的出现也与此有关。

新中国诞生后,实行计划经济。政府管理几乎无所不包,实际上包揽不少管不了和管不好的事。尽管不止一次地提出简政放权,以解决机构臃肿、人浮于事、效率不高等问题,但在"全能政府"的情况下,公共管理中的NGO不是缺位空白,便是很少很弱,不成气候。因而简什么政、放什么权,简往何方、放到何处,也就是职能如何转变,都难以落实。"精简—膨胀—再精简—再膨胀"的怪圈或恶性循环于是形成并难以突破。

改革开放以来,这方面已受到注意和开始改变,大有往好的方面发展的趋势,但与客观要求之间仍有较大差距。可喜的是,我国已有专门研究机构,不断提供新信息和研究成果。"中国的 NGO 在所面临的各种挑战和机遇面前,正在通过能力建设推动自身实现积极的组织改造和制度创新。"① 现在距离说这话的时间又过了好几年,相信创新性的探索还在继续和取得新进展。再说特大灾害中也显示了 NGO 的生机活力。

三、公共管理创新内容概述

(一)科技创新应受到特别关注

前已述及科技创新主要是自主创新的特殊重要性,应受到特别关注。公共管理创新必须首先针对和围绕它来进行,以想其所想和急其所急的精神状态去争取早日建成有中国特色的社会主义现代创新型国家,则将为中华民族之大幸!

在谈到共同特征时,我们已知道创新型国家部分有关数据。这里做些补充,当有助于进一步了解真相。2005 年,徐冠华在"加强自主创新是我国的首要任务"的标题下指出:"我国科技进步的贡献率仍旧保持目前 39% 左右的水平(创新型国家都在 70% 以上——引者注)……我们国家生产一台电视机的利润不到 10 块钱,一台鼠标器的价格是 41 美元,但我们的企业只能得到 3 美元利润。"② 这分明是别人拥有智力优势,我们只是靠廉价劳动力凑热闹的格局。制造而非创造,难以抗衡和长久。为今之计,唯一选择即是在自主创新方面迎头赶上。认清这一点的人已越来越多,公共管理更责无旁贷。要在创新内容和行动中对自主创新多加注意和照应。

(二)战略方针与政策等的创新

众所周知,战略方针与政策之类,在公共管理活动中,起着指挥棒的作用。以刚提到的科技自主创新为例,"美国政府提出美国的国家战略目

---

① 王名:《中国的非政府公共部门》(下),载《中国行政管理》2001 年第 6 期。
② 徐冠华:《走中国特色的自主创新之路》,载《半月谈》2005 年第 22 期。

标就是要保持美国在科学知识最前沿的领先地位。日本政府相继提出了科技创新立国和知识产权立国的国家战略"①。于是，他们把科技投资看作战略投资，猛增科技投资预算和研究开发的费用在GDP中的比重等。结果是许多领域似乎都已成为发达国家的天下，发展中国家更不用说，欠发达国家只能敲边鼓或靠边站。

我国定出科教兴国的战略方针，无疑是完全正确的。与新中国成立前相比，进步极为鲜明。过去，学者早有"科学救国""教育救国"的呼声，但积弱依旧，关键在于政权性质和国家领导是否真心福国利民。现在虽与发达国家尚有差距，但渐缩短、拉近。坚持既定方针不动摇，出台积极有效的政策措施等，必能提前跨进创新型国家行列。可喜例证不胜枚举，仅说青藏铁路，"这条铁路与三峡工程和神舟六号被称为中国经济发展的'三大奇迹'（《自由比利时报》）。我们认为这些创举和成功，都是中国特色社会主义建设者们为和平发展、建设创新型国家的志气、能力和行动的展现"②。

（三）法规组织和体制等的创新

稍有管理知识的人都知道，组织机构和规章制度是管理要素。公共管理创新当然包括这些内容，才能使整部"机器"转得更好，并起带动、推进作用。本来，创新就是要有所改变和突破。若创新没有法规依据，组织保证和制度、机制的支持、配合，或禁忌太多，动辄得咎，创新者必将小心翼翼、顾虑重重，不敢放手去干，甚至有多一事不如少一事之想，创新也会冷冷清清，渐如俗语所说"没戏了"。

因此，为鼓励和帮助创新与提高创新水平，除旧制应普遍创新外，还要增建创新性的体系和系统以及各种创新中心、创新基地等。目前，从中央到地方的行政管理体制改革（如试行"问责制"和"大部制"等），都有利于创新型国家建设。各方面创新项目、主题极多，只要留意有关信息，真是丰富多彩。实践证明，有些创新不能孤立地进行，而须循序配套；也不宜操之过急，希望毕其功于一役。我们不是为创新而创新，需要既勇于创新又善于创新，旨在通过创新取得预期效果。

---

① 徐冠华：《走中国特色的自主创新之路》，载《半月谈》2005年第22期。
② 夏书章：《青藏铁路》，载《中国行政管理》2006年第11期。

（四）模式、方法和技术等的创新

模式是个综合概念，包含机制、结构、体系、框架、方式方法等内容。它常是惯用的一种总体表述。"中国模式"是时下国际流行说法。但模式不是固定不移、一成不变的。即使名称不改，内容也在创新，以适应新的形势，才能有旺盛的竞争力、生命力。"中国模式"正是这样出现和立足于全球化大潮之中的。

方法创新的作用和效果显而易见。事半功倍和事倍功半间的差距不只是半，而是事与功的悬殊达4倍：正常情况下，事功之比为1∶1，事半功倍为1/2∶2；反之为2∶1/2，而又为4个1/2！俗话说的巧干与笨干，有时还会是劳而无功，等于白干，不如不干，甚至是帮倒忙，无益反损。公共管理要提高效率，不能不注意方法创新。

对于技术创新，不宜用单纯技术观点看待。它与工具、方法、效率有密切联系，也有利于开展政务活动。各级政府对推行"电子政务"相当积极，先进地区的实践经验很有说服力。网上沟通、服务，既是便民之举，又有助于提高政府的透明度、扩大公众的参与面（有"民主新通道"之称）和提高面向公共征求意见、双向咨询速度与频率。"网络治理"理论也应运而生。

四、创新能力和人才等问题

（一）关于公共管理的创新能力

创新要有创新能力，否则只好"望新兴叹"！我国人事部门在《国家公务员通用能力标准框架（试行）》[①] 这一文件中，提出包括创新能力在内的九种通用能力。其实，创新能力是经常紧密贯穿、渗透、起积极作用于其他能力的表现和发挥之中的。中共中央组织部的《党政领导干部公开选拔和竞争上岗考试大纲》[②] 中对十项能力的测试也有创新能力。对领导干部来说，这更是一种"打通关"的指导和示范能力。

---

① 《国家公务员通用能力标准框架（试行）》，载《羊城晚报》2004年1月2日。
② 《党政领导干部公开选拔和竞争上岗考试大纲》，载《羊城晚报》2004年4月30日。

创新能力如此重要，应高度重视其培养提高。是否具备创新能力，有待实践验证。由于客观形势变化有时很快、很大，创新能力也必须随之提高才能适应。像在应急管理中，不可惊慌失措，而要镇定、谨慎、敏感、妥善对待。参与其事者当时萌发的志趣、思维从而产生的新点子、新招数，无不包含和透露创新精神、勇气、智慧和能力。这些像是"灵机一动"，实质则在历练有素，非一日之功。

（二）关于公共管理的创新人才

人是创新能力的载体。刚才提到管理人员和领导干部，就是要着力培养大批有创新能力的人。各方面都有此需要，尤其应培育出关键、尖端、前沿、核心科技自主创新的领军人才。这就必须高度重视和实施创新教育与培训。从家庭教育和学龄前教育开始，包括初、中、高等教育，成人、继续（终身）教育，社会教育以及各种培训，都旨在不断提高创新能力；人力资源开发与管理部门，也必须努力创新。还有自学成才之路不可忽视，并须帮助开拓创新。在这方面异军突起的事例在古今中外史不绝书。

教育观念和实施过程不能偏离培养创新能力的要求。"应试教育"显然难以引上创新之路，可能出现和已经出现的倒是作弊的"创新"。有学者在《求解中国创新人才培养困局：教育体制和思想》[1]中指出，盲目追求高学历制约了创新能力的培养，说明在教育思想方面存在误区。《学术"近亲繁殖"制约自主创新》[2]的报道值得警惕，说的是研究生多招本校生和师资队伍本校毕业生多的弊端，结果几代同堂，学术基因单一，学术退化、僵化。此类现象和问题有待深入研究，国内外创新成功经验可以参考借鉴。未来学和创造学的研究也有启迪。

（三）关于公共管理创新的环境

创新人才的成长和施展才能以及创新活动的开展与进行过程，有非常重要的环境（物质、精神）条件问题。软、硬环境都适宜创新，才能收到较好效果。除前述各点外，必要的尽可能现代化的基础设施，也都至关

---

[1] 朱清时：《求解中国创新人才培养困局：教育体制与思想》，载《光明日报》2009年8月13日。

[2] 刘昆：《学术"近亲繁殖"制约自主创新》，载《光明日报》2006年1月23日。

重要。公共管理创新活动本身，不仅可对社会创新起带头示范作用，而且更重要的是创新内容给后者提供各种条件，使之得到帮助和奖励，从而更趋广泛、活跃、深入、持久。若态度冷淡（更不用说阻挠、压抑），任其自生自灭，则光景可想而知。

说到基础设施，那不是个人或个别单位力所能及的，须寄厚望于公共管理，首先和主要由政府主持建设、发展和提供及时到位的有效服务。如交通电讯设施先进、便捷，即可加快创新过程和提高创新水平；缺乏、不便、滞后，便起制约作用。又如公共图书馆、博物馆、科技馆、文化馆、科技园区、大型展览会、出版发行、广播电视、信息网络等，事关文献资料、各种动态，都无不对创新活动起积极作用。即以《中国行政管理》杂志而论，它对公共管理创新便是一个讨论、研究、交流等的重要园地。又如最近党中央、国务院邀请新中国成立以来"创新、创业、创优"优秀人才代表到北戴河休假。① 消息传来，新华社记者用的标题是："创新伟大、创业崇高、创优光荣"，令人感到这是创新软环境中的又一阵和煦宜人的春风和又一股强劲有力的暖流。

（四）关于公共管理创新的绩效评估

绩效评估是热门话题，全世界都在讨论、研究。我国对此也很重视，研究成果和经验总结也已经很多。这是我们讨论公共管理创新绩效评估的有利条件。凡是适用、可行的部分，不妨"照单全收"，对存在的问题则可引起注意。我们所应该强调的重点是关于创新的绩效评估。创新既非为创新而创新，亦非为沽名钓誉或另有图谋，而是为了崇高、伟大的共同事业的发展、成功、胜利。创新是否真实和果有创新能力、确是创新人才，以及成效如何，等等，要让结果说话。

因此，关于一般绩效评估的基本理念和功能、考评制度、规范化、公民参与、同目标管理责任制结合、服务质量、人民满意度、评估监督、评估体制等带原则性的项目和问题，这里不再重复。我们注意的主要方面在创新的绩效，包括公共管理自身的创新及其必须关注和为之服务的科技创新、社会创新。其中最重要的，当推创新的分门别类以及难度等级和评估标准，还有进行评估的人选和程序、奖励措施等，以及总结推广先进经

---

① 《创新伟大、创业崇高、创优光荣》，载《光明日报》2008年8月13日。

验、指明失败或不足之处的原因和改进意见。创新的专业性很强，所涉及的学科领域和分工行业很多，因而必须有各方面的专家、学者参加评估。事关发展大计，更需要公平、正直和严肃的评估纪律，尤忌凭"长官意志"办事。例如，是原始创新、集成创新，还是在引进以后经过消化和在吸收基础上实行的再创新是有区别的。实际效益可以计算，还要考虑到有关知识产权问题，要力求减少和避免这方面的纠纷。需要科技界和法学界的通力合作，并进入方兴未艾的"知识管理"的范畴。后者是应"知识经济"的兴起而出现的。

结束语

本文题目很大，这里属于概论性质。为避免重复，因关于创新能力和人才另有专题，故未能将管理人员、领导者尤其是创新者列入"主体简介"。其余各小标题的内容，也是点到为止，未多展开。总之，创新型国家就是要争取做到：随时、随地、随人、随事都大创其新。也就是要使"必须创新才有出路和前途"的观念家喻户晓和深入人心。最后，让我们用继续努力创新来庆祝国庆60周年。

（原载《中国行政管理》2009年第10期）

"2005年全国MPA教育研讨会"上的书面发言

【编者按】 夏书章教授作为《公共管理学报》的顾问，一直关心和呵护着学报的出版和进步，每期刊物一出版，夏老都认真阅读，发现问题就与编辑部沟通。对此，编辑部的同仁受益匪浅。比如，2005年第3期中关于美国哈佛大学肯尼迪政治学院的译法，虽然国内学界已经习惯于译成政府学院，但夏老还是打来电话指出，作为公共管理领域的纯学术刊物，一定要认真求实，要注意英文词汇在不同场景下的不同含义，这样才能把学术研究做好。我们有幸接到夏老在今年兰州举行的全国MPA教育研讨会上的书面发言，从中体会到夏老对公共管理学科，特别是对MPA教育的关注，也能看到一个长者的真诚和学者的睿智。

这是83所MPA培养单位的首次全体代表聚于一堂的一次重要会议。根据秘书处发出的预通知和邀请函，会议的主要内容共有五项，即总结经验、交流信息、研讨教学方式、提高教育质量和布置评估工作。对于未能到会直接听到宝贵经验和最新信息，实深引以为憾。这里仅拟就MPA教学方式和教育质量问题谈点粗浅体会。

据我所知，各试办单位的领导和广大师生都很认真、很努力。但毕竟由于是"新鲜事"，教学双方都缺乏如何迈新步、走新路的思想和具体准备。与此同时，过去长期以来的教学方式早已形成习惯，往往会在有意无意之中不同程度地表现为"依然故我"；或者说得不好听些，叫作"还是老一套"。在这方面，某些有实践经验的学生反应比较敏感，甚至相当强烈。

看来，教学方式需要灵活多样，不宜完全单一地"一讲到底"。教学对象和目的要求不同，应当区别对待，不妨试试辅之以其他已行之有效的方式，如专题讨论、个案分析、读书报告、实地调查、咨询研究、征求对策、情景对话、现场论证，以及诸如此类的其他形式。还可以不拘一格，不断创新，秘书处通过简报予以推广。"土洋并举"好，"诸葛亮会"与

"头脑风暴"岂非异曲同工？

教育质量的重要性怎样强调也不为过。就MPA教育而言，质量高低的关键在于理论结合实践的能力和效果，在于能否学以致用。要做到、做好这一点，要害又在于理论和实践都必须吃透，掌握用于何处和怎么去用。"食而不化"是可悲的，"百无一用"的"书生"现在还会有。增强"消化力"是我们的共同任务。

引进的东西要为我所用，有一个如何本土化使之"服水土"的问题。换句话说，便是一切要从实际出发，要合乎"国情""省情""市情"……否则格格不入，大相径庭，那是机械照搬的结果，一定不妙。所谓"东施效颦""邯郸学步""画虎不成"，均属此类。

本来，很多具体情况存在很大区别，我们不能视而不见，必须心中有数。例如，发达国家与发展中国家、外国与中国、过去与现在、国内不同地区之间、表面与实质、形式与内容、多数与少数、暂时与长远、孤立与联系、复杂与简单、物质与精神、自然与社会、政治与经济、稳定与变革等，有时差异非常显著。

即以现状而论，中国正在和平崛起，举世瞩目。许多理论和实践受到国际关注，如邓小平理论、建设有中国特色社会主义、"三个代表"重要思想、全面建设小康社会、落实科学发展观、解决"三农"问题、构建和谐社会、建设节约型社会、建设公共服务型政府等，以及加强五项执政能力和公务员必须具备九项通用能力等，如果在有关教学过程中不进行适当联系，在中国开展MPA教育是很难说得过去的。

除"洋为中用"外，还有"古为今用"和"双百方针"等问题。纪宝成同志主编《中国古代治国要论》一书的针对性很明确。鉴于西方管理学界对《孙子兵法》的高度重视，我也建议管理教育应该加以研习。这可不是"出口转内销"，而是本当如此。面对各种理论或学派，时不论古今，地无分中外，大可博采众长，择善而用，取长补短，兼收并蓄，坚持"博学、审问、慎思、明辨、笃行"，努力实事求是。

希望并且相信能够互助、共勉，一起把中国的MPA教育事业办得卓有成效。

（原载《公共管理学报》2005年第4期）

夏书章自选集

第三部分

关于行政管理

机构必须精简才能有高效率、竞争力和生机活力

一、国务院机构改革符合党的十五大精神

在革命、建设和发展过程中,马克思主义理论不是教条,而是行动指南。这是革命前辈的谆谆教导,也是长期实践早已充分证明了的千真万确的至理名言。

现在,我们高举邓小平理论伟大旗帜,所为何来?我们要不断地提高学习邓小平理论的水平,又为了什么呢?回答当然是:目的在于学以致用、学而能用,以求切实有效和更好地用于建设有中国特色社会主义。

关于什么是有中国特色社会主义,为什么要建设和怎样去建设有中国特色社会主义,邓小平理论已经做了全面的、系统的、深刻的论述。其中就包括这里所将进行讨论的我国政府机构改革,这一事关建设有中国特色社会主义及其发展前途的全局和全过程的重大问题。

事实上,古今中外任何稍具规模的事业,若要获得进展和成功,都离不开、少不了合理、健全、有效的组织机构。如果后者的设置和运作不正常或出现病态,就会导致低效、无效甚至负效,直接产生不良、有害和破坏性的消极影响。对建设有中国特色社会主义来说,也是如此,甚至更加如此。

我们记忆犹新。去年,江泽民同志在党的十五大报告中,旗帜鲜明地提出:"当前和今后一段时间,政治体制改革的主要任务是:发展民主,加强法制,实行政企分开,精简机构,完善民主监督制度,维护安定团结。"具体要求是:"建立办事高效、运作协调、行为规范的行政管理体系,提高为人民服务水平。"从主要任务到具体要求,都直接关系到政府的机构改革。政企分开、精简机构已势在必行了。

最近,中华人民共和国第九届全国人民代表大会(简称"九届全国人大")一次会议刚刚通过了关于国务院机构改革方案的决议。对此,当

时在会内外和至今在国内外反应都是非常热烈的。这足以表明，决议深得人心和深孚众望，为举世所瞩目。

众所周知，上述机构改革方案不比寻常，非同小可。中央原部委数从40个减为29个，原工作人员总额要分流一半。这不仅是所涉及的面广量大，而且是属于高难度的动作。但这也正反映了改革的决心和勇气，是真正高举邓小平理论伟大旗帜落实到具体行动的应有之义和完全符合党的十五大精神的得力举措。

正是在九届全国人大一次会议闭幕不久的这个时候，国家行政学院为高举邓小平理论的伟大旗帜、深入学习和贯彻党的十五大精神，从我国改革开放和发展社会主义市场经济实际出发，推进我国政府机构改革，决定召开"邓小平行政理论与我国政府机构改革研讨会"，这应该是很及时和很有意义的事。既有理论意义，也有实践意义；既有现实意义，更有深远意义。

由于这次机构改革好比动大"手术"，各有关方面很有必要统一认识，以尽量减少、减轻可能存在和发生的阻力，使改革能顺利进行；并努力创造条件，在得到积极配合、支持的情况下增强成功的信念。

二、邓小平理论关于精简机构的论述举要

为了在对当前机构改革的问题上达成共识，首先建议认真重温邓小平行政理论中与精简机构相关的部分。这里既无必要也不可能全部一一引证，举其要者借以说明却是可取的办法。以下试从《邓小平文选》中依照时间的顺序，摘引少量论断，以见梗概。

一是："精减行政人员，严格控制人员编制。如果不控制，是很危险的。理由不必解释。"① 稍后又指出："为了把国家财政放在稳固的基础上，保证社会主义工业建设，必须节减一切可以节减的开支，克服浪费。……节约也要有积极性，如果没有地方的积极性，就要发生浪费。"② 那是从财政工作的角度讲的，真是言简意赅，击中要害。倘使只是或者基本

---

① 《精简军队，提高战斗力》（1980年3月12日），见《邓小平文选》第二卷，人民出版社1994年第2版，第284～285、287页。

② 同①。

上是供"人头费"开销的"吃饭财政",那还有什么财力去保证进行社会主义工业建设和各项有关建设,要建立一个伟大的社会主义国家岂不是明摆着有徒托空言的危险?社会主义建设的积极性和严格控制人员编制的积极性之间的必然联系正在于此。

二是:"现在提出'消肿',主要是要解决军队机构重叠、臃肿,以及由此带来的各级指挥不灵等问题。……总之,搞四个现代化也好,把军队搞精干、提高战斗力也好,都需要'消肿'。……体制问题,实际上同'消肿'是一个问题的两方面。要'消肿',不改革体制不行。"① "消肿"是个通俗易懂的形象说法,稍有生活和疾病常识的人都知道,"肿"不是好事,并非强壮,而是虚弱。应当毫不拖延地对症下药,不可自欺欺人地讳疾忌医。这里所说"消肿"的内容,虽然是针对军队而言,但是其基本情况和原则,对于精简政府机构,也同样和完全适用。后者也同样存在编制和体制问题,因而后来在谈到党和国家领导制度的改革时,强调了改革并完善各方面制度的重要性。② 实践证明,孤立地抓编制,不仅当时收效甚微,而且不用很久便故态复萌,还往往变本加厉。

三是:"精简机构是一场革命。精简这个事情可大啊!如果不搞这场革命,让党和国家的组织继续目前这样机构臃肿重叠、职责不清,许多人员不称职、不负责,工作缺乏精力、知识和效率的状况,这是不可能得到人民赞同的,包括我们自己和我们下面的干部。……这不是对人的革命,而是对体制的革命。这场革命不搞,让老人、病人挡住比较年轻、有干劲、有能力的人的路,不只是四个现代化没有希望,甚至于要涉及亡党亡国的问题,可能要亡党亡国。"③ 话说到这个程度、这个分上,精简机构的极端必要性、重要性已可想而知了。在同一篇讲话中,最后更着重指出:"这一次革命,不但要注意出的问题,还特别要注意进的问题。……

---

① 《精简军队,提高战斗力》(1980年3月12日),见《邓小平文选》第二卷,人民出版社1994年第2版,第284～285、287页。

② 参见《党和国家领导制的改革》(1980年3月18日),见《邓小平文选》第二卷,人民出版社1994年第2版,第328、342页。

③ 《精简机构是一场革命》(1982年1月3日),见《邓小平文选》第二卷,人民出版社1994年第2版,第396、397页。

精简是革命，选贤任能也是革命，出要解决好，更重要的是解决进。"①可见，精简不能只是简而不精，真正名副其实地精简，才能出现有所期待的高效率、竞争力和生机活力。应当十分明确，要达到精简的目的，除了抓编制和体制外，要力求做好选贤任能的工作，也可以归于用人体制的改革。

三、有关精简机构的情况值得参考、借鉴

为了在对当前机构改革问题上达成共识，其次建议在认真重温邓小平行政理论中与精简机构相关部分的同时，让我们从纵、横两个方面（主要是时间概念，纵指历史，横指现状，而非行政级别、层面）来观察、分析、参考一些近似的情况、观点、议论之类，从而加深对邓小平理论的体会，更加下定决心、鼓足勇气，去争取这场革命的胜利。

先说纵的方面。从古到今，历代几乎都有像罢"冗官"、汰"冗员"等呼声；奸臣、权臣、贪官、昏官误国的事，更是史不绝书。廉政、勤政虽然受到赞扬，但是真正称得上"廉价政府"的，是马克思所指的巴黎公社。回忆在20世纪40年代初期的抗日根据地里，尽管环境已很艰苦，而"精兵简政"的倡议一经提出，就被肯定、重视、欢迎、采纳和坚决实行，取得很好的效果。在新中国成立以后，国家一贯厉行节约，反对浪费，一切国家机关实行精简的原则。这些早已在作为根本大法的宪法中有明文规定②。可是，过去经历了多次精简机构，总是摆脱不掉"臃肿—精简—又臃肿—又精简—更臃肿……"这个"怪圈"，也可以叫作恶性循环。这次种种迹象显示，机构改革方案明确、具体，势在必行的透明度和可信度都很高。

再看横的方面。因为内容丰富，也只能略述数例。

一如惯称广东"四小虎"之一的顺德市（今佛山市顺德区），从1992年起，抓住换届的时机，进行政府机构改革。经过5年之久，完成了这场革命。用他们的话来说，政企不分是个"结"、机构改革要治本、

---

① 《精简机构是一场革命》（1982年1月3日），见《邓小平文选》第二卷，人民出版社1994年第2版，第400、401页。

② 《中华人民共和国宪法》第14、27条。

要建设高效廉洁的行政体系，使政府真的像政府。"在1992年以前，顺德的改革总也跳不出政企一家的路子。政府企业像一对冤家，谁也不喜欢谁，但谁也离不开谁。政府背不动企业的包袱，却又舍不得放开企业；企业对'婆婆'头疼，又舍不得离开政府的怀抱。顺德的领导者在研究如何建立社会主义市场经济框架的讨论中达成共识，政府和企业必须同步改革，从某种意义上讲，政府的改革更关键。"① 但是，顺德毕竟只是广东省下面的一个市，他们的深化改革不能不受到更大范围和更高层次改革状况的制约，因而对从上而下的全面的机构改革寄予厚望是可以理解的。

二如作为亚洲"四小龙"之一的新加坡，在这次亚洲金融风暴中能安然度过，没有受到比较严重的影响。人们不免对其为什么能够处变不惊发生兴趣。在众多的分析之中，有一种很引人注意的意见，认为使新加坡与危机擦肩而过的是它的高效率。"处在笼罩着东南亚的经济阴霾当中，新加坡正冲力十足地耕耘，生产着它奋力求生存所依托的'产品'——效率。……新加坡未雨绸缪地采取行动……一群低声细语的有效率的人，他们正在有效率的环境中做着有效率的事。"② 常识告诉我们，在机构臃肿、人浮于事、职责不清、体制不灵等条件下，效率必然会低下。因此，高效率与机构精简之间，存在着必然联系。我们还清楚地记得，邓小平同志在他著名的"南方谈话"中，曾经提到过新加坡管得严。其中，自然无疑地也包括对编制、体制，以及对人员素质等与导致高效率有关方面的严格管理。

三如在几个月还不到半年以前，国外曾有文章专门论述"未来属于精简机构的国家"。文章指出："精简国家机构是当代最重要的议题之一。国家必须摆脱繁重的任务，尤其应该找到有效地进行管理的途径。……应该按照自律、必要性和效率原则来衡量公共管理部门的管辖权。……在竞争原则中效率和竞争非常关键。……办事必须更多地考虑费用。……必须减少重叠部门。……'工序革新'和'新陈代谢'的原则也应当成为具有约束力的行动标准。应当为了集中统一而消除管理部门内部职权划分的

---

① 朱剑红：《看顺德怎样政企分开》，载《人民日报》1997年11月5日。
② 戴维·拉姆：《新加坡以效率克服区域危机》，载美国《洛杉矶时报》1998年2月19日。

复杂性。"① 文中还提及，今天由公共管理部门履行的大多数任务，具有纯服务性质。我们是以为人民服务为最高宗旨的社会主义国家，精简政府机构以大大提高行政效率和为人民服务的水平、质量，应当是格外明确的观念。

四如无论是在发达国家还是在发展中国家、在西方国家还是在东方国家，每当该国的行政首脑就职伊始，或在工作中遇到挫折、阻碍，处于困境的时刻，通常都有可能要宣布进行行政改革。而改革的内容，又常常包括精简机构、节省和削减行政开支、提高行政效率等等。如美国的历届总统，多有行政改革计划，有的在竞选之际已经提出口号或标榜这方面的内容。日本的首相们对于行政改革的积极性之高，则是在世界上表现得更为突出的。不过，其最近的机构重组方案的实施，尚仍处于准备状态。其他大国、小国，程度和频率也大体上是如此。一个新的例子，像俄罗斯亦将进行行政改革，姑不论何时落实行动，其有关人士已向新闻界透露了一些信息。他们的构想、建议、意向、结构、观点、目标等，对我们也不无启发。机构重叠、责任不明、副职过多（甚至"世界上再也没有别的国家设两个第一副总理职务"）② 等是属于"常见病"和"多发病"，要求"成为正常的政府"和"建立更精干的政府机构"，则是共同的愿望。

四、让"帕金森定律"在中国从灵到不灵

最后，说说在全世界范围内，曾一度广泛流传的、以20世纪50年代的英国为历史背景的《官场病"帕金森定律"》③ 这本薄薄的小品杂文集。其中，关于政府机构越来越庞大和工作人员越来越多的发展趋势的剖析，既辛辣有趣，又发人深思。按著者的口气和意思，"金字塔在上升"，低效能等"顽症"如"全身瘫痪"，愈演愈烈，已经到了无可救药、无可奈何的地步，只有"等死"了。然而，这样的一条"定律"，是否果真"放之四海而皆准"和"永恒"得概莫能外，或者如俗话所说的是"注

---

① 鲁·肖尔茨：《未来属于精简机构的国家》，载德国《法兰克福汇报》1997年11月18日。

② 据俄通社——塔斯社莫斯科1998年2月19日电。

③ 诺·帕金森著：《官场病"帕金森定律"》，陈休征译，三联书店1982年版。（译者注明10章仅译其9章）

定"了的、"命该如此"了呢？看来也未必，机构臃肿、人浮于事、体制失序、效率不高等现象是可以改变的，我们没有理由那么消极悲观。无论是讲道理，还是看事实，都不难找到根据来证明这一点。

信手拈来，便有一例。去年年初，我国即曾有学者以"帕金森定律灵不灵"①为题发表过文章。其所据的资料可信，所做的介绍和分析也比较准确、中肯和有说服力。在文章的一开头，就开门见山，并别开生面地仿北京近期流行的"脑筋急转弯"（如问："什么东西越洗越脏？"答："水"；问："什么东西越切越厚？"答："刀刃"；等等）的办法，自问自答道："什么东西越减越多？""中国的干部、机构。"接着大意是说，"帕金森定律"在我国也确实是灵过，甚至有过之而无不及（前者"金字塔"结构的官员增长率每年在5.17%～6.56%之间，我国达到10%以上）。文末指出，此病并非无法根治，所举措施不外加大各项改革力度和务求落实。点睛之笔在于结语："总之，我们具有中国特色的社会主义制度应该宣布'帕金森定律在此不灵'，而不应该'比帕金森还帕金森'。"②真是说得太好了！文句可圈可点，意见完全赞成。

当然，凡事应该如何做和能否真正做到，常常是存在一段或长或短的距离的。因而上述结语，即让那个"定律"在中国从灵到不灵，不是只凭推理或抱着良好的主观愿望，也不是仅靠盲目的乐观所能实现的。换句话说，我们还要有能力和信心，并努力促其实现和务必获得成功。与此同时，也丝毫不意味着没有任何困难和风险，而正是在十分清醒地做出估计的条件下，做好充分的精神和物质准备，去突破前进中的障碍和迎接各种挑战。能力和信心，实际上主要就表现在这里。

朱镕基总理在与600名中外记者见面时，郑重宣告了政府机构的改革，是三个到位之一，而且表示很有信心。③本来，革命建设发展的经验表明，只要大家认识一致、发挥集体智慧，便能众志成城、众擎易举，主意、办法也会多起来。何况，现在还有种种积极因素和许多有利条件，如经济发展的良好势头、国家经济实力的明显增强等，其在继续前进过程中

---

①　王通讯：《帕金森定律灵不灵》，载《行政人事管理》1997年第1期（估计定稿于1996年底）。

②　同①。

③　《朱镕基从容机敏论政事》，载《羊城晚报》1998年3月22日。

的作用是不可低估的。

　　说起记者，这次采访"两会"（政协和人大）的人数之多是空前的，报道几乎遍及全球。一份有影响的报纸载文认为，外商看好中国机构改革前景。① 这是采访了不少外国公司意见后的综合印象。在国内，自国务院机构改革方案作为人大决议通过以后，所涉及的单位和个人反应平静正常、积极拥护，表现出顾全大局、深明大义、通情达理、正确对待的精神。有困难的，也表示小道理要服从大道理。这种好现象显示改革合乎人民的心愿，又一次生动地证明邓小平理论的指导作用可以转化为强大的精神力量和物质力量，改革大有希望。

（原为"邓小平行政理论与我国政府机构改革"研讨会论文）

---

① 参见香港《亚洲华尔街日报》1998年3月12日。

行政学研究应当重视"知识管理"的兴起
——当代中国行政学研究的回顾与展望

在由《政治学研究》编辑部发起的关于召开"当代中国政治学的回顾与展望"学术研讨会的征文通知中,将"当代中国行政学研究"列入所附的"参考题目"。这是行政学一直作为政治学领域的一门重要分支学科的历史传统的反映。无论在学科分类方面发生什么变化,或存在学科渗透和跨学科的情况,行政学同政治学的内在有机联系是冲淡不了的,更不用说完全割断了。

一、行政学研究在中国

自从 20 世纪 20 年代的中后期,行政学作为一门新兴学科在美国政治学界建立以后,中国的留美学人很快就把它引进中国。在 30 年代左右,中国为数不多的大学政治学系几乎都开设了这门课程。先进行教学,开展研究暂时还谈不上,是引进学科的常见现象。关于这一点,不难从现存资料中的较少的当时的研究成果中得到证明。

实际情况是不仅体现研究成果的专门论著极为罕见,而且用中文出版的教材也很少,图书馆一般备有英文原著供学生阅读。不久,抗日战争爆发,除东北地区已于几年前被侵占外,华北、华东、中南大片国土相继沦陷,高等院校纷纷内迁,维持教学已经不易,学术研究和学科发展自然受到严重影响。

8 年抗日战争胜利以后,内迁高校回到原址,但不久广大爱国进步的高校师生又被迫投入反内战、反饥饿的斗争。正常的教学研究活动,不能不被不正常的社会环境因素扰乱。

行政学研究在新中国成立前的历程,大体上如此。有两件印象深刻、记忆犹新的有关事情,值得一提。一是在"抗战"后期,重庆出现过行政学会和行政学学会两个学术团体。前者的成员是政府官员,后者则是学者的组织。尽管都是挂空招牌,没有做什么实质性的具体工作,但是足以表明，实际工作者和理论工作者之间存在一道鸿沟，不是力求理论与实际结合，而是蓄意分离。这对应用性很强的学科来说，似乎不失为一大讽刺。

另一件有关的事是在共产党领导下的革命根据地、抗日根据地和后来的解放区，曾经办过行政院校或专题培训之类。从总结、研究的角度来考察，由于在战争年代，没有积累这方面的历史资料，未免可惜。不过，在毛泽东、邓小平等领导人的论著中，我们仍然可以看到当时关于行政工作的指导思想、方针政策和具体实践。例如，我们现在讨论的《周恩来行政管理思想与政府建设》《邓小平行政理论与我国政府机构改革》① 等，其内容便包括新中国成立前的言论和业绩。

中华人民共和国成立，标志着中国进入了崭新的历史时期。待兴待革之事，何止千头万绪。在破旧立新、革故鼎新之际，思虑不及、不周之处也在所难免。新中国成立之初，高校进行课程改革，行政学改为"行政组织与管理"。至1952年秋，全国高校实施院系调整，政治学系在撤销之列，"行政组织与管理"课程也随之中断。不少人为之困惑、纳闷，百思不得其解。如果说过去的行政学是资产阶级的、资本主义的，为什么不能有无产阶级的、社会主义的呢？

事隔4年多，笔者因深感在社会主义条件下依法行政很有必要，同时接触到苏联行政法学方面的有关资料，赞同行政法学是行政学的姊妹学科，于是发表了《加强行政法科学研究》② 这篇试图引起重视的文章。人微言轻，时机未到，关于行政科学（行政学和行政法学）的研究并未受到注意。

1960年，几所重点大学同时开办政治学专业，立即招生。真令人喜出望外，以为有了转机。可是好景不长，只办了一年便并入别的专业。安排在二年级以后包括行政学在内的课程，当然不必说了。至于在两三所综合大学设置的国际政治系和比较普遍的师范院校的政治教育系，都没有行政学这门课。

新局面的真正转机，在于20世纪70年代末确定改革开放大方向的世

---

① 参见郭济主编《周恩来行政管理思想与政府建设》（知识出版社1998年版）、桂治铺与唐铁汉主编《邓小平行政理论与我国政府机构改革》（国家行政学院出版社1998年版）。

② 载《政法研究》1957年第2期。

纪伟人邓小平发出了关于对政治学等学科要赶快补课的号召。他直言不讳、一针见血地指出，那些学科过去长期被忽视了。他的原话是："……我并不认为政治方面已经没有问题需要研究，政治学、法学、社会学以及世界政治的研究，我们过去多年忽视了，现在也需要赶快补课。"①

在这一有利形势下，随着政治学学会的成立、专业的设置、研究所的筹办，以及书刊的出版等，行政学（其流行名称为行政管理学）的教学研究活动也逐渐展开，并且显得很积极、很活跃，有需要、有活力。这是同实行改革开放政策、建设有中国特色社会主义现代化事业、以经济建设为中心、从计划经济向市场经济转变等总体环境分不开的。因为凡此直接或间接、或迟或早都与行政管理的理论和实践相联系。

假如从公开发表《把行政学的研究提上日程是时候了》②的呼吁算起，在不足20年的时间里，与旧中国20年相比，行政学研究状况比起过去是不可同日而语的。后者只是在少数大学开课，算几个学分，学术团体虚有其名，出版物更寥寥无几。现在则不仅是一门课程，而且在大专、本科、研究生和自学考试中均有此专业，并已可授予学士、硕士、博士等学位。行政管理科学研究机构很多：有国家行政学院，各省、自治区、直辖市等也有；全国学会是国际组织的成员，广泛和持续进行国际交流，已不止一次在中国举行本专业的国际会议；书刊的出版也完全可以说是盛况空前。

不过，在深感欣慰的同时，不能不清醒地看到，我们还要继续做更大的努力，以求进一步的普及和提高，尤其必须在理论结合实践方面狠下功夫，摆正、理顺既有中国特色又与国际接轨的关系。为此，应当特别关注研究工作者的素质、研究工作条件及其积极作用的发挥。务使所研究的课题有针对性、前瞻性，以显示应用学科的强大生命力。宏观与微观兼顾、经验与教训并重，兴利不忘除弊、治标更需治本。要加强行政文化建设，强调依法行政。在行政研究中实行"古为今用""洋为中用"，但非食古或食洋不化，而是勇于创新。还要大力提倡、鼓励实际工作者大兴研究正在从事的本职工作之风，以期对行政改革做出较快和较大贡献。研究本职

---

① 《坚持四项基本原则》（1979年3月30日在党的理论工作务虚会上的讲话），见《邓小平文选》第二卷，人民出版社1994年第2版，第180、181页。

② 载《人民日报》1982年1月29日。

工作的有利条件很多，应予以充分发挥。

二、行政学的发展概况

在70多年前，我们称之为行政学（或公共行政学、行政管理学、公共管理学，关于译名问题随后另议）的一门新兴学科，首先酝酿、出现于美国的政治学界。较早的有关讨论从"政治与行政"的关系开始，非常自然地转入集中注意力于政府如何运作的问题。因而标志学科诞生的一些代表著作，其所论述的内容都以政府行政工作为主。这一基本情况，至今仍然如此。

但是，应当看到事情的另一方面，即学科研究的内容并非仅仅限于政府行政工作，随着时间的推移，学者们的目光逐渐及于"公共领域"中的政府以外的部分。这种现象远自第二次世界大战之前已露端倪，在"二战"期内尤其是战争结束以来就日益增多。

平常在研究各种实际问题时，内容总是很具体和明确的，是否属于政府或与政府直接相关的工作，往往一目了然。但在一般表述中，如说到"公共事务""公共管理""公共政策""公共机构""公共部门""公共服务""公职人员"之类，却较有弹性。亦即未必专指政府工作，而是所涉及的面可能更广。

事实上，人们不难觉察有些世界知名的院校立足和着眼于公共管理，其教育计划和课程设置的覆盖面颇为宽广到大大超越于通常所理解的公共行政。这一点反映于其培训范围已拓宽至许多公共机构的管理人员甚至私营机构的高级管理人员。因而其研究项目或课题，也不局限于政府管理。

国家行政学院首任教务长方克定教授是对这方面进行长期和深入研究的有心人。他从该院筹建、成立迄今的11年间，通过亲自参与的实地考察和交流，掌握了丰富的资料。最近有机会读到由他主持的《国外公务员培训实务及其若干比较》这一调查研究报告的"草稿"，其中就在多处提到上述情况。相信此稿在不久的将来公开出版以后，可供广大同行参考。

在我国专业刊物发表的该刊特约记者所作的一篇专访稿中，也透露了不少与上述情况有关的信息。说的是对美国行政学会按习惯将于2000年成为会长的现任副会长马克·霍哲教授的一次访谈①。据马克·霍哲教授对记者提问所做出的回答，无论是从关于学会的组织结构、按学科领域内的次级专业划分、分部期刊名称，还是从在学科大框架内的各专业协会等情况来看，学会"真正代表工作在公共部门内的 2000 多万人"这句话是确切的概括。在谈到对学会工作有何打算时，多次集中强调的是"公共服务部门""公共服务的价值""公共服务部门的职员"，并提到一本叫《公共服务》的杂志，以及指出道德管理与效率管理、效益管理同等重要。本来，美国"政府雇员"的范围较广，"几乎所有的公共部门（但不是 100%）都是政府机构"。可见即使如此，还不能在公共部门和政府机构之间简单地画等号。

特别引人注目的是上述专访中谈到的"全美公共生产力中心"。它是一个研究和公共服务组织，"致力于公共部门生产力的提高。……'中心'的使命是协助联邦、州、地方政府及非营利机构进一步提高质量服务的能力"。这里明确地把"非营利机构"纳入公共部门的范畴。接着又表明"中心"的工作现在已经显得愈来愈重要，因为，"在一个财政紧缩的时代，生产力的提高成为公共部门的头等大事"②。在稍前面的另一个地方，还曾以教育、交通、公共卫生等领域为例，说明因经费困难而致影响为公众服务。

在中国，国家公务员的范围有明文规定。相对和比较而言，非公务员的公共部门的从业人员的数字是相当可观的。问题在于，这类公共部门，既不是政府机构，又具有公共服务性质，而且对国计民生起重大作用。因此，关于它们的管理工作，自不应被排除在公共管理研究这一大门类之外，也不可完全等同于政府行政管理，或不加区别地以后者取而代之。

试以目前仍在进行的关于"事业单位"定义的论争为例，便与这里所要讨论的问题有密切联系。因为定义不仅反映单位的性质、地位、作用，同时关系到如何管理的考虑，包括管理理论、目标、原则、方法等多方面和一系列的详情与细节。

这里，让我们从国家机构编制部门的几次"办法""意见""条例"

---

① 张梦中：《2000 年美国行政学界的领导人——访美国行政学会副会长马克·霍哲教授》，载《中国行政管理》1998 年第 9 期。

② 同①。

（按时间顺序）来看看对事业单位的定义。

一如1963年的《国务院关于编制管理的暂行办法（草案）》："凡是为国家创造或改善生产条件，促进社会福利，满足人民文化、教育、卫生等需要，其经费由国家开支的单位为事业单位。"

二如1965年的《国家编制委员会关于划分国家机关、事业、企业编制界限的意见（草案）》："凡是直接从事为工农业生产和人民文化生活等服务活动，产生的价值不能用货币表现，属于全民所有制单位的编制，列为国家事业单位编制。"

三如1984年的《关于国务院各部门直属事业单位编制管理的试行办法（讨论稿）》："凡是为国家创造或改善生产条件，从事为国民经济、人民文化生活、促进社会福利等服务活动，不是以为国家积累资金为直接目的的单位，可定为事业单位，使用事业编制。"

四如1998年的《事业单位登记管理暂行条例》："本条例所称事业单位，是指国家为了社会公益目的，由国家机关主办或者其他组织利用国有资产举办的，从事教育、科技文化、卫生等活动的社会服务组织。"

显然，事业单位的"公共"性质应予肯定。截至1997年底，全国事业单位合计有28460615人，包括教育、科研、勘察设计、勘探、文化、卫生、体育、新闻出版、农林牧水、交通、气象、地震、海洋、环保、测绘、信息咨询、标准计量、知识产权、进出口商检、物资仓储、城市公用、社会福利、经济监督、机关后勤服务、其他事业单位（人才交流中心、外事中心、驻外办事处等）[①]，真是面广量大的重要队伍。

三、行政学的译名问题

凡是引进事物、名词、概念等，都有一个翻译问题，学科也是如此。由于一时拿不准、吃不透，经过试用、调节才定下来是常有的事。五四运动时期很出名的"赛先生""德先生"便是很好的例证。对于Science和Democracy最初采取音译，分别为"赛因斯"和"德谟克拉西"，并按中国习惯予以简化和拟人化，称之为两位"先生"。定译为科学和民主，则

[①] 参见《全国事业单位有多少人?》，载《中国机构》1999年1月号引（中编办韩肃整理）。

是后来达成共识沿用至今的。这是由音译到意译。

学科里的例子如逻辑学（Logic），旧称"论理学"，曾译为"辩学""名学"。因"逻辑"是多义词，导源于希腊文 Logos，原意为思想、思维、理性、言语，既指思维的规律性，也有客观规律性的意思，作为一门学科是关于思维形式及其规律的科学。[①] 大家接受了、习惯了，运用起来也很自然。这是尝试由意译又回到音译。

回忆在 20 世纪 70 年代末至 80 年代初，"人才学"作为一门新兴学科在我国出现之际，美国学术界颇感兴趣和相当重视，一时尚无恰当的英文译名时，也曾音译为 Rencaiolgy（前面为汉语拼音的"人才"，后者为一门学科的英文字尾之一）。与学者姓氏如老子、孔子、孟子、孙子等有关的专著必须音译自不待言。

关于行政学的译名，可以算是另外一种情况。其英文原为 Public Administration，这个 Administration 也是多义词，译为"行政"或"管理"均无不可。例如在 Administration 之前冠以某总统姓氏，即指某总统任内的政府或行政当局；而 Business Administration 则译为企业或工商管理。在本学科的开创时期和较早阶段，研究集中于政府行政管理，所以当时译为行政学或公共行政学并无不当，略去"公共"亦可理解。80 年代在我国恢复行政学研究时称行政管理学，实已多少受学科分类趋势的影响，本文随后还将列专题讨论。

根据前已述及的学科发展概况，这门学科逐步拓宽其领域是正常的、自然的，符合原来意义的。学科内容实际上包括狭义和广义两方面（尽管在创始国的学科名称和学术界的习惯上并未加以区分亦即无此说法），其发展过程是由狭义走向广义。所谓狭义，是仅指政府行政管理；所谓广义，则除狭义内容外，尚有对非政府的公共机构的公共事务的管理。因此，现在看来，关于行政学的译名问题，似应有所考虑。建议改称公共管理学，而在对政府行政管理研究领域仍称行政学、行政管理学或公共行政学。两年多以前，作者曾对此发表过专题意见[②]，这里不拟过多重复，但是重申某些观点仍然很有必要。

在译名问题上，由于语言文化背景不同，常存在两种现象。一是对方

[①] 参见《辞海》（中），上海辞书出版社 1979 年版，第 2421 页。
[②] 《行政学和行政管理学学科名称杂议》，载《唯实》月刊 1997 年第 3 期。

一词多义，可以笼统使用，我方则各有专词，不能混同；二是对方分得较细，我方则较为集中、单一。举例来说，前者如 President，在国家为总统，在大学为校长，在公司为总裁或董事长等；后者如 Couege、Institute 和大学中的 School，我们多称之为学院。假如在汉语中称某大学校长为某大学总统，自然会闹笑话；假如在英文中把著名的 MIT（美国麻省理工学院）写成 MCT（即以为 Institute 和 Couege，都是学院），至少也是名称欠准确。

可见，译名贵能如实反映，才能正确理解。不能先入为主，不可以偏概全，也就是要实事求是。出于历史的原因有待订正的译名，宜及时采取"正名"措施，以免"名不正则言不顺"。本学科的译名问题，即属此例。与学科名称相联系的还有院、系、专业、课程、学位等名称。若原应做广义解释而仍用狭义译名，便很有可能误会别人"不务正业""多管闲事"，或把其实并非"闲事"而是"正业"的分内之事当成"事不干己"而"弃权""失职"，在学科领域中实行自我局限。

前面提到的关于"美国公共行政学会"的简介，学会的原文全名为 American Society for Public Administration，简称 ASPA。其活动内容虽以对政府行政管理的研究为主，但其面向和展开的领域则是念念不忘的整个公共管理。他们是视为当然地这样看待自己的任务的，译名若未完全切合实际，岂不应随学科发展历程及时予以改变？这也涉及我们对这门学科的认识问题。

一个相近或类似的例子，是在改革开放初期，我国高等教育开始进行国际交流。当时我们所说的"综合大学"，实际上只有文理两科，原有的法、商、师（教）、工、农、医等学科均已于 1952 年院系调整时分离出去。某大学与美国某大学商谈学术交流时，对方知道该大学仅有文理科后，就安排其所属文理学院对口交流。原因是若是校际交流，别的学院提出项目将陷于被动。这里表明大学名同实异，校际关系难以对应。

至于在也使用汉字的国家或地区，学科译名相同，改否尽可各从其便，但不宜看作"约定俗成"。何况对于不合科学、不切实际的"风俗"，还有"移风易俗"的必要！我们正在深化改革、扩大开放，在学科建设上既要有中国特色，又要注意与国际接轨，其中应包括对翻译工作的斟酌与推敲，以期更好地增进相互了解。

四、行政学的学科分类

前面已经谈到了，从学科发展的历史来考察，叫作 Public Administration（无论是译为行政学、行政管理学、公共行政学，还是公共管理学）的这门学科，最初是从政治学领域生长出来的事实是无可否认的。因而长期以来，它作为政治学的分支学科存在和发展，这也是毋庸置疑的事实。译名中的"行政"二字，即与此密切相关。

但是，学科发展的实况，使我们非常清楚地看到，它的研究范围并不限于政府行政管理，而是广及所有公共管理。也就是说，称之为行政学、公共行政学、行政管理学等皆尚不足以窥"全豹"，而公共管理才比较可取，因为名副其实。这在上节亦已述及，不妨再次指出，以便转入关于学科分类问题的讨论。

说到学科分类，还得从学科产生的历史背景说起。在近现代资本主义工商业日趋发达的过程中，企业界对管理进行研究表现得最为积极、活跃，处于领先地位。到了一定的阶段，对加强和改善公共管理（首当其冲的是政府行政管理）就提出要求、发生影响和形成压力。于是，公共管理学应运而生。可以认为，前者对后者起了"催生"作用。公共管理学的出生地在美国，是与美国工商比较发达和对企业管理研究较为重视分不开的。

因此，作为政治学的一门分支学科，公共管理学从一开始便有不少参考、借鉴、吸收企业管理研究成果之处，跨学科的势头日益明显。尤其是自第二次世界大战结束以来，跨政治学和管理学以及经济学、社会学、心理学、领导科学等学科的迹象更加显著。改革开放之初，我国恢复行政学研究，人们乐于采用行政管理学这一学科名称，可以看作在学科分类上的一种带有倾向性的"默契"或旁证。一时间，专业、教学研究机构、教材、学术团体、刊物等名称，都基本相同或几乎完全一致地在全国范围内流行至今。

通过国际交往、信息沟通、访问研讨、阅览资料等等，人们对于公共管理有了比较全面和深刻的了解。一项足以证明这一点的重要举措应是不久以前国务院学位委员会修订的《研究生专业目录方案》所反映的变化。方案增设管理学科门类，列"公共管理"为该门类的一级学科之一，而以"行政管理"为该一级学科所属的二级学科之一，并在二级学科中居于首位。

如此分类比较清楚，易于理解。关于公共管理学科的目标，概括来讲，就是要致力于培养政府及各级公共管理部门、社会组织的管理人员，以适应发展和完善公共管理事业的迫切需要，也是建立"办事高效、运转协调、行为规范"的公共管理体系的需要。与过去分散布局的情况相比，统一规划的公共管理学科可以更加准确有效地适应市场经济新形势的客观要求，有利于现代管理科学的思想和方法在公共管理中的应用，进而参与社会经济中重大问题的研究、管理和解决过程。在国际上，由具有一定规模的综合性大学开展公共管理专业教育已经是普遍现象。

采用公共管理为专业、院系、学位名称的，现在已开始增多。例如，最近国务院学位委员会决定设置和试办公共管理硕士即 MPA 专业学位，便是对旧译行政学、公共行政学或行政管理学硕士的改变。按，MPA 原是英文 Master of Public Administration 的缩写，是同 MBA（Master of Business Administration）一样的专业学位（Professional Degree）。当然，如果学科内容、培养目标和业务范围包括课程设置等是属于二级学科行政管理的，无论学士、硕士、博士学位的学科领域和名称，自不必更动。

也许有人会提出这样的问题：公共管理过去曾经译作行政学、公共行政学或行政管理学，现在并非简单地取而代之，而是仍有二级学科行政管理存在，岂不在学科内容和名称上混淆不清？回答是：根据实际情况区别对待就是了，好办。除前述 President 一词在应用上给我们启发外，又如秘书、书记的英译都是 Secretary，而 Secretary 在美国各部和国务院则分别是部长和国务卿，各有各的习惯说法，"知彼知己"而已。有时为避免误解，做一些说明、注释也很有帮助和很有必要。

应当指出，公共管理尤其是行政管理虽列入管理门类，但其主要相关学科应包括管理科学、经济学、政治学、行为科学、社会学、宪法与行政法学等。发展到现阶段的行政管理学，由于政府职能的变化和政府管理的复杂性，已使它成为一门以管理科学、经济学、政治学和其他社会科学理论为支撑的、具有科际整合特点的学科。它仍旧保持同政治学的密切联系，是应有之义。

此外，在公共管理这门一级学科下设的二级学科还有社会医学与卫生事业管理、教育经济与管理、社会保障和土地资源管理。各二级学科跨学科的情况不难想见。例如，社会医学与卫生事业管理即注明可授予理学、医学学位，教育经济与管理注明可授予管理学、教育学学位便足以证明。另外，还表现在各学科的主要相关学科上。这里说的是现设的二级学科，并不等于已概括全部公共管理领域，相信今后条件成熟，还将继续扩展。

五、迎接知识经济时代

经济对于社会发展具有全面和深刻的影响，进行学术研究，也不可忽视这一决定性因素。现在，知识经济（Knowledge Economy）或称以知识为基础的经济（Knowledge-based Economy），已成为全世界的热门话题。迎接知识经济时代的呼声正越叫越响。

在我国，关于知识经济的论述不仅早已连篇累牍地见诸报纸杂志，而且有关专著、丛书也陆续出版。信手拈来，最近，在同一天的同一份报纸上，便有两部这类丛书的出版信息①。内容都很丰富，既有专题研究成果，也有国外动态包括外国学者著作介绍等。

什么是知识经济？1996年联合国经济合作与发展组织（OECD）在其《以知识为基础的经济》这份报告中正式使用的新概念及其所做的界定，似已得到普遍的认同。它是相对于过去主要以物质投入为基础的物质经济而言的，即知识经济是以知识为基础的经济，其发展直接依赖于知识和信息的生产、分配与应用。

作为一种经济形态，知识经济区别于农业经济和工业经济的最主要之点在于基础。农业经济时代以土地和农业劳动力为基础，科技进步对经济增长的贡献不大，致农业社会经济发展缓慢。工业经济时代则靠大量资本的投入、能源和原材料的消耗发展经济，科技进步对经济增长的贡献明显增大。知识经济时代发展经济的基础是知识，也就是以知识为资本推进经济发展。这种知识是智慧型的、密集型的、高水平的先进科学技术和富于创新精神、具有挑战性的知识。

一位美国经济学家这样写道："以往的成功基础已经不复存在了。在整个人类历史上，成功的源泉一直是对自然资源——土地、黄金和石

---

① 中国经济出版社出版的《知识经济丛书》和海天出版社出版的《知识经济新时代丛书》，分别见《光明日报》1999年7月9日第8、10版。

油——的控制。突然之间，这源泉变成了'知识'。知识经济之王比尔·盖茨没有土地，没有黄金或石油，也没有归他所有的工艺。"[①] 知识经济既然被说得如此之"神"，那么，其主要或基本特征是什么、其形成有哪些重要标志、其核心问题何在、其实质和前景如何等一系列问题都不能不受到关注。

先说知识经济时代的特征。这可是个议论纷纷的问题，因为调查研究和掌握资料不够，难以列举各家之言。大体上归纳一下，主要特征有如下几个方面：

第一，公认最重要的一点，是以知识为资本发展经济。这在前面虽已提及，但有必要再重复一遍。也就是说，在经济发展生产要素中起决定性作用的，是知识、智力等无形资产的投入。

第二，由于在信息科学、生物工程、新材料、新能源等高新科技达到较高水平，能以更少的材料和能源消耗，创造出更大的价值。知识经济的产值，将大大超过传统产业，从而显示其优越性。

第三，在所有产品和服务所创造的价值当中，知识因素所占的比重日益加大。不仅如此，对知识的投资还会出现"收益递增"，因知识可重复使用，使用中价值不致减少，反而因使用而增加。

第四，除更科学、合理、综合、有效地利用现有资源外，还积极开发尚未被利用的资源，以补充或代替将枯竭和已稀缺的资源，能促进人与自然界关系的协调，并保证社会经济的可持续发展。

第五，知识的内涵大别之有四种，即知何事（Know What）、知为何（Know Why）、知如何（Know How）和知何人（Know Who）——知道谁有知识。在知识经济时代，知识产权成为经济活动的焦点之一。

第六，以电子化、数字化、网络化、信息化为特征的软件知识产业的兴起和发达，预示和促进知识经济时代生产的国际化和经济的全球化发展趋势将会进一步地得到强化和深化。

再说知识经济形成的重要标志。这可不能抽象评估，而是一个具体量化的问题，要以统计数字为依据。在这方面，通常有几种考虑：

一如"知识生产率"所带来的财富，即知识对经济增长的贡献率。

---

① （美）莱斯特·瑟罗：《创造财富——个人、公司及国家所应遵循的新法则》，载美国《大西洋月刊》1999年6月号。

1996年联合国经济合作与发展组织估计其主要成员国的知识经济已占其国内生产总值（GDP）的50%以上。另据专家估计，信息高速公路建成后，这种贡献率将从20世纪初的5%～20%升至90%①。

二如高新科技对经济增长的贡献明显增大，上述数字同样可以参考。因为高新科技不仅创办了众多的新产业，而且对许多传统产业包括现代农业的劳动生产率也大大提高。从总体上来看，在知识经济中，高新科技的作用是至关重要的。

三如在经济活动中，脑力劳动者与体力劳动者之间的比例，在发达国家已经是前者高于后者。如美国就业者的专业职位、技术职位（技工）和非技术职位之比，50年代为2∶2∶6，90年代初为2∶6∶2，表明劳动力结构和劳动性质发生了变化。

与此相联系的是知识经济的核心问题。以高技术产业为核心（也有认为知识产权是核心的）在发达国家正是如此，但在发展中国家是否适用还有不同意见。科技水平存在较大差距是客观事实，如何制定发展战略进行竞争，值得认真研究。②

与此相关或换个角度来讨论的是知识经济的实质问题。实践显示，现代社会生产力发展的趋势，在于知识产品的生产对物质产品的生产愈来愈处于支配地位，因而脑力劳动逐渐成为人类劳动的主要形式，这就是知识经济的实质。科教兴国方针的战略意义即在于此。③

人们都在说迎接知识经济，或者说21世纪是知识经济的时代。那么，其现状和远景怎样，自然也为世人所瞩目。这里分国外、国内的情况来考察。

国际方面，公认仍处于起步阶段，21世纪知识经济才能居主导地位，时间预测分别为2010年、2030年左右或世纪后半叶。也有人认为，尚未真正建立，仅在少数发达国家有知识经济因素开始过渡。也有人认为，发达国家正在或已经转向知识经济，但发展中国家则尚未具备条件。④

---

① 参见安辑《知识经济曙光初现　大学任重而道远》，载《中国教育报》1998年6月19日。
② 参见夏振坤《知识经济带来的机遇与挑战》，载《光明日报》1999年7月19日第12版。
③ 参见林丕《略论知识经济的实质》，载《北京行政学院学报》1999年第1期。
④ 参见黄劲松《知识经济问题简述》，载《岭南学刊》1999年第2期。

国内专家研究，我国正处于知识经济萌芽阶段。从包括知识生产、投入、激励、存量、流通等综合指标看，若以美国现有水平为 1 的发展标准，我国仅有 0.26。我国 1996 年知识产业发展度为 23.06%，还不及美国 20 世纪 50 年代 29% 的水平。我国迈向知识经济的路虽长，不排除某些地区率先实施知识经济发展战略。应大力发展高新技术产业，改造传统产业。①

六、知识管理正在兴起

关于知识经济的介绍、研究、讨论，即使没有达到热火朝天的程度，也可算得盛况空前了。除对其本身颇多直接论述外，由它引起的话题已确实不少。如"知识经济与人力资源开发""知识经济与……"，方方面面，不一而足。这是合乎规律的现象，因为一种新经济形态的出现，必然对整个社会活动发生巨大和深远影响。

但是，相形之下，因迎接知识经济要实施知识管理的问题似乎还关心、注意得不够。至少对管理学界来说，这是应该提上议事日程的事。尽管知识管理因知识经济而正在兴起，然而同历史经验所已经证明的一样，经济领域的管理理论、原则和方法，从来对其他领域的管理都必将有启发和参照作用，对公共管理、行政管理也是一样。

知识管理是怎么一回事呢？在农业经济和工业经济时代，都必须有与之相适应的管理上的一套如体制和方法等，知识经济也不例外，知识管理即由此而来。当然，这样解释未免过于简单。让我们从实际情况说起，说的是无形资产日益受到重视，创新能力成为衡量成功的尺度，大家都着眼和着力于智力资源的蓄积，实施知识管理的动力就在这里。

美国德尔福集团创始人之一卡尔·弗拉保罗在主持该集团召集从事知识管理人员举行的一次小组会议上说："知识管理就是运用集体的智慧提高应变和创新能力。"② 如果把这句话看作知识管理的定义的话，其丰富的内容还有待广泛和深入展开，才能明其底蕴。因为"集体智慧""应变""创新"之类，过去已常为管理者、领导者们所提及。

---

① 据新华社 1999 年 1 月 10 日电。
② 转引自《迎接知识经济》，载美国《福布斯》1998 年 4 月 22 日。

另一较为概括的说法是:"知识管理就是为企业实现显性知识和隐性知识共享提供新的途径。"① 这对上述"运用集体智慧"的意思做了具体说明,并强调是"新途径"。特别值得注意的是"隐性知识"要做到"共享",其难度是很大、很大的。因为"显性知识"不仅易于整理,而且现在用电子计算机加以存储备用,检索非常方便。可是,"隐性知识"则大不相同,它深藏在各从业人员的脑子里,是他们长期实践经验、体会的积累和结晶。慢说别人难以掌握,某些属于潜能、潜力(包括智力)等,连其本人也要在得到适当和有效的启迪、激励、"挖掘"以后,才发现其精神财富。"共享"则要求有较好和较高的精神境界,需要创造适宜和良好的环境与条件。

由此可见,实施知识管理并非轻而易举,但也不是不能办到的事。只要从根本上改变企业的发展方向、领导和管理方式,建立有效机制,激励和吸引全体人员参与知识共享,设置"知识总监"或"知识主管",培养企业创新和集体创造力,知识管理便开始运作起来。管理学界早已有人预测,随着知识经济时代的来临,企业知识管理将很快成为一个热门的前沿领域,认为那是明智的选择,谁要是对知识管理的浪潮视而不见,便将坐失良机。这些满怀信心的论断,证明知识管理并非虚构的空中楼阁,而是有切实的可行性的。

必须指出,知识管理虽与信息管理有联系,但有很大区别。认为知识管理只是比较高明的或出色的信息管理,是后者的延伸,都是错误的。因为知识管理的目标在于进行大量创新,从而导致知识的产生。真正的知识管理有如下几方面不同于信息管理:

一是知识和信息之间的转变。将知识改造成信息,以信息丰富个人的知识。这种转变之所以必要,"因为人们无法总是人对人地共享知识"②。

二是知识管理不同于信息管理要依靠电脑或电信网络,充其量是略微触及。这方面难度最大,"其在使组织出类拔萃过程中的作用也最大"③。

三是知识管理最重要的主题是知识的创造。有的西方公司提出,"没

---

① 《迎接知识经济》,载美国《福布斯》1998年4月22日。
② (美国)托马斯·H.达文波特、(瑞士)唐纳德·A.马钱德:《知识管理仅仅是出色的信息管理吗?》,载英国《金融时报》1999年3月8日。
③ 同②。

有'知识的劳动分工'""创造知识是每一个人的职责"。日本公司注重"默然知识"(基本上是难以用文字表达的知识)受到重视。①

四是知识管理的另一重要之点在于知识的应用和利用,不能只顾"用关于知识的信息来将其知识库的'货架填满'"②,而要以知识经营好目前的企业,还要为明天研究出新招,是一个复杂问题。

五是知识管理重视人的因素。既然知识主要寓于员工之中,则知识管理即不仅是管理别的,而且也是管理人。"如果你还没有对知识管理得出这个重要结论,那么你就可能是遗漏了很多东西。"③

六是知识主管与信息主管的工作重点不同。前者在于创新和集体的创造力,后者在于技术和信息开发。④ 或者,前者的任命是为了启动、推行和协调知识管理计划,后者的功能则是监管信息技术。⑤

知识管理虽然还没有成熟到全面盛行的阶段,但是研究者已开始在理论上积极探讨和从实践中注意总结。有人指出,知识管理需要许多学科的结合,所涉及的领域,包括从人力资源开发和管理,到企业的重新策划,以及信息技术等。这是事实。知识管理的真正优势在于知识的运用。一次调查发现,95%的公司总裁认为知识管理是他们公司获得成功的至关重要的因素。⑥

那么,怎样用知识创造财富?社会怎样重组才能形成增加财富的知识环境?怎样培育实施知识管理的企业家?要掌握哪些技能?具备什么素质?以及诸如此类的新问题,都需要提供新答案。因此,关于知识经济时代的成功法则的研究,是一个很有意义的课题。⑦ 要研究知识管理及其有效运作和取得较大的成功,必然会有一些应当遵循的新法则。国情不同,虽可借鉴,但我们有必要及早开展这方面的研究。

---

① 参见(美国)托马斯·H. 达文波特、(瑞士)唐纳德·A. 马钱德《知识管理仅仅是出色的信息管理吗?》,载英国《金融时报》1999年3月8日。

② 同①。

③ 同①。

④ 参见《迎接知识经济》,载美国《福布斯》1998年4月22日。

⑤ 参见(英国)迈克尔·厄尔、伊恩·斯利特《知识主管的角色》,载英国《金融时报》1999年3月8日。

⑥ 参见(英)菲利普·曼彻斯特《成功的要素》,载英国《金融时报》1999年4月28日。

⑦ 参见(美)莱斯特·瑟罗《创造财富——个人、公司及国家所应遵循的新法则》,载美国《大西洋月刊》1999年6月号。

七、充分发挥聪明才智

从以上情况简介可知，知识管理的主旨在于实现知识（包括显性知识和隐性知识）共享、不断创新，尤重集体创造，也就是力争充分发挥人的聪明才智。这个知识共享和集体创造，说来似乎简单，真正做到、做好可不容易。

有一些久已流传的说法，至今仍为人们所熟知，常被挂在口边，使用率极高，有的甚至已成为"口头禅"。例如"众志成城""众擎易举""众人拾柴火焰高""三个臭皮匠，合成（或赛过）诸葛亮""智者千虑，必有一失；愚者千虑，必有一得""寸有所长，尺有所短""截长补短，共同提高""以有余补不足""珠联璧合，相得益彰""兼听则明，偏听则暗""一人不敌二人计，三人想个大主意"等等，都与知识共享和集体创造的原则有联系。但是，这不等于说（也千万不可误会）知识管理古已有之。因为那些理性认识或经验之谈虽能得到证实，却远不是和根本没有可能形成像现在所讨论的在新的历史条件下出现的整套知识管理。

相似的情况是知识和人才的重要性早已为古今中外的有识之士所公认。例如，我国有"得人才者昌，失人才者亡"等古语，有"知识就是力量"之说；对于干部素质，从来要求"德才兼备"，"四化"中有两个"化"是"知识化、专业化"；邓小平理论中有"尊重知识、尊重人才"和"科学技术是第一生产力"等名言；"科教兴国"的方针，当然正是着眼于通过大办教育事业以提高全民的科学文化水平。凡此，可以说是对理解知识管理的有利条件，但同样也不能认为具有以上各种观点、主张、要求等便已经算是实施知识管理。

知识管理是一种崭新的管理理论和方法。它已经不再是也绝不是一般的、零星的、分散的希望、号召、提醒、倡导、见解、主意、议论之类，而是要能够使良好的愿望、设想等真正见诸行动和成为事实的具体制度、方案、决策、措施等等，是一系列、一整套富有生机活力和卓有成效的管理活动。实施知识管理，就必须一切管理改革都服从和服务于知识管理的主旨。知识共享、集体创造，以及上面提到的成语、名言，都不只是说说而已，而是要一一落实、"兑现"。

前面已经说到实施知识管理"谈何容易"的意思。这也是事实。且不说全面、严格按照知识管理的要求去做不易,即仅就我们平常所讲的反映对美好境界向往的言论来看,言和行之间便存在很长的距离,有的甚至存在较难逾越的鸿沟。仍用前已述及的例子来说。例如,"臭皮匠"与"诸葛亮"之间的转化,"智者"与"愚者"、"长"与"短"的互补,"珠"与"璧"的联合,"兼听"与"偏听"的环境和条件,人才的得失,知识的力量如何显示,怎样才能德才兼备,"知识化、专业化"怎么个"化"法,"尊重知识,尊重人才"体现在哪里,科学技术成为第一生产力需要做些什么,科教兴国又如何进行,等等,"难能可贵"这话很有道理,用以形容知识管理也是很恰当的。

实施知识管理的难度较大,并非凭空想象,而是实践正在表明这一点。要真正做到充分发挥聪明才智,有许多长期形成的、相当复杂的阻力与障碍,不是说发挥就发挥,想充分就充分的。西方发达国家在试行知识管理的过程中,最近即有人发出知识管理为何这么难的慨叹。"试图获得和利用雇员头脑中知识的当代努力,使人回想起寻找耶稣在最后的晚餐上所使用的圣杯和圣盘。……对这种知识的成功管理将带来巨大的好处。但是……通向它的道路险象环生,充满厄运。"① 这里所说的知识显然主要是指隐性知识。

话虽如此,知识管理要取得预期的成功,仍必须千方百计、尽心尽力去克服各种困难;否则,知识管理再好,也只能是徒托空言的想当然。因此,深感采取知识管理难度很大者在慨叹之余,还是把视线集中到事情的积极方面。有人认为"知识管理只有在一种一致的气氛中才能发挥作用。问题在于最高层缺乏承诺""决定一家公司竞争优势的关键因素是其把隐性知识——做事的本能或直觉的方法——转化为别人能够懂得的一个明确概念"。这就表明,"创造一个使这些东西表现出来的环境很重要",而"在友好和融洽的气氛中交流隐性知识"也是可能办到的事。②

问题的焦点,在于如何真正、切实、圆满做到充分发挥聪明才智。这样说虽比较笼统,但是可以分析、展开。

先说充分发挥。无论有多么高明的聪明才智,若不能得到发挥、表现

---

① (英)梅兰特:《寻求有用的内部信息——从获得和利用雇员知识的未遂努力中可以汲取教训》,载英国《金融时报》1999年7月15日。
② 同①。

其作用或价值，也毫无实际意义。发挥而不充分，即不全面、不深刻、不经常、不持久，没有达到淋漓尽致，也会有程度不同的浪费和损失。别说挂一漏万，即使是挂万漏一，不排除漏掉的是卓越超群的可能。那么，怎样才能充分发挥，不能充分发挥的原因何在，便大有"文章"可做，有广阔的思考空间。历史上早有关于有人才而不知、不用、不能善用的教训，所谓"人尽其才""野无遗贤"，一直是美好的期盼罢了。

再说聪明才智。如果人员素质较差，在智力结构方面存在明显的局限性，以及总体水平不高，或虽有一定基础但未能及时更新和提高，则就算充分发挥了，也难成"气候"。"蜀中无大将，廖化作先锋""山中无老虎，猴子称大王"。强弱总是相对而言。何况，还有识才、培才、用才、养才、开发、激励、调动和保护积极性、自觉发挥主观能动作用和挖掘潜力、在尽可能大的范围内和程度上实现隐性知识的共享，以及共同致力于不断创新，等等，有一系列艰苦细致的工作要做。

总之，如果说知识经济是 21 世纪的主导型经济的话，那么，认为 21 世纪将是知识管理的时代亦不为夸张。而知识管理的真谛在于竞争和发展要靠知识共享和集体创造，靠充分发挥聪明才智。这就在极大的程度上使做好人的工作首当其冲。我国对知识管理的研究起步虽晚，但人们在议论知识经济之际，已较多结合本职工作或所从事的专业（如前已述及的"知识经济与……"）进行探索，必然殊途同归地进入知识管理领域。这是可喜的现象，因为实际上是在有意无意之中，从不同的侧面或角度，为促进实施知识管理准备了条件。

八、全面加强公共管理

经济工作不是孤立的，它离不开社会各方面的密切配合。其中，尤其重要的是公共部门首先是政府部门，因为方针、政策、规章、制度、管理等方面的情况，对经济发展的影响很大，经济发展少不了公共部门的支持和服务；否则，经济工作必将如孤军作战、孤立无援，或孤掌难鸣。我们实行"以经济建设为中心"，与之有关的各方面更必须理顺、摆正、协调好同这个"中心"之间的关系，并给予经常积极有力的支援和保证，使之运作正常和速见，并大见成效。这样，也只有这样，才符合共同利益。

与此同时，不管是什么类型的经济形态，无不有与之相适应的管理体制和方法。农业经济、工业经济如此,知识经济也不例外。知识管理正是适应知识经济发展的需要而采取的管理体制和方法。过去,经济领域关于管理的研究一直处于领先地位,并对其他管理领域产生积极影响,这在前面已经述及。公共管理、行政管理等学科,便是继企业管理之后陆续问世的,且在理论、原则、方法等方面颇多参考借鉴。知识管理对整个管理领域,也必将起同样的作用,其中当然也包括公共管理。

在知识经济时代,公共部门包括政府部门的管理,必须全面、及时得到改善和加强,才能有利于知识经济的健康发展。而在全面加强公共管理之际,不能不认真考虑到按照知识经济的要求实施的知识管理的特点和优势,以便在管理改革中更新观念、更新知识、更新方法和择优而用。正如过去注意各种管理理论、管理模式一样,对于正在兴起的知识管理,是不能不予以重视的。

尽管关于知识管理的研究成果一时尚不多见,但是我国管理学界对知识管理日趋重要的认识是一致的。在论述《未来管理五大趋势》一文中,作者就明确指出这一点:"虽然,人们对知识管理的认识仍未统一,但是对知识作为一种重要生产要素在经济发展中的作用日益增长因而需要加以管理的认识却是相同的,对知识管理日趋重要的认识也是一致的。"[①] 在刊登此文时的编者按语中,也较为敏感和突出地有"知识管理将日益重要"一语。根据笔者粗浅体会,觉得所述"五大趋势"中,"创新管理的发展""可持续发展管理的出现"和"'硬'管理为主向'软'管理为主转化"在知识管理中已有所体现。至于"风险管理",在知识管理全面启动和深入开展以后,考虑风险因素、增强风险意识、加强预测监控和采取防范措施,都是应有之义。

既然知识管理日显重要是大势所趋,我们在研究如何改善和加强公共管理的时候,就必须在这方面有预见性,而不可等闲视之。我国各族人民正齐心协力建设有中国特色社会主义、以经济建设为中心、争取早日实现社会主义现代化、实行科教兴国、提高物质文明与精神文明程度和全民族科学文化水平、坚决依法治国与依法行政等等,公共管理的任务非常艰巨。值得注意的是,上述种种,似在接近、顺应即将形成的知识管理的时代潮流。这绝不是偶然的巧合,而是历史发展的必然。

---

① 乌家培:《未来管理五大趋势》,载《光明日报》1999年5月5日第11版。

可是，这里有必要再一次明确指出，一般强调重视知识和管理者有科学、文化、法律、经济等知识，并不等于已经在实施知识管理。因为知识管理所讲的知识有其新含义和新要求，也就是已多次提及的，主要是知识（包括隐性知识）共享和集体创造（创新知识）。过去，我们提出现在仍须努力的扫"盲"（从扫除不识字的"文盲"到扫除没有科学知识和法律知识的"科盲""法盲"）工作，只能算是低层次的。即以"文盲"为例，国际上已出现新的说法，大意为不懂得、不善于主动与自觉去寻求新的知识，或者不懂得、不善于主动与自觉将已掌握的知识在实践中运用者为"文盲"，不再是指不识字者了。果如此说，那就出现大量识字的甚至有很多现成知识的新"文盲"。看来，这种"水涨船高"的情况，与知识经济时代的到来有直接联系。

21世纪已有"知识的世纪""学习的世纪""智力大赛的世纪"之称，不是无稽之谈。到那时如果说起曾经有过"脑体倒挂"的现象，必将被认为是胡编乱造的奇谈怪论。因为知识致富不是推理，而是事实。普遍重视学习蔚然成风并非大力倡导的结果，而是实际生活的需要。个人如此，集体如此，整个国家社会莫不如此。无知无识不行，不学无术不行，不动脑筋也不行。

仅就普遍坚持学习这一点而论，即与教育事业的关系极大。当然，这指广义的教育而言，既有正规的也有非正规的，既有校内的也有校外的，还包括自我教育（自学）、继续教育、终身教育、远程（广播电视）教育、网上教育，等等。各种教育规模之大，都是空前的，固然不在话下，所有其连带、相关、配套的事业，如书刊出版、大众传媒、科学馆、文化馆、图书馆、艺术馆、博物馆、陈列馆、展览馆、天文台、气象台，以及寓教于乐的各类场所、设施，等等，均将得到迅猛和巨大发展，兴旺发达起来。

教育的对象是人，旨在提高素质。由于个人、集体、社会、国家共同需要，以取得较好的回报。这是学习、教育的现实生命力之所在。当知识分子是"臭老九""穷老九""脑体倒挂"严重的时候，"读书无用论"便振振有词。不久前，"中国经济跨世纪的主题和难题理论讨论会"在北京举行，专家、学者们所讨论的主题和难题之一是"开发和创新：机制有待完善"。据报道，与会代表们的意见是："创新技术之所以能实现收益递增，是因为它通过市场而获得广泛应用。如果科研创新的成果仅仅停留在献礼样品和获得奖杯、奖状阶段,走不出实验室到市场去进行'惊险的跳跃',那么,知识产权所维护的知识利益并不能够真正实现。科教要真正能够兴国,就必须使科教成果为市场所欢迎、所利用,对社会生产力的发展做出实实在在的贡献。知识经济时代的人才开发与管理,其要义也正在于此。"①

话说回到全面加强公共管理上去。在大体上对知识经济和知识管理是怎么回事获得了初步了解之后,公共管理在知识经济时代实实在在的作用何在,又如何才能做出实实在在的贡献,很值得深长思之。

本文题目是"行政学研究应当重视'知识管理'的兴起",内容却是从"行政学研究在中国"开始,而以"全面加强公共管理"结束,分明存在"行政学"与"公共管理"是"一而二"还是"二而一"的问题。为此,不得不简述学科发展概况、译名问题和学科分类,试图说明来龙去脉。目的只有一个,即结合对学科的回顾与展望,认为包括行政管理在内的公共管理研究应当重视"知识管理"的兴起。若对译名、分类有不同意见,容另行讨论。

(原为"当代中国政治学的回顾与展望"学术研讨会论文)

---

① 见《经济参考报》1999年5月5日。另据《经济科学出版社最新书目》,有厉以宁(讨论会参加者)等著《中国经济跨世纪的主题与难题》一书,载《中华读书报》1999年7月28日第6版。

行政改革中的可喜转变

在全世界范围内，各国、各地和各级政府每当环境、形势发生变化，主要领导层换届或争取连任之际，几乎没有例外地总要或多或少地提出有关行政改革的问题和事项。这类改革也总离不开在管理体制、方式方法、作风态度等方面，进行若干或大或小的转变和改善。就广大公众、社会舆论和公共管理的研究者们而言，不断革新和兴利除弊，也正都是大家一贯由衷的愿望。

在中国，具有重大历史意义的中国共产党第十六次全国代表大会的重要报告中，"政治建设和政治体制改革"是党的十六大专题之一。以论述"进一步转变政府职能"为主要内容的"深化行政管理体制改革"是其中的一个要点。大会闭幕后，二中全会通过了《关于深化行政管理体制和机构改革的意见》。这次改革有许多新的突破和进展，"对于保持国民经济持续快速发展，推进社会主义政治文明建设，实现党的十六大提出的全面建设小康社会的奋斗目标，具有十分重要的意义"。这种有代表性的认识，对我们很有启发。

关于转变政府职能的问题，犹忆在党的十六大举行前夕，朱镕基总理接见中国行政管理学会负责人做重要讲话时，就曾经强调："政府转变职能是行政改革的核心问题，行政改革的方针是转变政府职能，提高行政效率。"① 紧接着，他还坦诚地指出："现在政府还是管了很多不该管又管不好的事情，有些该管的事情，没有管好，这个问题必须解决。"② 真是言简意赅，把问题做了通俗易懂的高度概括。党的十六大明确提出的进一步转变政府职能的任务，即在于此。

有关专家、学者、政府工作和研究人员针对和围绕政府改革的目标与

---

① 转引自《中国行政管理学会2002年年会暨政风建设研讨会在京召开、实践"三个代表"加强政风建设、朱镕基总理接见中国行政管理学会负责人并做重要讲话》，载《中国行政管理》2002年11期，第10页。

② 同①。

方向等进行考察、分析，已有不少成果和意见。为了使政府工作能更好地体现和贯彻"三个代表"重要思想、更好地适应加入 WTO 以后的形势和要求等，有必要实行很多转变。以下所列举的 18 种，一般议论较多，本文所着重的是在讨论各种可喜的转变之际，注意辨明其全面和真实意义，以及由此及彼之间的区别和联系，避免可能出现的某些绝对化和片面性。

一、关于从无所不管到有所不管的转变

即管所当管，并且认真、尽力、切实去管住、管好，而对不该管、不必管，也管不好的事情坚决放手。对此，上述朱镕基总理的讲话，已经说得非常明白了。当务之急，在于从不该管的事务中腾出手来，集中时间和精力，管好该管的事。这是一条负责尽职、提高效率的必由之路。换个说法，也就是在政府职能方面，由"全能政府"转变为"有限政府"。前者是与"计划经济"俱来的大包大揽，有时会像某些个人的不务正业，"万能"常常造成无法避免的许多"越位""错位""乱位"等现象，或者由于考虑不周和照顾不来而出现如"缺位""不到位"之类。实践证明，在发展社会主义市场经济的条件下，政府若乱逞其能，凡事乱插手、乱干预，便将用包办代替（也有包而不办）的"痛快"换来无益有损的"痛苦"。那样一来，不仅不能帮助、促进，反而妨碍、阻滞市场经济的发育、成熟及其生机活力的加强和提高，这笔大账不可不算，其利弊得失不可不察，倘再不下大决心改变，必将影响国家经济与社会的正常发展。而管到点子上、要害处，则所发挥的作用，自然有很大的不同。

二、关于从微观介入的直接管理到宏观调控的间接管理的转变

前者不仅是管得太多，而且是管得太细、太具体，简直是地地道道的大面积的越俎代庖。后者着力的，则在于掌握方针、政策，根据制度、原则进行指挥、监督。各部门有分工、有责任，上级经常、过多、随意插手、干预下级的事，必将严重挫伤各本职人员原来应有的积极性。何况，管得太细有可能捡了芝麻漏了西瓜，顾小忘大，为小失大。人们记忆犹新，曾经有过一个时期流行"不找市场找市长"的说法和做法。那是因

为市长手中有权，可以用行政命令的手段去简单处理各种资源分配等问题。其结果，必然是按照长官意志而不是市场规律去办事。市长们（当然也包括其他有关行政官员）固然会因此而忙得不可开交，同时却大大阻碍了市场经济的正常发育和发展，还不说由此而会逐渐形成不正之风和滋生弊端而导致腐败。

三、关于从着重管制到着重服务的转变

突出强调政府工作服务性的要求、安全符合社会主义民主政治的原则精神。我们的一贯宗旨，本来就是全心全意为人民服务，现代管理理论中，已有"领导就是服务"和"管理就是服务"之说，民主政治条件下的政府管理人员，更应该是社会公仆，而不是像旧社会那样高高在上、作威作福的官老爷。可是，毋庸讳言的事实是某些人由于受传统观念的影响，服务意识往往很淡，甚至全无，滋长了必须坚决予以纠正的脱离群众、居高临下的思想。但也不能把管制和服务对立起来，放在互相排斥的地位。公共管理、行政管理，顾名思义都有管理业务或任务，强调服务并非放弃领导和管理工作，而是通过领导和管理工作体现服务内容、态度和精神，不是另外搞什么服务项目。也就是说，服务不是抽象的，总要通过具体工作反映出来。正如厨师、司机要通过做菜、开车来服务一样，政府管理也要以做好本职工作为人民服务，什么"门难进、脸难看、话难听、事难办"，分明是官老爷的架势、嘴脸，不符合时代潮流和民主本质。可见转变有的不是工作本身，而主要是精神状态和对工作的精益求精，以优质服务让人民满意。所有仗势欺人、以权谋私、贪赃枉法者都必须受到制裁。

四、关于从短期行为到深谋远虑的转变

在政府管理人员中，特别是领导层，现在普遍实行任期制。有一种常见的急功近利的短期行为，被认为是由于要显示确能称职、争取连任和提升所致。果真如此，就会缺乏长远打算，对各方面的可持续发展不利，无论是"新官上任三把火"，还是想"为官一任，造福一方"都难免较多地考虑到速见事功和早有绩效。这本来也未尝不可以理解和难以厚非，只是

必须提醒一下，要注意全局和前景。与装腔作势搞形式主义者相比，还是想做点好事之类。等而下之的还有不求有功但求无过者，更走向负面的则是"有权不用，过期作废"的信奉者之徒。他们的兴趣集中于以权谋私、趁机捞一把，已不属于这里所讨论的短期行为的范畴。旧社会所描写的"早走几天天有眼，久留此地地无皮"的"刮地皮"贪官，正是此辈。

五、关于从机构臃肿到转简适当的转变

"机构臃肿"说的是原来人浮于事，效率不高，行政成本却很高。通常叫比较精简的政府为"小政府"，便是指机构和人员的数量适当，效率反而较高和行政成本降低而言。这也与前述"全能"和直接管理有关，因为管事多而细，机构、人员必大大膨胀，所以，孤立地强调精简机构不能成功，反而可能导致膨胀—精简—再膨胀—再精简……怪圈的形成，各种转变之间的有机联系，也可见一斑。明摆着的情况就是：不转变政府职能而进行精简机构，只能是"扬汤止沸"；从转变政府职能入手去精简机构，才可以"釜底抽薪"。当然，小政府亦非越小越好，而应精简适当。所谓精简，实际上包括质量（精）和数量（简）两个方面，不仅是指数量的减少，还有质量的同时提高。素质较好的管理人员，有时真的可以一个顶俩、顶仨。再有，精简也不宜一刀切，应按照不同情况，区别对待，紧缺的要补，薄弱的还应加强。至于有用"宽""窄"来形容职能，如说"窄职能大政府""宽职能小政府"者，意思虽可说清，但乍看可能误会，因为"大政府"本来管得太宽而"窄"似乎有限，意思和位置岂不是会弄反了？

六、关于从公私不清向公私分明的转变

政府管理是公共管理，当然是进行公共服务、谋求和保护公共利益的。以权谋私、假公济私、以私害公，已不是什么公私不分的问题，而是明目张胆地谋取私利，必须揭露和谴责。在大公和小公即整体和部门之间，也存在着类似的关系。任何部门保护主义或地方保护主义，总不免于损大公以肥小公，说到底还最后落实到局部少数人的私利上。公不仅是指范围的大小，而且表现于凡事应当公平、公正的原则。例如依法行政，就

一定要坚持在法律面前人人平等。随后还要另列专题讨论这一点，这里只是说明不公平、不公正至少含有偏私的倾向，或者完全出于私心。

七、关于从只重视权力到更重视责任的转变

关于这种转变，也有叫从"权力政府"转变为"责任政府"的。但不能把"权力"同"责任"割裂开来，不是说政府不再拿权、用权，而是要对行使权力负责，不可任意弄权和滥用职权，对权力应有相应的制度予以监督、制约和在发生失误或须追究责任时给以制裁。也就是不让权力失控，不许以权谋私。将责任与权力直接和紧密联系起来，可以防止有权无责、有责无权等权责脱节现象的发生。党的十六大报告中有"加强对权力的制约和监督"的专题，明确指出："从决策和执行等环节加强对权力的监督，保证把人民赋予的权力真正用来为人民谋利益。"① 显而易见，这里说的转变，绝非摆脱或代替权力，而是要求行使权力必须有高度的责任感。所谓转变，主要是指从不负责到很负责，负责从来是有针对性的，不能成为抽象的空谈。

八、关于从决策不够科学民主到科学民主决策的转变

决策在现代管理中的极端重要性，可以从失策必然导致失败的论断中得到说明。在盛行独断专行的情况下，"一言堂"即个人说了算的，"拍脑袋"决策，是司空见惯的事。其中不乏主观臆断，或仅凭"灵机一动""心血来潮"，或感情用事、随兴之所至，很不严肃，也相当危险。如此决策，即使在私营企业中已属不智，对公共管理来说，更是一种极不负责的表现。因为事关公共事业的盛衰成败和广大公众的福利，岂可掉以轻心，视同儿戏。实行科学民主决策是大势所趋，必须认真对待，全面深入了解情况，及时掌握必要信息，充分发挥集体智慧，利用各种有关咨询，等等，都是应有之义。

---

① 江泽民：《全面建设小康社会开创中国特色社会主义事业新局面——在中国共产党第十六次全国代表大会上的报告》，人民出版社 2002 年版，第 36 页。

九、关于从"人治"到"法治"和"德治"的转变

这是一个坚决推行依法行政和以德治国的问题。但是，必须明确，以"法治""德治"代替"人治"不等于可以在有意无意之中忽视人的因素的重要性，"人治"不可同重视人的因素或以人为本混为一谈，在实行"法治""德治"的过程中仍然要强调人的素质，努力开发，利用和管理好人力资源。在党的十六大报告中，也有专题论述"深化干部人事制度的改革"："努力形成广纳群贤，人尽其才，能上能下，充满活力的用人机制，把优秀人才集聚到党和国家的各项事业中来。"[①] 管理者的法律意识、法制意识和执法能力等都要加强，德才兼备的优秀人才是实行法治和德治所必需的。说到德才兼备，这与以德治国的要求相一致，两者不仅并行不悖，而且相辅相成。"有法可依，有法必依，执法必严，违法必究"，是重要的原则精神，若能认真坚持和全部落实"法治"才算完全"兑现"；否则，对无法可依听之任之，对有法不依熟视无睹，对执法不严若无其事，对违法不究不当回事，则"法治"岂非空谈？尤其是各级领导者，更应自觉地不断提高依法行政的能力和水平，做到以身作则。我国加入WTO以后，依法行政的意识必须进一步增强。

十、关于从各自为政到顾全大局的转变

前已述及的部门保护主义和地方保护主义，实际上就是各自为政的本位主义。那是从公私利益关系的角度稍加扩大和举例而言的。这里所说的各自为政是更全面和更严重的事情，走到极端，便是陷于孤立的"独立王国"。而四分五裂的结果，既有损于原来强大的集体，也在失去总体竞争优势中非常容易被各个击破。由此可见，顾全大局绝非权宜之计，而是各组成部分的根本和长远利益所系，各自为政只能似乎"得意"于一时，打"小算盘"终究也得不偿失。一定要明大义，识大体，算大账，才能深刻领悟顾大局的道理。那些热衷于搞小动作者，可以肯定，无非是目光

[①] 江泽民：《全面建设小康社会开创中国特色社会主义事业新局面——在中国共产党第十六次全国代表大会上的报告》，人民出版社2002年版，第36页。

短浅、心胸狭隘之徒。

十一、关于从低效、无效、负效到高效、实效、长效的转变

无可否认，在公共管理领域，试与（私营）工商管理的状况做对比，前者在效率、效益方面的表现相形见绌，有时甚至差距悬殊。即使是在最发达的国家也大抵如此，这就难怪广大选民、有关学者和社会舆论都异口同声地呼吁要对此进行改革了。低效已经不可容忍，何况更有无效、负效的事！做了等于不做和无益反损之举，造成行政成本居高不下，"新公共管理"（New Public Management）学派的出现和引起广泛的兴趣，"企业家政府"的呼声时有所闻，看来都不是偶然的，而是有历史和现实针对性的。尽管还有不同意见，但迫切要求转变的观念和心情完全可以理解。

十二、关于从烦民、扰民到便民、利民的转变

公共管理特别是政府管理，既拥有必须服从的权威，又往往是只此一家别无选择。完全不像在市场经济中的消费行动，可以货比三家、自由选购，顾客还被称为"上帝"，受到笑脸相迎等待遇。政府管理则略近似短缺经济和困难时期的卖方市场与资源拥有者，凭票供应不用说了，顾客还要耐心等待和准备受气等等。有时"官威"令人烦，毫无道理的折腾使人受到困扰，因而渴望早日能有大量便民、利民措施出台，那才是功德无量、会欢呼谢天谢地的事。例子不胜枚举，如简化手续、提高效率、完善体制、改善作风、改进方法、注意态度、关心群众等，只要有认识、有决心、有诚意，必能让人民满意。

十三、关于从注重形式到注重实质的转变

在旧的"吃公家饭"的"官场"之中，确实有那么一些人，擅长做表面文章，装点门面，讲排场，走过场，并且积弊已久。也可以说，搞形式主义的一套，是他们应景的惯技、骗人的"法宝"，甚至是"看家本领"和"拿手好戏"。可是，在热热闹闹的一番或几番表演以后，很少或

没有实质性行动的下文。"是非自有公论""公道自在人心",心明眼亮的老百姓对此当然不会欣赏,而且非常恶心、反感。对于所有豪言壮语,花言巧语,大话、空话、套话、假话、废话,人们都在听其言、观其行。如果只是说得很美,却做得很差,言行不一,言而无信,惠而实不至,让人欢迎、拥护也就难了。

十四、关于从学习不够到终身学习的转变

这是一条与时俱进、提高素质与提高领导、管理水平的必由之路。过去有"学而优则仕"之说,就算果真是这样,做官的目的达到了,读书作为敲门砖也就扔了,或不再那么认真。现在已开始进入知识经济时代,要求全员学习和终身学习,在竞争中要形成学习型社会、学习型组织。不学无术不行,学习不力和滞后也不行。改革教育和加强培训都在采取具体措施,更重要的还在于强化和深化学习意识,树立坚持自学的观念,继续学习和终身学习之风劲吹。特别是在发达国家,人们自觉"加油""充电"成为时尚。这也可以说是形势逼人,问题在于我们是否真正对不进则退有深切、紧迫和必须急起直追的感受。

十五、关于从铺张浪费到勤俭节约的转变

这里的浪费除一般较多指公款开支外,还包括人力、物力和时间方面的利用不当。有时,有人曾试图引用"消费经济学"的观点来为浪费行为辩解,说什么消费可以刺激生产,把浪费资源和合理消费等同起来或混为一谈,果如其说,大手大脚、挥霍无度似乎还应当记"功"和提倡!按照这一"逻辑推理",多年大吃大喝等不正当开支的公费相当于建造几艘航空母舰造几个"三峡"或多长的高速铁路等,又该如何理解和做何解释?显然,扩大公共建设、增加基础设施等公益性投资之类,那才又当别论。再说勤俭节约的之所以被视为传统美德,不是不让花钱,而是不可乱花钱,要把"钢用在刀刃上",做大家信得过的当家人;勤的反面是懒,怎样评价和抉择,不言自明。

十六、关于从有贪污腐败现象到弊绝风清的转变

"常在江边走,难保不湿鞋。"这是贪污腐败难免论,这种貌似"有理"其实似是而非的论调还多得很。古今中外对此也确曾有过严刑峻法而屡禁不止,直到现代还有人把贪污行贿无可奈何地称为"东南亚之癌"。然而不然,新加坡这个新立小国,就开了真正廉政建设的先河,为举世所公认;我国香港地区的"廉政公署"也赫赫有名,还到联合国介绍过经验,内地也不乏这方面有说服力的例证。可见,此事仍大有可为,没有理由态度消极。至于弊绝风清,是否过于理想主义了呢?看来不是,是有完全实现的可能的,问题的关键还是事在人为,健全、完善的法制固不可少,人的素质普遍提高了,事情必将向更好的方面转变。

十七、关于从单一的官本位到各得其所的科学分类的转变

在封建统治较久的国家,官本位对于整个社会生活的影响极大,人们习惯用官阶来看待和衡量一切,甚至做出明文规定。例如:院士不是政府官员,但明确是副部长(或副省长)待遇;少数大学校长也不是官,但同样是副部级,还有厅、处级的;企业也曾按行政级别定位;连和尚、尼姑也进行政级别,等等。不无趣味的是 CEO 的翻译,通作首席执行"官",请问私营公司哪来的"官"?在英语里此 O 是 Officer 的第一个字母,原是官与非官均可以用的,而译者只知是官。其实如 CKO 译为知识主管,即较为妥当。这种官本位的泛滥,对于科技、教育、非政府公共事业的发展不利,还是科学分类各就各位的好。

十八、关于从传统管理到现代管理的转变

这主要是指发展"电子政务"(E-Government),或作"电子政府"。现在已经是电子时代,电脑的使用日益广泛与普及,电子邮件(E-mail)、"电子商务"(E-Business)等早已进入社会日常生活,"电子政务"也发展较快。虽然在最发达的国家还没有完全实现,但其来势迅猛异常,相信

不用很久，有的国家电子政府时代就会真正到来。实践证明，它将明显有助于精简机构和人员，从而减少行政开支、简化行政法规、提高政务透明度、堵塞作弊渠道等等。这些都是由于信息技术得到适当应用的结果。看来，一个国家要体现自身的竞争力，加强对外资和高级人才的吸引力，发展电子政务是一个重要环节。

在中华人民共和国第十届全国人民代表大会一次会议的《政府工作报告》中，人们注意到关于经验体会浓缩于九个"坚持"之一，正是"转变政府职能，努力建设廉洁勤政务实高效政府"；关于存在不足需要解决十个问题之一，包括"一些政府工作人员脱离群众的形式主义，官僚主义作风和弄虚作假，奢侈浪费行为相当严重，有些腐败现象仍然突出"；关于向下届政府建设八项工作之一，就是"切实加强政府自身建设"。① 可见，对于政府改革，还要继续努力。

当然，转变政府职能是行政改革的关键。但是必须看到，随之而来的必然还有一系列的配套改革。上述 18 种转变，还远未列举无遗。仅就所举三个"之一"而论，有待转变之处便很具体。例如，怎样转变为廉洁勤政务实高效，把那些不良作风、行为、现象等统统改掉，等等，都是在转变政府职能的同时要注意努力的事。换言之，转变政府职能诚然十分或极端重要，但非一经转变就万事大吉，而要切实加强政府自身建设才能保证政府正常作用的积极发挥。

这里，必须强调指出的一点，是具有普遍性、前提性和根本重要性的，是有关思想、观念的转变。缺乏科学的思想、观念，转变也难保正确、顺利和巩固。

（原为"21 世纪的公共管理：机遇与挑战"国际学术研讨会论文，2004 年 1 月 9—11 日于澳门）

---

① 以上均见《新快报》2003 年 3 月 6 日 A2 版《全国"两会"特别报道》。

加强行政成本研究贵能及时到位

　　许多事情，都有一个需要及时到位的问题。明日黄花，徒然遗憾。坐失良机，后悔莫及。"远水救不了近火"，就是因为"水"不能及时到位；"雨过打伞"，也自然是多此一举了。

　　关于我国行政成本偏高、过高，甚至太高的呼声和议论，通过国内外媒体，在最近一个时期，我们已时有所闻。要解决好任何问题，尤其是难度较大者，必须及时加强研究，对于如何降低行政成本也是如此。

　　通常一个课题的受到重视和加强研究，总有适当的时机。关于加强行政成本研究的这种时机，无非有国际和国内两个方面。本文即拟先从国际方面说起，随后再谈国内的有关情况。

一、经济全球化和进入知识经济时代后的行政成本

　　当前，在经济全球化的时代，整个国际环境中的竞争日益加剧。各国政府都在努力争取不断提高本国的竞争实力，以求保住自己的竞争优势和实际利益。"竞争力排行榜"的经常出现，表明大家对此事的重视。说到国家的竞争实力，不言而喻的是首先和主要指经济发展的能力和水平。但是，不能认为，即使在市场经济已经十分发达的情况下，经济发展与政府管理无关或者关系不大。因为行政管理要为国家发展服务，而且服务的门类和项目很多，仅发展经济所不可少的公共基础设施这一项的增建、改造、维修等，便需要巨额公款投资。其他依此类推，不必一一细说。如环境保护、社会保障、公共安全、人才培养等，政府都不能不管。

　　政府的经常性开支中断不得，新的问题出现在面前，又必须解决。有些事情，往往平时没有想到，但是一旦说穿，才令人大吃一惊。例如，不久前消息传来，老旧自来水管竟成为美国人的心头大患。说的是生了锈的古老自来水管道，很多是五六十年甚至百年以前埋在地下的。由于锈损破裂，既传播疾病，又流失水资源，对于身体健康所构成的威胁越来越大。据行内权威人士预测，仅用于更换旧管道，就得花费 2500 亿至 3500 亿美

元之多①。这是世界各国的一面镜子，很值得引起注意和思考以及早为之计。

至于妥善应对和处理各种突发事件，那当然是政府的重要职责，贵能有备无患和尽可能少受损害。但是在战争问题上，应该持极其慎重的态度，以免严重影响国计民生。近来，国际社会议论较多的是美国在伊拉克的战争。非常自然地要联系到国家预算和战争成本。美国人自己说："我们在伊拉克多待一秒，我们的纳税人就要多花6300美元。"美国哥伦比亚大学的诺贝尔经济学奖得主约瑟夫·施蒂格列茨在他和哈佛公共财政专家琳·比尔姆斯共同发表的研究报告中指出："伊拉克战争的所有投入，包括财政投入、社会投入和宏观经济学成本在内，应该超过2万亿美元。"即每个美国公民包括妇女儿童在内要负担6600美元。这是10年内为所有无医保美国人提供费用的4倍和布什高唱水电能源计划预算的16倍。还有许多战争成本是看不到的和尚未投入的，如伤兵的治疗以及装备损坏速度是平时的6倍等。② 再看看2008年预算，国防将增加11%，占总预算的1/6，非国防开支预算将增加1%，但通货膨胀率为2.5%，则后者实未增反减。③ 这又是一面镜子，在国家财政预算的增减之间，各国人民自各有感受和心中有数。我们认为，国家利益应当与人民利益保持一致，各国人民都必须好好考虑自身的问题。

在经济全球化的同时，国际环境中的另一件事是知识经济时代的开始。发展知识经济必须实施知识管理，它是以人为本的管理。按生产要素分配是知识管理的分配原则，因而一定要保护知识产权。这就必然联系到知识创新工程和价值转化工程，以及知识经济与科学技术、教育事业和智力投资。实行科教兴国战略、发展知识经济不能离开行政管理的配合和支持。前者对后者有重要需求，并寄予厚望。说得更切合实际一点，没有行政管理为之创造条件、打好基础、在各有关方面予以保证，发展知识经济只能是徒托空言，或将是寸步难行。主要原因至少有如下几点：

一是知识管理发展战略与行政管理之间，必将发生紧密的联系。例如知识转移的活动、知识管理中的专利与商标等无形资产、基础设施等，均

---

① 据路透社美国芝加哥2007年1月24日电。
② 据美国《纽约时报》2006年10月24日报道。
③ 分别见美联社华盛顿和路透社华盛顿2007年2月3日电。

将涉及行政管理领域，尤其是有关政策、法律、法规的执行。如关于专利、商标的确认、登记、保护，即属于政府行为。知识创新的主要方法是建立国家创新体系，它对经济发展的影响非常明显和巨大，因而世界各国特别是发达国家，都建有这一体系。

二是知识管理的发展环境与行政管理之间的关系密切。除企业间的纠纷不少要靠政府部门包括司法机关处理之外，还有很多必备条件和发展环境是由政府提供和做出保证的，其中包括有关的物质和精神因素。例如，环境保护、维护生态平衡，安定有序的社会环境，重要的特大工程和必要的公共基础设施，研究、开发中的巨额风险投资和解决知识管理所可能遭遇到的一些难题，企业文化所处的大文化环境如精神文明建设的水平和社会风尚，等等。而在进入知识经济时代以后，文化的作用肯定将显得更加重要。

三是知识管理中的人力资源开发和供应与行政管理的关系密切。从特定意义上来考察，这是二者关系中的重中之重。试想缺乏优秀人才，还谈什么知识经济？而人才培养，离不开教育事业。首先应着眼于全民科学文化整体素质的提高，才有广泛的基础和层层择优的余地。这就要从学前教育、初等教育、中等教育开始，在较好的基础上发展高等教育，还辅之以各种成人教育、继续教育、终身教育，等等。广义的教育，还应当包括具有教育意义的各种配套设施，如公共图书馆、博物馆、文化馆等，以及各种文化事业，不必一一列举。建设学习型社会，也是政府的重要任务。

凡是与行政管理有关的事，也就必然要关系到行政成本。这是凭常识便可以理解的。也就是说，在经济全球化和进入知识经济时代后，应加强行政成本研究使之符合时代的要求。

二、经济快速增长后的行政成本

中国和平发展，举世瞩目。最明显、最突出的，当然是经济多年连续快速增长所带来的许许多多巨大变化。其中包括行政成本在内的发展成本所发挥的积极作用，是应当充分肯定的。但是，必须同时指出，仅仅看到物质成本的作用是远远不够的。因为如果没有建设中国特色社会主义战略目标的指引，不走改革开放"以经济建设为中心"的道路，实现社会主义现代化小康社会的愿望不是那么强烈，缺乏实现中华民族伟大复兴的雄心壮志,对落实"三个代表"重要思想认识不足,未能在科学发展观的统领下行动,以及没有建设创新型国家和构建社会主义和谐社会等要求的不断及时提出,便不可能有如此辉煌的成就。也可以这么说,我们不能忽视这一系列强大的精神动员和鼓舞的力量。

否则,既记忆犹新又恍如隔世的那些历史教训,即不可思议和无法解释。当年的物质成本也许相对较弱,但精神作用可能更不对路。主要表现为欲速不达、停滞不前、不进反退,结果造成了天灾加人祸所导致的暂时经济困难的局面。后来更有一个长达10年的"史无前例"时期,使国民经济濒于破产边缘。从几年"超英"、几年"赶美"的空喊口号,到"苦战一年跑步进入共产主义",明知不能实现的壮语豪言,又转为"宁要社会主义的草,不要资本主义的苗""宁要社会主义的晚点,不要资本主义的正点"之类"穷过渡"的呼声,连"贫穷不是社会主义"的起码常识都抛到九霄云外去了。抚今思昔,不能不看到指导思想和精神状态对于发展是何等重要。

经济快速增长以后,我们在肯定行政成本积极作用的同时,还有必要指出,行政成本的投放和使用,有注意不到和考虑不周之处,或者发生偏差和失误,直到出现贪污、浪费之类的弊端。有关的议论很多,比较集中的如环境污染、收入分配、社会保障等问题。另有将房价和教育、医疗一起,形容为压在中国人民身上的"新三座大山"之说。姑且不论其是否恰当,但作为热点话题,是确实存在的,这些都是政府不能不管的事,所以对经济快速增长以来的许多有关情况认真进行反思和总结很有必要。

据说在上述"新三座大山"中,人民最关注的是房价。我们即以此为例,联系政府措施,做一些评析。据国内外媒体反映:中国房价比美国的远高20倍人均年收入。① 美国是世界最富的国家,中国目前还算是穷国,何以前者的房价还要比后者低那么多?尽管某些地产商和地方政府官员认为,中国房价仍有上涨空间,但国家发改委认为,在需求减速的情况下,房价继续大幅上涨主要是房地产商操纵供求关系的结果;为此,中国政府正在设法限制房价飙升,让房地产投资降温。② 对于泡沫经济,若疏于预防,即应设法补救。在正常情况下,政府不干预市场。若事关民生大

---

① 见《北京青年报》2007年2月7日、《澳大利亚报》2007年2月4日报道。
② 参见夏书章《知识管理导论》,武汉出版社2003年版,第267~276页。

计，甚至有官商勾结作祟，那还是要该出手时就出手，予以严肃处理。

经济快速增长的成绩，谁也抹杀不了。可是，有些现象，不能视而不见或者熟视无睹，主要是社会歪风和"官场"恶习。

先说社会歪风。有小富即安者，由于安于现状，于是不思进取。有急于求富者，浮躁而致不择手段，作弊取巧。有应付量化要求者，弄虚作假，不顾质量标准。有富而无礼者，不拘小节，尽露暴发户嘴脸。有先富起来忘记社会责任者，使某些人产生仇富心理。有"一切向钱看"观念者，不知人间有羞耻事等。这类歪风邪气，如任其蔓延滋长，则将毒害、腐蚀整个社会。这对社会主义精神文明建设也是严重障碍。至于构建社会主义和谐社会，就更加必须发扬社会主义正气。因此，社会主义荣辱观的倡导，正是对症良药。

再说"官场"恶习。这当然指的是那一小撮败类、害群之马。经济快速增长了，自然水涨船高，也家大业大了。但是，此辈所想的，不是为国为民多做奉献，而是趁机大捞一把，大搞贪污腐败。也有人挥霍浪费，即使是真的一点也没有入私囊，仍属于严重损公性质。关于腐败、浪费的"官场"恶习，其名目、手段之多，真是五花八门，无奇不有。国内外媒体在这方面的报道已可称"丰富"，这里不拟再予以罗列。党和国家高层领导也已经高度重视和动了真格，大有希望从正本清源做起，逐步扭转不良风气。一项最新研究这样写道："一个员工的不良风气，会影响他人并像病毒一样四处传播，从而破坏同事关系，甚至损坏良好的工作团队。"①其实，中国早有一句俗话，叫作："别让一粒鼠屎坏了一锅粥！"

三、可持续发展与行政成本

"人生不满百，常怀千岁忧""人无远虑，必有近忧""风物长宜放眼量"这类名言、名句，历来为有识之士所认同和赞赏。截至目前，极端悲观主义者关于"世界末日"的论调，并无果将到来的迹象。人类社会的发展，仍在继续前进之中。那些混世、玩世之徒，虽亦大有人在，毕竟还远不是广大人民群众中的主流。科学发展观所昭示的以人为本、全面协调可持续发展，才是科学的、负责的对待发展的根本态度。现在，我们正

---

① 据路透社华盛顿 2007 年 2 月 12 日电，原华盛顿大学学者研究项目。

以科学发展观统领经济社会发展全局，行政管理领域自然不是例外，更要认真树立和彻底落实科学发展观；特别是在可持续发展的问题上，行政成本必须力避目光短浅，着重从长计议。

前面所提到的及尚未列举的种种弊端、病态、明损、暗耗、恶习、陋俗、劣迹、丑行、流毒等不正、不良现象所反映的消极因素和负面影响，不仅使本来可以取得更大成绩的结果打了很大的折扣，而且给继续前进的道路上设置了绊脚石、障碍，或者拖住迈步向前的后腿。更危险的是：可能让既得成就如昙花一现，难以为继，即不能持续发展。如果说，"前人栽树，后人乘凉"是一种美德，那么，断了子孙后代的生路岂不是太缺德了？这话也许说得过于严重，但是必须提高警惕。弄得不好，很有可能等不到下一代，而是自作自受、自食其果、自身难保。那可不是人们所愿意看到的悲剧！

全面讨论限于主、客观条件，以下只是众所周知的荦荦大端。环境污染，现在已全面告急，"冰冻三尺非一日之寒"，若再不下决心，花大力气去认真对待，后果真将不堪设想！可以举的例子实在太多，只说《去年污染物排放为何"不降反升"》①这篇专题报道，即足可供"解剖麻雀"之用。高度概括的三句话是："2006年全国二氧化硫排放量比2005年增长1.8%。经济增长方式仍然粗放，资源能源利用效率较低。重点治污工程进展缓慢，直接影响污染减排成效。"这些当然都事出有因，我们不能不注意到其中就包括环境执法监管不力、有法不依、执法不严、违法不究的现象比较普遍。该报道没有更深入探讨，我们从某县撤销环保局一事，虽稍显陈旧但大体上可以得到比较符合真情实况的回答。该县环境污染问题严重，撤销环保局的理由据记者称为"不可思议"，其实是地方保护主义在作怪。某些地方政府和企业都没有把环保当一回事，后者治污投入较大，宁愿受罚，前者乐得财源滚滚，于是相"安"无事。如果认起真来，阻力很大。② 如此而已，岂有他哉！然而，这是不能容许的。

不利于可持续发展的，还有居民收入、地区和城乡发展差距日益扩大。这些都已受到政府的重视，政府正在采取措施，旨在全面实现社会公

---

① 冯永锋：《去年污染物排放为何"不降反升"》，载《光明日报》2007年2月13日第5版。

② 见《中国青年报》2003年11月10日报道。

平。还有开发大西北、解决"三农"问题,也关系到社会稳定和发展质量,以及全面实现社会主义现代化小康社会和构建社会主义和谐社会的要求。效率与公平的平衡应当和可能调控,在发达地区的带动下,遍地开花大有希望。即以"三农"问题为例,就一定要做好这篇"文章",而且非做好不可。过去的常识是,工业化本来就需要来自农村、农业、农民在资金、原料、粮食、劳动力和市场等方面的支持。何况在中国,革命和建设都离不开巩固的工农联盟。从以农村包围城市取得革命胜利和新时期的改革从农村开始,均表明农民所做的历史性贡献。今后工业反哺农业、城市支援农村,谁曰不宜?并且是理所当然和天经地义。现在,公共财政对农村投资倾斜的力度加大是大好事,但要防止经费被挤占和挪用的情况发生。监管部门要保证资金用得其所,有助于解决"三农"问题。

还有教育和医疗以及社保、治安等,都与可持续发展密切相关。教育上不去,科技进步对可持续发展的"瓶颈"即难以突破;教育和医疗太贵同房价太高一样,对居民消费和市场经济的发展会起消极作用。加上社保还不普遍和不健全,后顾之忧在所难免。这方面的议论颇多,已引起公众的深切关注。关于治安问题,在一份调查材料中的论断是:"值得重视的是'社会治安'今年首次列在最严重的社会问题的首位,取代了多年来一直居于首位的'收入差距'问题。"① 在"改革、发展和稳定"之间,改革是为了发展,发展是需要稳定。因此,在讨论如何保持可持续发展之际,我们必须有针对性地按轻重缓急运用好行政成本,使之充分和及时发挥应有的积极作用。

看来,必须正视和重视行政成本偏高、过高、太高的问题。一言以蔽之曰:加强行政成本研究,此其时矣。

(原载《汕头大学学报》2007年第4期)

---

① "中国社会形势分析与预测"课题组:《领导干部眼里的"改革、发展和稳定"——2006—2007年"中国社会发展与改革发展"调查(节选)》,载《社会科学报》2007年2月1日第1版。

行政成本是发展成本的重要组成部分

一、"发展是硬道理"

正如"尊重知识、尊重人才"和"科学技术是第一生产力"等一样，"发展是硬道理"也是中国伟大的马克思主义者邓小平的一句非常可贵的名言。它直接关系到一个国家、民族、社会、地区、群体和个人的前途、命运。这个"硬道理"硬就硬在势在必行，只有硬起头皮勇往直前、不断进取与创新，才能逐渐发生由无到有、由小到大、由弱到强、由差到好、由低到高、由穷到富、由愚到智等量和质的历史性变化。否则，原地踏步、停滞不前、迟疑观望、坐失良机，有如逆水行舟、不进则退，必将趋于萎缩、衰败和终于没落，直到彻底被淘汰出局。

发展不是盲目的，也不是为发展而发展。要正确回答：为什么发展、发展什么、怎样发展和靠谁去发展等一系列的问题。发展目标、内容、手段或方式方法、依靠力量等不同，效应和后果也不一样。发展也有不同的基础和阶段，以及不同的所处时代背景、环境、形势和各种具体条件（包括物质和精神条件）。拥有后发优势和实行跨越式发展是可能的，但不可急躁冒进、轻举妄动。历史的经验教训俱在，我们应当采取积极而又慎重的方针。同时，在向前发展的漫长过程中，很难总是一帆风顺。既有难得的机遇要及时抓住，又有各种挑战要从容应对。有困难要克服，有矛盾要化解，才能继续前进，收到预期的绩效。

我们的目标是建设有中国特色的社会主义，在和平发展的道路上，要建设创新型国家和服务型政府、构建社会主义和谐社会、全面实现社会主义现代化小康社会和中华民族的伟大复兴。在科学发展观的统领下，坚持以人为本、全面协调可持续发展、促进经济社会文化的全面进步、落实"三个代表"重要思想，从而实现人的全面发展。任务是光荣的、伟大的，也是艰巨的。

这里，我们面临的是发展必须有相应的管理为之服务的问题。从总体上来看，首当其冲的当然是面向全社会的最广义的公共管理（包括政府的、非政府的、非营利的公共管理）。由于历史的和现实的原因，政府行政管理处于"一马当先"的地位。因此，必须明确：行政管理的全部职责应当是为发展服务的。行政管理工作的水平、质量、及时性和积极性等直接影响到发展的广度、深度、数量、质量、速度和成就度等。完全可以这样认为：没有行政管理有效实际行动的支持和配合，发展这个"硬道理"就有成为徒有良好愿望的空道理的危险。

从为发展服好务的角度来说，行政管理工作者有必要努力争取切实做到能够想发展之所想和急发展之所急，全身心地投入为发展服务之中。其中包括所有寓于行政管理全局的各分支部门和单位以及在行政管理全过程中的诸环节，都要符合和适应发展的要求，坚持对发展不利的话不说，对发展不利的事不做，对发展不利的钱不花。一句话：齐心协力谋发展。

行政管理学在中国现行的学科分类上，是寓于作为一级学科公共管理学的一门二级学科。它在改革开放以来、中国以经济建设为中心的和平发展过程中，因受到重视而发展得很快，表明了发展迫切需要行政管理坚强有力的支撑。不断强化和深化的行政体制改革，正是由于发展实践及其势头所发动和推进所致。例如，改善发展环境、调整行政职能、健全行政组织、加强人力资源的开发和管理、优化行政领导、重视行政立法、强调依法行政、管好政府财务以及注意行政信息、咨询、公关、协调、效率等等，无一不与发展状况息息相关。这里当然没有必要去分别逐一展开讨论，但是，应该予以肯定的是：行政改革若非针对发展的轨迹和需要而发，或与发展毫不相干，则将是不可思议或没有意义的事。

以发展所需要的基础设施和各种人才的提供而论，行政管理便有重任在肩。先说基础设施如投资环境，其中就有很多"硬件"。单说交通一项，国际、国内、市际、市内的海、陆、空，还有地铁、立交、机场、车站、码头、飞机、船只、车辆、停车场、各种配套设施、电讯交通也不可缺，均不必详列。试简单回顾一下，改革开放前后特别是初期与现状做一对比，即可清楚地看出变化之大和进步之快！仅开路、搭桥，就今非昔比。各省、直辖市和自治区，都不乏生动事例。现在火车已开上青藏高原，早已比解决"难于上青天"的"蜀道难"问题，又上了一个又新又大的台阶。

再说各种人才的提供，对发展是个要害问题。这种需要面广量大，门类既多，要求又急。弄得不好，就会成为发展的"瓶颈"。新中国成立前的人才储备本来不多，对扩大和加快发展是个难题。为此不得不重视教育事业，提出"科教兴国"的国策完全正确。仅以行政管理人才为例，就已很有必要加大培训力度。回想在我国加入WTO以后，一位谈判的首席代表曾指出，我们面临的挑战，首先不在企业，而在政府。因为政府的承诺必须一一兑现，所以必须尽快提高广大公务员的综合素质。其他各条战线、各个领域、各行各业要发展都需要源源不断地提供优秀人才。可见在行政管理中，关于人力资源的开发与管理工作所面临的形势，也是非常紧迫的。话又说回来，这一切离不开、少不了一定成本的投入。下面我们即将进入关于发展成本和行政成本这一专题的讨论，以上已为我们做好在这方面思想认识上的准备。

二、发展成本包括行政成本

发展需要成本，为发展服务的行政管理也需要成本，因而发展成本当中包括了行政成本，亦即行政成本是发展成本的重要组成部分，这样的表述是顺理成章的，命题可以成立。

说到"发展成本"，作为无可否认的事实虽然早已存在，但是作为一种概念，据有关资料介绍，是牛文元教授与美国学者哈瑞斯二人在1996年发表于国际刊物上的一篇文章中联合提出的①。据首创者牛教授的解释，通常所称"区域发展成本"或"区域开发成本"，是指国家或地区支持经济起飞实现发展目标对基础设施建设所付的成本。这一发展成本的高低，主要受自然要素、经济要素和社会要素的影响。中国的自然基础，存在先天的脆弱性，例如铁路建设的成本高原高于平原。如果经济条件好，可以利用先进技术来节省成本。社会进步也可以降低成本，但是腐败现象的存在则是提高发展成本的主要方面。

"用1美元在世界平均状况下可办到的事，在中国就需要花费1.25美元。"② 为什么会是这样呢？原来，在上述三种因素中，自然因素起决定

---

① 据《发展导报》2002年3月12日报道，未注明外文和刊物名称，以下提及牛教授处同此。
② 中国科学院：《2002年中国可持续发展战略报告》。该报告主笔即该院可持续发展组组长、首席科学家牛文元教授。

作用。自然条件无法改变，发展便如负重赛跑。在35个指标中，中国在国土超过700万平方公里的大国之中排名靠后，且有1/3的指标排在最后。社会条件好虽有助于降低发展成本，但有限度。政府的管理能力、效率，在这里也间接地有所反映。尽管如此，中国的自然基础决定了中国的发展成本仍不可能低于1.1。

正因为是这样，行政成本更必须努力防止偏高和过高倾向。要把过高的现象想方设法去降下来，以求有利于经济发展和社会进步，弥补"先天"的自然基础的不足。如果说，在自然基础较好、经济社会条件较优的情况下，也许还多少给行政成本偏高或过高留有可以"忍受"一时的"余地"的话，我们却根本不存在这样的"退路"。要是任其恶性滋长，健康的繁荣将不能保持，剧烈的竞争也无法招架，可持续发展必难以为继。这可绝不是故意夸大其词和耸人听闻的"盛世危言"，而完全是有事实和科学根据的。

关于降低行政成本的必要性和紧迫性，其他方面也许还可以稍缓或从长计议，当务之急则在于把严重的腐败现象和猖獗的浪费歪风加大力度去扫除和刹住。我们应当始终和牢牢抓住反腐败、反浪费这两件事，一抓到底，有不获全胜绝不"收兵"的决心、勇气和毅力。讨论容许有些交叉和重复，也可以显示是念念不忘和足以加深印象。最近一个时期以来，有一句流行用语叫作："要在源头上解决问题。"看来，惩处贪污腐败和挥霍浪费，也正好和必须如此这般，或者说非如此不可。

不管怎么说和怎么算，政府财源和行政经费总是相对稳定的和有限度的，不可能取之不尽和用之不竭。腐败、浪费多了，势必在总体上影响一些重要和必要的正当开支，其结果是不利于发展大局。也就是说，行政成本上升，亦即发展成本提高。但实际上又没有用于发展，反而成为拖累、欠账、负债。例如，教育、科技、卫生等的投入"缩水"，或不能如预期到位，对发展的前进势头和质量保证所造成的妨碍和损害不可低估。

我们所要着重突出和强调的，就是关于应建设廉洁政府和廉价政府的问题。在这两者之间虽然有区别，但也颇有联系。即廉洁未必不浪费，如有人持"钱没有入个人腰包"似乎浪费一点也没有啥的论调，于是大慷公家之慨，既挥霍又很容易导致不廉洁；有时有一种"常在江边走难保不湿鞋"的说法为"湿鞋"打掩护；也有人说"外国也有臭虫"，借以自我解嘲，实际上是做挡箭牌。诚然，发达国家也有腐败、浪费，可我们怎能忘记：我们是在建设中国特色社会主义，岂可同日而语和等量齐观？别人所有的那些乱七八糟的东西，我们最低限度应该在理论上没有和在实践中力求拒绝、摆脱，又怎能安之若素呢？

何况，尤有甚者，我们在这方面的纪录，还不太"雅观"。例如，在世界最腐败国度名单中无名而为之称幸，那是标准过低；在最廉洁国家名单中有名，才是应该争取的。但我们现在还是中间偏后。再说，我国行政成本之高世界少有，"高于日本、英国、韩国、法国、加拿大和美国。……还在以23%的速度增长，支出高涨和效率低下"①。如果抱着"比上不足、比下有余"的心态不放，只能是得过且过，不进则退，在竞争中甘拜下风。

远的暂不去说，就说以华人占大多数人口的新加坡，其反贪绩效举世闻名，治愈了素有"东南亚之癌"之称的这一"绝症"。中国香港特别行政区的"廉政公署"也成绩卓著。两者均曾应邀到国际组织去介绍过经验。当然，地方较小可能事情会好办些，但并非所有较小的地方便一定能管好。果真是那样，反腐倡廉倒是轻而易举的事了，为什么又那么难呢？试从《联合国反腐败公约》隆重其事地经联合国大会一致通过来看，腐败已越来越被视为发展的一大障碍。它严重地阻碍人民生活水平的提高，惊人的数字层出不穷，社会为此付出了沉重的代价。为了避免或冲淡可能有的"只缘身在此山中"的局限性，对于客观中肯并无恶意的议论不妨听听："由腐败引发的社会不稳而失去的机会造成了难以估量的损失。如果中国希望实现'和谐社会'，除了打击腐败，他别无选择。"②

三、从发展状况看行政成本

算行政成本的高低，不同于一般的成本计算。因为国家和各地区之间具体情况的差异很大，分析起来也比较复杂。除历史和现实状况以外，还有政治、经济、社会、文化直到风俗习惯等方面的因素，很难一概而论。据说中医治病讲究用药因人而异，并随地域、季节、男女、老幼、强弱、病情、病史等而有所不同。治国与治病确有某些理路相通，从实际出发和

---

① 据《中国新闻周刊》2006年3月13日报道。
② 见《中国腐败代价上升》，载新加坡《海峡时报》2006年12月1日社论。

有具体的针对性是完全必要和正确的。行政成本的统一标准虽然较难确立，但是有所依据地做出评价还是切实可行的，那就是从发展状况来看行政成本。与此同时，尽可能参考借鉴一些外国、外地的理论观点和实践经验，也可以从对照、比较中得到启迪。

所谓发展状况，指的是发展的全局和全过程的情况。全局包括全部有关的内容和事项，全过程包括从开始到结束的各个时期或阶段以及发展的速度、质量、效率和发展总成本的核算。行政成本既然是发展成本的重要组成部分，则衡量和判断行政成本是否偏高、过高，即应以行政管理为发展服务的效率和质量为转移。若效率和质量均低，即表明了所付成本没有能够发挥其应有的作用，假如不务正业（不为发展服务）、偏离发展方向、大作文不对题的"文章"，有的甚至肆无忌惮地腐化堕落和铺张浪费，那是不能容忍和不可饶恕的。这些在前面已分散地提到过，我们在提倡什么、反对什么的问题上，必须旗帜鲜明、爱憎分明，绝不允许文过饰非。

身居高位的党和国家领导人对此早已有所觉察。他们已不止一次地在有关会议上的重要讲话中指出："要降低行政成本，提高行政效率。"这当然是针对顾全发展大局有此必要而发。在反腐倡廉方面，也已开始认真查处，绝不手软。国际上有好评，国内更大得人心。继续坚持深入下去，必将从治标到治本，直到彻底铲除滋生腐败的土壤和条件。建立健全惩治和预防腐败的工作正在积极进行，此事大有希望。关于反对浪费，例如国家主席率先取消了领导人出访迎送仪式，不仅是以身作则的示范行动，也标志着中国已注意到和正在走向降低行政成本之路。

发展一定要重视质量，不能光看数量和速度。不久以前，把流行已久的口号"又快又好"改为"又好又快"，改得好！过去我们曾经为"鼓足干劲、力争上游"提到过"多快好省"。现在看来，应该是"好省多快"才能稳居"上游"。因为如果多快有余而好省不足，质量低劣、代价昂贵是没有竞争力的。对经济增长来说，这一点更加清楚。

即以经济增长为例，能否带来收入的相应提高和社会福利的同步改善，同增长的质量如何有直接和密切联系，而非表面简单的数量所能决定。我们应当理性地看问题，不仅仅因为增长率较高而沾沾自喜。不能忽视的一个明摆着的事实是为经济增长所付出的相当可观或大得惊人的损坏环境的代价。这方面的善后补救工作包括必须采取的紧急措施如纠正、修复、治理等，都需要巨额经费开支。这是成本的继续追加。还有遗留下来的隐忧、后患有待以后较长时期内去清除或对付。像因环境污染所致的疾病，便将要大大增加治疗、处理等公共卫生经费预算。诸如此类的负面影响，在2006年发布的《中国绿色国民经济核算研究报告2004》中，举出2004年这个（负面影响）数字是3%，但有人认为实际上可能更高得多。

此外，还有许多相关问题如投资额、投资率、投资者、劳动者、消费者等情况和关系的分析等等，这里不能一一讨论，但都涉及经济增长具有实质性的各种因素。经济方面如此，其他方面的发展也无不有错综复杂的相互影响和内在联系。可是，我们必须注意，行政管理在发展全局和全过程中所能接触到的面最广和所能进行协调等工作的机会也最多，因而其积极作用能否得到应有的发挥，确实关系重大。正负两面的作用都有可能，也反映于可以计算的物质成本与难以估量的非物质成本之间的互动情况。鉴于物质成本的安排使用在很大程度上受非物质成本的指挥调度和直接影响，应当强调把后者对发展做贡献的积极性充分调动起来，并使之最大化。

为了促进与保障健康和顺利发展，必要的规章制度和政策法令必须加快步伐去制定和颁布。不能停留于要啥没啥的状态，而要力求做到应有尽有，才能有利于调动上述积极性。回想在经济特区草创初期，大体框架有了，但许多有投资意向者仍持币观望。那是为什么呢？原来按照国际惯例，不少保证性、保护性的措施尚未出台，有经验的投资者岂能轻举妄动、鲁莽从事？后来抓紧进行关于投资、合同、产权、破产等方面的立法和具有针对性的各种基础建设，非常灵验，投资者很快就开始大举、大胆、放心、放手投资了。另一个现成的有说服力的例子，是当年的"入世"谈判，长达15年之久才谈成，也是边谈边创造条件、边改进、逐渐符合要求，终于办妥了。我们知道，这种谈判是政府行为。政府批准的各项承诺，都要通过行政管理去履行。其中，不仅要付出物质成本，还在很大程度上关系到非物质成本是否过硬，最突出的表现莫如管理人员包括各级领导者的综合素质。同样的物质条件，往往由于非物质因素所起的作用不同，结果也不一样。在管理实践中，领导工作日益受到重视。领导科学的问世及其成为管理研究中的热门课题之一，不是偶然的。在对待行政成本的问题上，领导因素自然也不可忽视。试从正反两面来观察，对比极其鲜明。好榜样的表率、示范作用，有时是不动声色的潜移默化。倘若居于领导岗位的是庸懦无能之辈或者竟然是一个大坏蛋,则恶劣影响所及,会出现什么局面不问可知。无意中看到一条新闻,印象很深。说的是关于节电的事:"北京公务员表率作用意义深远。"北京市发改委透露,政府机关单位年耗电量是居民住宅的3~6倍,人均耗电量是居民的7倍。还有调查数字说48家政府机关人均用电量相当于北京市民的19倍。公务员已采取节约行动,市长带头。① 这就对了。

（原载《中国行政管理》2007年第6期）

---

① 据《光明日报》2005年7月4日第4版报道。

必须高度重视行政成本研究

前言

最近一个时期以来，降低行政成本的呼声时有所闻。报纸杂志、论坛等也常见有这方面的报道与议论。特别给人们以较深印象的是党和国家主要领导人在他们的重要讲话和党政正式文件中，也不止一次地对此有所反应。稍远的且不说，在刚刚闭幕不久的党的十七大上，胡锦涛同志就非常明确地提到了这一点。他指出："行政管理体制改革是深化改革的重要环节……降低行政成本，着力解决机构重叠、职责交叉、政出多门问题。"众所周知，体制和机构是同行政成本密切相关的。另外，谈到在党的建设、改进作风和反腐倡廉建设时指出："倡导勤俭节约，勤俭办一切事业，反对奢侈浪费。把反腐倡廉建设放在更加突出的位置，旗帜鲜明地反对腐败。"① 这更有助于降低行政成本。

看来，加强行政成本研究势在必行，有人发表过行政成本不宜过低的意见，此话当然有理。不过，我们的研究并非要求把行政成本降得越低越好，而是降低到合理的程度。因为当务之急是现在的行政成本有偏高、过高，甚至太高的现象，对发展大局发生负面影响，不利于在国计民生中使财力资源起正常、正当的积极作用。何况冰冻三尺，非一日之寒。对与降低行政成本有密切关系的反对奢侈浪费和反腐败斗争的长期性、复杂性、艰巨性，我们一定要有充分的认识和足够的估计，对于加强行政成本研究也必须给以高度重视。

---

① 胡锦涛：《高举中国特色社会主义伟大旗帜为夺取全面建设小康社会新胜利而奋斗——在中国共产党第十七次全国代表大会上的报告》，2007年10月15日。

一、照照工商管理重视成本研究这面"镜子"

在近代社会历史发展过程中，对成本问题进行正式、认真、全面、系统、深入、经常、持久研究的，应该是开始于工商企业管理领域。成本会计早已成为该领域的一门重要独立学科，便是证明。当然，成本观念和计算成本的实践、习惯古已有之。那么，为什么会是这样呢？不妨做一些简单的剖析。

（一）将本求利是工商企业的金科玉律

古今中外，此理相通。或者可以说，这是常理。其实也不仅是从事工商业者如此，凡是赖以谋生的职业，如果产出小于投入，便无法维持生计。这是个极其普通的常识问题。于是，便有许多经验总结，并积累了不少成语、格言之类，被广泛和长期流传开来。

古人说："天下熙熙皆为利来，天下攘攘皆为利往。"[1] 有人觉得欠妥，认为"天下"未必"皆"然。也可以另做解释。一是此语出自《史记·货殖列传》，古代货殖即指经营商业和工矿业，故皆为利。二是利有公利、私利之分，亦不仅在物质财富。不管怎么说，在一般正常情况下，除非有很特殊的原因，将本求利总是工商企业的金科玉律。说白了，折本的买卖不做。

这本买卖有大有小，利也有多有少。本大利宽，本小利微，也不是必然的。"蝇头微利"确是微不足道，"什一之利"已相当可观，利市三倍、十倍、百倍更不用说，还要追求"一本万利""日进斗金"，简直到了利欲熏心、利令智昏、见利忘义的地步。谋得特大暴利，就超越经济范畴，进入政治领域。如官商勾结，从鼠窃狗偷到巧取豪夺，贿赂腐败，敲诈勒索，买官卖官，无所不用其极。中国古语有"窃钩者诛，窃国者侯"的感叹，西方也有"偷面包者进监狱，偷铁路者进国会（当议员）"的谚语。那是些赤裸裸的权钱交易，至今仍不时在某些地方上演着丑恶的活剧。

善于经营管理、出谋划策、精打细算、熟悉行情，直到出奇制胜等

---

[1] 司马迁：《史记·货殖列传》。

等,才是正道。白手起家,从小到大,靠的是智慧。薄利多销需要有长远的战略眼光。市场饱和、供过于求就不要再去凑热闹。信息灵通、准确,还要当机立断,见机而作。人无我有,人有我优,人优我廉,就要有创新精神。先赔后赚和放长线钓大鱼的例子并不罕见,那是个考验眼光、勇气和耐心的过程,当然还要有足够的知识和经验。值得一提的是靠货真价实和诚信起家的老字号和经久不衰的名牌产品,他们很看重商业道德,标榜"童叟无欺",真的说到做到。中国有句话叫作"人无笑脸休开店",说的是服务态度。西方则对店员有"保持微笑"的提示,甚至称顾客为"上帝"。

(二)大利大干、小利小干、无利不干的解析

说得文雅一些,这是"利益驱动";说得直白一点,就是完完全全的"利诱"。上文说到将本求利,此乃必然的延伸。称它为调动生产经营管理积极性的指挥棒、导航仪、风向标、温度计等等,均无不可。只要是在合情、合理、合法的范围之内运作、操办,谁也不会有异议,而且将得到认同。但是,问题在于倘若当事者不能严于自律和经不起负面影响而发生恶性变化到失控程度时,其不良后果是非常严重的。

让我们来具体看看:无利不干,固不待言。那是干了等于白干,还要耗去时间、工本,不致如此愚蠢。小利小干,不难理解。前面提到的薄利多销,却是另外一种情况,有的占领市场,时间久了,积少成多,相当可观,因而忙得高兴、干得起劲。产销对路的热门畅销货资金周转率高,供应商自然非常积极。也有小利不干的,由于"胃口"较大,一味贪大求快,急于想发大财,苦于无适当机会,只好高不成低不就。至于大利大干,虽合于常规,但仍有例外,如古玩珍宝一类难销商品,利大而无法大干。尽管有"三年不开张,开张吃三年"的潜在优势,不得不耐心等待贵客上门。

以上所说的,除不干外,小干、大干都有一个怎么干的问题。通常也都指的是各循正轨行事,就是说不可乱来。其中,尤其是大利无边,总是越大越好,结果便很有可能是不择手段、无所顾忌。只要大利到手,不管别人死活和作恶犯罪,问题正出在这里。主要是指导思想大错特错,成了金钱拜物教的信徒,深信金钱万能、钱能通神、有钱能使鬼推磨等等。用现在的话说,就是"一切向钱看"。结果是财迷心窍,不顾一切,唯利是

图，成为不法奸商，不以为耻反以为荣。前面曾提到过的一些坏事，也莫不由此而来。更为严重的是败坏了社会风气，助长了歪风邪气。什么以钱开路、见钱眼开、用钱说话、有钱便是爷等不一而足，不仅沉渣泛起，而且来势有过之而无不及。市场经济当然要继续大发展，但应当是科学、健康、和谐的发展。

（三）商战和商业贿赂及商业道德底线

"商战"一词，人们并不陌生。它是从"商场如战场"简化而来的，但不可忽略的是其中有个"如"字，无非"好比"的意思，不能把二者等同起来，看成一回事。尽管国际工商管理学界早有奉中国古典军事名著《孙子兵法》一书为世界最早研究管理的经典之作的事实，那也只是赞赏和运用其思想、智慧于工商和制胜之道的竞争，而不是真刀真枪地照搬军事活动实践，去冲锋陷阵，消灭敌人，应区别于各国军事院校列"孙子兵法"为必修课的性质。在法律上，工商活动中的纠纷是作为民事纠纷来处理的，不能恣意破坏公平、平等、自愿等原则；商业道德更应该受到重视，不可突破其底线，即一些起码、最低的准则，如文明经商、公平交易、不弄虚作假、不图非法暴利、不取不义之财等。总而言之，不当"奸商"。有些专钻法律空子去干坏事的行径，实际是商业品德较差的一种表现，至少是聪明没有正用，挖空心思损人利己或以私害公。

在突破商业道德底线的许多活动中，进行各种形式的商业贿赂可能是最常见或比较常见的一项。这虽然为法律所不容，但仍然屡禁不止。为什么呢？主要是贪官（已涉及行政成本问题，容后另议）与奸商勾结，互相利用，狼狈为奸。后者用的是糖衣炮弹，轰垮了禁区的防御工事，包藏着险恶的祸心。这里也好有一比，前者在事实上只不过是被"肉包子"打中了的狗。需要说明一下，习惯上说"肉包子打狗"，似乎是"狗"没打着，却损失了"肉包子"，略如"偷鸡不成蚀把米"。其实不然，在看门守夜的情况下，给狗扔去肉包子它只顾去吃，不去叫、去咬了，小偷、大盗便可登堂入室，为所欲为。在贪污成风、贿赂公行之际，很快就形成了这样或那样的潜规则：送红包、拿回扣、子女留学、廉价供楼以及种种"妙招""高招"。送的、拿的都不会吃亏，而是各有回报。输家集中到公家，举凡特大工程的承包、大片土地的审批、大量物资的采购、巨额款项的借贷等等，这样同行政成本就接上关系了。

二、行政管理也有成本问题必须认真研究

也许有人觉得奇怪：行政管理不是做买卖，怎么要讲成本？回答是肯定的。作为一种管理，从一开始就存在有成本的事实。不过由于行政管理工作发展变化的历史原因，长期以来没有被当回事，直到近现代才逐渐引起注意、受到重视和认为应当认真研究，这与民主政治的理论和实践状况息息相关，在奴隶社会、封建社会、资本主义社会和社会主义社会对此有不同的表现。

（一）区分行政成本与工商成本的性质

本文的第一部分提出了"照照工商管理重视成本研究这面'镜子'"，我们看到了成本问题在工商管理中的重要地位和有关情况。一方面，使我们认识到行政管理也有成本问题必须认真研究；而另一方面，我们应该考虑行政管理成本与工商管理成本的性质有所不同。如果它们之间没有区别，那么，就不必进行管理分类了。尽管在某些理论观点和实践经验上颇多可供借鉴之处，毕竟在目的要求和具体运作中存在着极其明显的差异。即使是公有、国有企业的成本核算，也与我们现在所说的一般行政成本不能混为一谈。因为前者仍属办企业，后者的任务要广泛和复杂得多。

相对而言，工商企业的盈亏可以用货币数字来计算和表示，这要比行政绩效的评估简单和容易（此处绝无贬低工商成本核算难度之意，只是试作比较而已）。倘若说"管理就是服务"是普遍适用的话，各种管理各有其服务对象是客观存在的事实。这是我们借以区别行政管理成本与工商管理成本性质的一个重要方面。

工商管理的服务对象是顾客，是卖方与买方的关系。没有"成交"，"售后服务"更无从谈起。行政管理的服务对象是全体公民，是为整个国家、民族、社会目前和长远的公共利益服务。成为顾客，要以有相当的购买力为条件。而全体公民，则包括贫富阶层和老弱病残。对于弱势群体，还要给以相应的关怀。因此，在成本的使用安排和绩效评估上，行政成本不能简单套用工商成本的核算方法。所谓"企业家政府"或"企业型政

府"以及视公民为"顾客"等主张的局限性很大,只有在特定的范围内和情况下才有其可试行性。

再说成本的来路和去路。工商成本不管用什么方式集资,其目的在于前已述及的将本求利。行政管理则是"取之于民,用之于民",税收是一大主要来源。当然,公民的纳税能力是不一样的,但对纳税大户并不能像工商企业那样对"大客户"另眼看待,对纳税较少或无纳税能力者也不应给予歧视。不仅如此,行政成本为了社会稳定和创造有利于社会发展进步的环境条件,还要统筹兼顾,在维护共同利益方面增加投入,其中包括帮助弱势群体排忧解难、扶危济贫、抢险救灾等,这些都是行政管理的职责所在。工商企业也有依法纳税的义务,但已纳入成本计算。至于开明企业常捐资于公益事业,那是自觉自愿的善行义举,应该提倡和受到表彰。

(二) 公私相混致使行政成本居高不下

由上述情况可见,行政管理所面对的应该从头到尾都是个"公"字。可是,从事行政管理的人从上到下都很难掌握和处理好这个公私关系。公私相混、假公济私、损公肥私、以私害公、私字当头等现象和弊端,在某些地区或单位有时达到猖狂的程度,这是行政成本长期居高不下的根本原因之一。

常言道:"冰冻三尺,非一日之寒。"但还不足以形容公私相混这一由来已久的事实。从漫长的历史来看,古人早有"天下为公"的理想,封建王朝的更替却基本上实行的是一姓之私的家天下,有时父子兄弟也有骨肉相残,为的是争夺那个孤家寡人的"宝座"成为一己之私。这可不是什么"大公无私",而是纯粹的"大私无公"。要臣民忠君报国,实际上是君国一体。是"公器"呢,还是"私器"?大家弄不清楚,也可以心照不宣。至于能否"国泰民安",那就要看遇上的是明君还是昏君或暴君,是好官还是贪官或坏官了。百姓的要求不高,只要有口饭吃,过上太平日子,便心满意足。实在是民不聊生,便有官逼民反、揭竿而起的时候。用行政成本的观点去考察,那正是不堪重负又完全令人失望到了忍无可忍的地步。

在旧社会,传统的恶习很深。从官场的一些不良心态,可以反映出行政成本为何长期居高不下的历史原因。把升官同发财联系在一起,已经足够说明问题。从曾广为流传的一些说法中,也足以反映这方面的实际情况。诸如"千里为官只为财""千里来做官,为了吃和穿""三年清知府,十万雪花银"等。有些比较清醒的君臣也曾有过告诫,如"尔奉尔禄,民脂民膏,下民易虐,上天难欺"。这个"上天"太抽象了,所以往往照"虐"不误。百姓也常常是无可奈何,对贪官的去留,只好寄希望于"天",可谓"早走几天天有眼,久留此地地无皮"("刮地皮"是过去对贪官污吏腐败行为的一种简称)。

几千年的封建遗毒不可低估,前面已提到的官商勾结、权钱交易以及有权不用过期作废和一切向钱看等恶行丑态,加上某些愈演愈烈的奢侈浪费大肆挥霍公款之风,便知道行政成本为何居高不下了。

(三)行政成本过高所形成的恶性循环

还是先说点与成本有关的事情,可能有所启发。一如工商企业。本大利宽,"多财善贾",通常是指本和利之间的良性循环。如果本大利微又不"善贾",便将陷入恶性循环。即越继续干就越亏,事实上是不会那么干的。有时宣告破产,亦即对恶性循环所采取的断然措施。二如军事行动。作战当然也必有成本问题,但不仅是指物质条件,而且精神因素也显得非常重要。像战争的性质正义与否,便有得道多助与失道寡助之分,士气高低也不一样,还有指挥能力和协同或配合状况,等等。古今中外以弱胜强、以少胜多的战例很多,充分表明了良性循环和恶性循环之间的不同结局。值得注意的是,在开局之初,双方的实力(成本)都存在很大的悬殊或者叫差距。三如教育事业。过去社会、家庭、个人的教育观与读书观主要是利己主义的,如读书做官、荣宗耀祖等等。朝廷用人,也只是让"学成文武艺,货于帝王家"者好有机会为皇室保江山而已。现在关于读书是否有用的思考,有时仍不免流于狭隘、肤浅、短视和局限于个人得失。就现代国家而论,发达国家教育一定发达。因为民智不开,民力难显,科技创新人才缺乏,综合国力无法提升,这已进入行政成本必须讨论的范围。说到行政成本过高所形成的严重后果,有如好钢要用在刀刃上,否则再多再好的钢也徒然浪费。即以教育事业为例,这是个带有根本性的重要战略问题。"科教兴国"是完全正确的和必要的,但必须有配套措施。首先是合理的投入并使之发挥应有的积极作用。如果行政成本"不务正业"和"误入歧途",既未按轻重缓急,又出现中饱浪费,则纵使"财源滚滚",仍难免误事不浅。何况漏洞无底,深不可测,恶性循环将永无止境。历代兴亡莫不与此有关。行政成本务必纳入良性循环,当行政成本过高之际特别要警惕会形成恶性循环。

三、行政成本近期研究举例

关于行政成本研究,较早出现于各相关学科的研究成果之中,主要如政治学、行政管理学、政治经济学、财政(公共财政)学等。其中,有的在谈到政府理论和原则时提到如"廉价政府",有的在论述行政组织、职能和各种活动时包括经济职能和财务管理,有的分析政府开支、财政收支及其意义,等等,但多未将行政成本作为专题提出和进行研究。直到作为一门新兴学科的政府经济学问世以后,关于行政成本(亦有称"政府成本"或"执政成本")的研究,才受到重视和逐步展开,并且论著渐多。不过,"对政府成本的研究处于起步阶段……尚未……形成统一严格的概念"①。这是事实。

(一)从源流上彻底惩治腐败已有共识

尽管关于行政成本研究尚待拓宽广度、推进深度和加大力度以及从有关概念、分类等到名词、术语,都还远没有趋于一致,但是研究工作毕竟已经开始,而且日益引起重视,使研究渐具规模。

我们清楚地看到,许多这类研究并非直接进入行政成本这个主题,而是从一些对严重弊端的议论、分析入手,然后联系、归结到行政成本过高及其成因和危害。在这方面,比较集中和突出的有两大项,即贪污腐败和公款浪费。虽然行政成本过高还可能有别的情况,但是可以断言,这两大项对行政成本所增加的直接和间接的压力极大,影响极坏。一旦能被消除,必将"如释重负"和"顿感轻松"。这里我们先谈谈对于从源头上彻底惩治腐败已达成共识的实际情况。

对于贪污腐败,正直的人们莫不咬牙切齿和深恶痛绝。在"过街老鼠,人人喊打"声中,有人感到打得还不够痛快,也有人表现为缺乏信心。当然,希望在一个早上就做到弊绝风清的心情是可以理解的,但抓紧去办仍需要有个过程。而信心确实不能动摇。

---

① 谢庆奎:《政府学概论》,中国社会科学出版社2005年版,第249页。

缺乏信心者通常有两种论调：一是"都有论"，认为放眼世界，除少数国家比较廉洁外，连发达国家也不时爆出贪污行贿丑闻，可见是"彼此、彼此"。二是"难免论"，认为"常在江边走，难保不湿鞋""哪个猫儿不吃腥""无官不贪""无商不奸"！听话听音，所反映的似乎是"情有可原"的心理和"无可奈何"的情绪。其实是太消极了，也太绝对了。实践早已证明，这既非不治之症，亦非无可避免。有的现在廉洁的国家和地区曾经相当腐败，大多数在"江边走"的并未都"湿鞋"，正派的公职人员和商人也是占大多数，不能"一棍子打死"。再说，我们是共产党领导的社会主义国家，岂能用"外国也有臭虫"来自我解嘲？应当认为，外国有的好东西我们也要有，外国的坏事情我们不许有，这才是我们所走的正道。

惩治和防止腐败的办法无疑是有的，只要指导思想正确，决心坚定不移，态度严肃认真，注意标本兼治，尤重正本清源，扫除这些害群之马、蛀虫、败类，是很得人心和大快人心的大好事。现在，全国上下对从源头上彻底惩治腐败已有共识，便是极好的有利条件。

（二）坚决反对各种浪费日益深入人心

与行政成本过高关系密切的另一个大问题，即各种浪费，也已引起人们的注意和研究。而这是过去人们较少注意和研究的事，表明了对行政成本过高的关注，必然会触到这个不可忽视的重要方面。

说到在公共领域里的各种浪费，本是早已存在和有目共睹的事实。可是，为什么长期以来人们对此似乎视而不见，熟视无睹，没有介意，不当回事呢？原来挥霍浪费者常用的一个"挡箭牌"或一块"遮羞布"、一套"障眼法"是："反正没有上腰包，浪费一点算个啥？"真是大言不惭，好像还很"理直气壮"！等到人们在探讨行政成本为何居高不下之际，这才对公款浪费所占的比重大吃一惊和感到非同小可。从小处的积少成多和重大项目的资金损耗、流失，其总额和危害程度不在贪污腐败之下。最近一个时期，对这方面的议论逐渐增多，将大大有助于如何降低行政成本的研究，也有利于及时扭转"慷公家之慨"的不良风气。

一般来说，公款浪费最容易令人察觉的是各种具体消费行为和现象，如公款吃喝、旅游（包括内地的和出境的）、娱乐、公车私用、装门面、讲排场、摆阔气、大搞豪华建筑和"政绩工程"（特别是"形象工程"），直到举办名目繁多、规模巨大的华而不实的各种活动（尤其如公款追星）等，都是街谈巷议较为集中的一些话题，当然也都很不得人心。

但是，透过现象看本质，浪费已经是损公的性质，就算没有全部肥私，也没有任何辩解的余地。何况，根据已经揭发出来的不少材料，浪费有时掩盖和包藏了贪污行贿等腐败的事实，岂能以"不算啥"而轻轻放过？应当指出，变相的腐败同样是腐败。对此，不能不提高警惕。

从更深层次来看，浪费还有高层决策失误和监控体制不健全、不到位的因素。某些耗资巨大的工程项目上马、下马总有一套决策程序，一定数额的经费开支也会有审批手续的规定。监控若非形同虚设，也不至于对不合理开支听之任之。因此，在坚决反对各种浪费日益深入人心的情况下，也要像预防和惩治贪污腐败一样，注意从源流上防止资金流失、堵塞漏洞和追究责任，并重视舆论监督。

（三）学术界对行政成本研究成果举例

按时间先后，简介几本新著的有关内容。

一是《政府经济学》①。有"政府支出的理论与实践"专章，将政府财政支出概括为体现政府职能的经济建设、国防、社会文教、行政管理、债务和其他支出等六类费用，还有属于国家财政性的预算外支出。谈到政府支出包括提供公共产品和准公共产品的效率以及降低成本等问题，多次提到成本且有所分析，并涉及解决外部性问题时的成本变化以及联系到私人成本与社会成本的平衡。

二是《政府学概论》②。有"政府成本"一节，包括政府成本概念、分类、规模和节约成本的目标、途径。所用成本名称有会计、传统性、机会、隐性、外显、历史、经济、广义和狭义、政府会计、短期和长期政府成本、消耗性支出消费和投资成本等，也提到降低行政成本建设廉价政府问题，并分析导致政府成本上升和居高不下的原因及节约之道，如引入市场机制等。但对政府仅起中介人作用的转移支出不归政府成本，尚待说明，因为事关财政资金流程。

---

① 杨龙、王骚：《政府经济学》，天津大学出版社2004年版。
② 谢庆奎：《政府学概论》，中国社会科学出版社2005年版，第249页。

三是《执政绩效探微——战略、评估及设计》①。有"执政成本—收益分析"一章,包括关于成本、执政成本、公共部门成本、执政资源等的论述。也谈到廉洁执政、成本执政和执政成本的定义、性态、复合性、函数、技术环节、执政资源中各种性态(物质、精神、组织、地位、信誉、感召、人力性态)资源及其有限性等。所用成本名称有变动、固定(约束性与酌量性)、混合(半变动、半固定、延期变动、曲线变动、递增型变动)执政成本,复合性和多维性组成以及经济、组织、信誉、过程成本,还有执政成本预测、计划、决策、控制、分析、考核等内容。

四是《政府精细化管理》②。"成本管控精细化"一章包括政府的十大成本(人头费、办公建筑、车辆、招待、通信、会议、设备等易耗品、投资浪费、决策失误、间接成本——给公众造成的成本增加)。中国人力成本不低,有素质问题造成的成本等。颇多古今中外实例,有助于说明问题。认为政府高成本低效率一半由公民素质造成(如不守交通法规和"110"被浪费64%等),有事实根据。

以上各书各有其广度和深度、重点和特点,引证有关论著并发表各自的意见,对行政成本研究都有启发和参考价值。

四、对开展行政成本研究的一些初步设想

面对喜人的发展势头,深感开展行政成本研究很有必要。在过去较长的时期内,对行政管理学(行政学)、城市管理学(市政学)、公共管理学等学科和行政效率、知识管理等专题的教学研究之余,久已感觉到这是意有未及和思考不足的重要课题之一。现在有一些初步设想,也只是尝试或探索性质。发表不成熟的意见,旨在抛砖引玉。希望通过共同努力,把偏高的行政成本逐步降下来,以利于更好、更快地发展。

(一) 试从行政成本概论入手作面面观

首先要明确行政成本是发展成本的重要组成部分。从成本观念的普遍性说起,包括对成本的狭义、广义和综合理解,看看行政成本的特殊性,

---

① 秦德君:《执政绩效探微——战略、评估及设计》,上海人民出版社2006年版。
② 温德诚:《政府精细化管理》,新华出版社2007年版。

包括非营利性及其源和流、控制和监督。行政成本是为国家和社会发展服务的。关于行政成本研究，有研究时机（如经济全球化和进入知识经济时代、经济快速发展与可持续发展等）、研究意义（如绩效、廉政、勤政意义等）、研究内容（如理论与实际、宏观与微观、物质和精神等）、研究方法（如纵观的历史方法、横观的现代方法、综观的应用方法等）。

其次要了解行政成本的构成与管理，有直接构成（包括狭义、固定和单纯行政成本等）和间接构成（包括广义、弹性和复杂行政成本等）。关于行政成本管理有工作计划中的、投入运作中的和工作总结中的行政成本等。还有行政成本表现形态，包括绝对的和相对的行政成本及二者之间的消长的、显性的与隐性的行政成本及其特征；扩散性行政成本，包括行政成本的迁移和互动现象以及行政成本的均匀化等。

在具体分类方面，有行政体制成本（包括成本价值、体制建设自身成本、不同体制成本等），行政生态成本（包括内外部环境的生态关系以及国家政治、经济、社会组织对行政成本的影响等），行政决策成本（包括成本和问题分析、决策成本与效率等），行政信息成本（包括成本价值、作为行政成本的特殊构成以及行政信息影响行政成本等），行政执行成本（包括行政流程无缝隙化和行政执行力的提升等），行政技术成本（包括数字化系统中的行政成本和电子政务的行政成本等）。

此外，还有比较普遍适用的，有政府管理成本（如会议、后勤、基建、接待等管理，面广量大，经常必需），公共危机管理成本（如危机发生的范围大小、延续的时间长短、危害损失的轻重，管理成本有所不同，还有公共危机管理预案的成本管理等），行政改革成本（改革是发展的需要，行政改革也可能对降低行政成本有积极意义。关于改革成本包括成本构成和动态性调控：人民群众的根本利益是动态性调控的归结点，改革政策的科学性、系统控制、适时调整、过程控制是改革成本动态性调控的主要方式等。实际上，行政成本问题应是行政改革的重要内容之一）。

行政成本研究需要尽可能掌握有关情况，以上还不能说已很全面，尚待不断地加以补充。

（二）对行政成本的中外纵横比较研究

行政成本究竟怎样才算合理？这个标准确实很难认定。孤立、单纯地就事论事，无法判断其是高还是低，因为必须同实际效果联系起来才能见分晓。前已述及行政成本与工商成本的区别，在这一点上更是大不相同。后者较易计算，前者难度很大。试就行政管理在不同的时间、地点与不同的工作性质、对象等方面去观察，效果和表现形式均不可一概而论。其中，社会性质和发展水平、阶段、历史文化传统以及工作人员和工作对象的素质，又有明显的正面或负面影响。

举我们身边的一个例子来说。两个相邻的城市，一个比较发达，一个存在差距。但后者社会治安较好，生活费用也低。前者居民大摆婚宴、寿宴，常到后者餐馆举行，扣除交通费用仍很合算。地区之间有此差异，国际亦不待言。可见仅凭GDP总额或人均数字，还不能完全说明问题。在自然经济和商品经济的条件下，行政成本也要随之而做不同的计量。总之，情况非常错综复杂，难以用一种模式或公式来照套。办法只有一个，就是广泛、深入开展理论结合实际的科学研究，特别是中外纵（历史的）横（现实的）比较研究，以免可能因有错觉而造成"冤案"（以低为高）和产生"假象"（以高为低）。

因此，这项研究非个别研究者所能完全胜任，需要多方面的合作和在较长时间内持续进行。用时下流行的说法，称之为一项"系统工程"也不为过。据了解，西方关于公共管理研究，学派林立，如目标管理、质量管理、决策学派，到政府重塑、公共选择、新公共管理、新公共服务等学派，无不在效率问题上大做文章。而效率与成本有直接联系，低效率所折射出的往往是高成本的现实。

国内的情况更有必要好好研究，古代的暂且不说，仅是近现代各个历史时期的有关情况，便很有参考、对比的价值。尤其是从井冈山斗争到中华人民共和国成立以前各个根据地的行政管理实践经验，那完全是世所罕见的低成本高效率，除弊兴利，以极微弱的"星星之火"终办成"燎原"大事的最好典型。现在，经过改革开放以来的和平发展，我们正奔上全面实现建设小康社会的康庄大道，应继续发扬艰苦朴素的人民勤务员的精神。

（三）一定要把偏高的行政成本降下来

我们在前面已经提到，国家领导人不止一次地在重要讲话和正式文件中强调要降低行政成本。但在纷纷议论之际，也有人认为某些项目行政成本不高或有偏低状况。果真如此，不妨借用"有则改之，无则加勉"的说法，改为"高则降之，不高加勉"似无不可。

关于行政成本过高的危害性不必多说了。作为社会主义国家，前车之鉴是不能忽视的。列宁曾想实现巴黎公社"廉价政府"的理想，"他本人身体力行，他领导的党和政府也曾为此努力过，可惜在他去世后，社会主义政府逐渐演变成了高价政府，巴黎公社的原则终于荡然无存！"[1] 领导干部的高薪制，享有各种特权，直到每月给高级干部发为工资1～2倍的"红包"等等，这些与后来的苏联解体有没有联系呢？值得深思。

降低行政成本就是要建设"廉价政府"并保持。在市场经济条件下，对"廉价"有不同的理解，必须分清我们所指的"廉价"的原义和实质。本来，习惯上的说法也是有矛盾的，有一个择善而从的问题，亦即应实事求是。例如，一方面，常讲"一分钱，一分货""好货不便宜，便宜没好货"；另一方面，又提倡和赞扬"价廉物美"。一方面，宣称"老实人吃亏""人不为己，天诛地灭"；另一方面，又标榜"货真价实，童叟无欺""以诚信为本"。到底该怎么听？非此即彼，不能相容，必须有所弃取。我们的"廉价政府"则应是价廉、效高、重质量、讲诚信、一心为公、为人民服务的政府，绝无商场的歪风邪气、陋规恶习，还要清除一切阴暗的"潜规则"。说到风气、习惯，有"约定俗成"一说。但不可随便顺应，要分清所定何约和所成何俗。如果不利于社会发展、进步，妨害公共利益和善良风俗，即当毫不犹豫地进行"移风易俗"。在降低行政成本的问题上，就有这方面的任务。联系到十分重要的"八荣八耻"的荣辱观，若公职人员和社会风气不以贪污浪费为可耻，甚至还暗表"同情""欣赏""羡慕"，那么偏高的行政成本便难以下降并可能继续攀高。所以，在努力把偏高的行政成本降下来的过程中有许多工作要做，但应以武装思想、振作精神开路。

结束语

在学习领会党的十七大精神过程中，深感无论是从总体上推动科学发展、促进社会和谐，还是具体到改善民生的几大重点工作，应对不容忽视的一些挑战以及实现小康社会的目标和广大人民共建共享，都很有必要高

---

[1] 郑异凡：《列宁和斯大林拿多少工资？》，载《南方周末》2007年12月18日。

度重视行政成本研究。我们坚定不移地走中国特色社会主义道路，遵循科学发展的要求不断开创共同事业的新局面，就不能不迅速改变有碍建设和发展的行政成本居高不下的状态。

写到这里，又得到一个消息：山东机关事业单位查出吃"空饷"者费用达11858万余元[①]。仅此一端，计入行政成本就已相当可观。所以，在全面检查、认真清理的同时，深入研究其前因后果和采取有效措施是十分必要的。

（原载应星主编《公共管理高层论坛》第7辑，南京大学出版社2008年版）

---

① 见《文摘报》2007年12月23日报道。

建设服务型政府是落实科学发展观的必然要求

前言

建设什么类型政府的直接依据是政府的施政目标、发展战略和行动纲领。众所周知，我们正在建设中国特色社会主义，并坚定不移地以科学发展观统领发展全局。因此，在科学发展观指导下为实现中国特色社会主义服务的政府，必须且只能是服务型政府。

记得在谈到"行政专业"所行何政和所专何业时，笔者曾试做如下回答："行建设中国特色社会主义之政，须勤政廉政；专为人民服务当社会公仆之业，应敬业乐业。"①

当时，虽然还没有明确提出建设服务型政府的要求，但是实践已经显示了这一发展中的必然趋势。

一、必须走社会主义道路是中国人民的历史性选择

第二次世界大战结束以后，社会主义和资本主义两大阵营对峙的局面出现。有的国家一分为二，筑墙画线，甚至大动干戈。在当时的历史和现实环境中，"没有共产党就没有新中国"和"只有社会主义才能救中国"的共识于是达成。

（一）新中国成立以后所面临的发展道路选择问题

发表于1940年1月的《新民主主义论》是毛泽东同志的著名篇章。提出和回答了"中国向何处去"的问题，并郑重宣告了"我们要建立一

---

① 《老兵新愿》，载《中国行政管理》2001年第1期。

个新中国"。接着分析了"中国的历史特点""中国革命是世界革命的一部分",论述了新民主主义的政治、经济、文化等,还驳斥了资产阶级专政和"左"倾空谈主义与顽固派,对比了孙中山的旧三民主义和新三民主义等等。①

1949年10月1日,中华人民共和国正式成立。人们欢呼"新民主主义革命胜利""进入新民主主义社会"。但是,不久就制定、颁布和执行过渡时期总路线,开始向社会主义过渡。对此,研究者议论不少。其实,原著中早有预示,道路选对了、选定了,时机、条件、方式、方法值得考虑。否则,可能欲速不达,欲益反损,那是后来发生过的事。

(二)孙中山早就宣告了革命尚未成功同志仍须努力

孙中山重新解释的三民主义,毛泽东认为是"新时期的革命的三民主义,新三民主义或真三民主义,是联俄、联共、扶助农工'三大政策'的三民主义"②。接着肯定这是孙中山的大功劳,是在中国革命作为社会主义世界革命一部分的时代产生的。③ 又在对"三大政策"的具体分析中,已分别明确指出它们与革命形势和中国前途的密切关系。实际上,孙中山本人在去世之前,早就宣告过:革命尚未成功,同志仍须努力。那还是20世纪20年代初期的事,他痛感"中华民国"有名无实,只有抱恨而终。后来的掌权者却倒行逆施,走向"三大政策"的反面,自然失尽人心。广大人民群众也自然把民族解放和国家独立富强的热切希望寄托于中国共产党。

(三)只有社会主义才能救中国是历史性的正确判断

在以上的简要叙述中,我们已经可以清楚地看出资本主义和社会主义两条道路非此即彼的时代背景和中国处境。

中国人民已经长期饱尝了半封建半殖民地(孙中山还认为是次殖民地)的痛苦,在历尽艰辛、流血牺牲、百折不挠终于取得人民革命的伟大胜利以后,痛定思痛,不能不认真考虑和慎重选择自己的发展道路。如

---

① 见《新民主主义论》,载各种版本的毛泽东著作集或单行本。
② 同①。
③ 同①。

果仍继续受别人摆布,便不可能独立自主和自力更生。那将没有希望实现中华民族的伟大复兴,没有光明的前景和美好的未来。

对此,中国共产党人已有慎重考虑自不待言,明智和敏感的孙中山也早就及时大讲他的新三民主义和提出"三大政策","只有社会主义才能救中国"于是成为历史性的正确判断和重要共识。

二、建设中国特色社会主义是中国人民的共同心愿

俄国十月社会主义革命胜利以后,苏联是世界上第一个社会主义国家。新中国成立后在学习苏联的过程中,逐渐深感国情不同,不宜完全照搬,终于确立建设中国特色社会主义的完整科学理论体系。实践已充分证明,这是中国各族人民的共同心愿,各条战线捷报频传,显示了空前高涨的巨大积极性。

(一) 科学社会主义是马克思主义三个组成部分之一

"社会主义"是一个常被人们挂在口边的名词术语,从马克思、恩格斯在世时起,不少人已把它滥用、乱用到混淆视听的程度,致使他们不得不在《共产党宣言》中予以澄清、批判,并明确他们所主张的科学社会主义与空想社会主义、"真正的社会主义"与封建社会主义等的根本原则区别。

时间已经超过一个半世纪,以典型的资本主义标榜"社会主义"者仍不乏其人。所以很有必要旗帜鲜明地宣告:我们所走的社会主义道路,是作为马克思主义三个组成部分之一的科学社会主义道路,是在以马克思主义理论武装起来的中国共产党领导下进行的社会主义建设事业。我们坚信:科学社会主义一定将向全人类显示其旺盛的生命力!

(二) 中国特色社会主义是在中国实现科学社会主义

科学社会主义是放之四海而皆准的普遍真理。但是,世界各国的情况不同,需要以科学的态度去面对和处理。在这方面,我们有经验教训。例如,俄国十月社会主义革命是从城市武装起义开始的,我们试过,不行。根据中国国情,用农村包围城市的办法,取得革命胜利。又如,在长期的革命和建设中,充分发挥"统一战线"这一大"法宝"的作用,也是有

目共睹的显著特色。因此,中国特色社会主义就是在中国实现科学社会主义,必须从实际出发,因势利导并有所创新,才有可能;而那种不顾时间、地点、条件,不动脑筋,一味盲目、机械照搬、照套别人做法的结果,只能架空科学社会主义,使之难以真正落到实处,甚至产生程度不同的负面影响和损失。

(三)全国各族人民都在努力建设中国特色社会主义

凡属共同心愿的事情,自然就会齐心努力,全国各族人民都在努力建设中国特色社会主义正好证明这一点。尤其是实行改革开放30年来,发展实践更清楚地反映了意气风发、斗志昂扬的精神状态。从纵向和横向对比的角度而言,虽然已经有人用"风景这边独好"来形容,不过不能不看到,国内外的情况复杂,风云变幻,并非一帆风顺,而是要在不断克服困难中前进的。优势在于目标非常明确,信念深入人心,大家能够解放思想、鼓足勇气和干劲,乘风破浪而不迷失方向。

我们的共同事业必须有全国各族人民的共同努力,对此我们不管怎样着重强调也不为过。人的积极因素如不能真正和完全调动起来、发挥出来,说什么都无济于事。

三、人民政府的根本任务是建设中国特色社会主义

顾名思义,人民政府是属于人民和为人民服务的政府,建设中国特色社会主义为全国各族人民最高和最大利益所系,那就不言而喻,人民政府的根本任务即在于此。政府要管内政外交,可谓千头万绪,可是"万变不离其宗",其"宗"就在这里。政府的所有举措,也都要考虑到这一根本任务。

(一)全国各级政府都为中国特色社会主义建设服务

作为整体,政府包括从中央到地方的全国各级政府在内,进行中国特色社会主义建设是全国范围的事,各级政府都要为它服务。

说到各级政府,真是举世无双的庞大系统工程,省、自治区的面积、人口,不少略同于中等国家的规模或大有过之,县、市数以千计,乡、镇则以万计,还不说内部的机构设置。这部"机器"的运作,很不简单、

很不容易。由于发展不平衡和地区间存在各种差距，既要顾全大局，又要照顾各大小局部的实际，出现本位主义、地方保护主义必须妥善处理，对于地方灾害必须及时给以得力救援，只有这样，才能下好全国这盘"棋"以确保中国特色社会主义建设顺利开展和取得如所预期的成功。

（二）在宪法序言、总纲和有关条款中都有明文规定

政府应依法行政，当然要有法可依。早在1982年宪法的序言、总纲和有关条款中，都有关于建设社会主义的规定。例如，社会逐步实现了由新民主主义到社会主义的过渡，独立的、比较完整的社会主义工业体系已经基本形成，社会主义思想教育取得了明显的成效，今后国家的根本任务是集中力量进行社会主义现代化建设，坚持社会主义道路，不断完善社会主义的各项制度，发展社会主义民主，健全社会主义法制，把我国建设成为高度文明、高度民主的社会主义国家……

宪法是国家具有最高法律效力的根本大法，政府必须以宪法为根本的活动准则，并负有维护宪法尊严、保证宪法实施的职责。因此，在讨论政府根本任务之际，我们当牢记宪法规定。

（三）有必要与国际接轨时不忘坚持、突出中国特色

在现实国际环境中，建设中国特色社会主义，实行闭关锁国既不应该也不可能，只有改革开放才是康庄大道；在继续深化改革和扩大开放的过程中，我们将无可避免地要积极介入许多国际活动，因而接触到按国际惯例办事和需要与国际接轨的问题。当然，在任何时候、场合和对待任何事情，我们都必须保持清醒和审慎的态度，在国际交往和国际事务中，仍不应忘记坚持突出中国特色。例如，国无论大小、贫富、强弱，都要互相尊重、平等互利，反对双重标准和强加于人（包括干涉别国内政），主张和平发展，促进世界和谐永不称霸，等等，并以自己的实际行动取信于全世界。让实践证明，外交是内政的延伸，中国特色社会主义内求公平正义，外求和平友好。

四、在改革和发展的过程中逐步形成了科学发展观

既然中国特色社会主义是指在中国实现科学社会主义，那么，如何建设和发展才是科学的，是一个合乎科学的指导思想问题，由于前无古人、史无前例，只能从尝试、探索开始。经过不同时期的实践和付出代价，在不断总结经验和汲取教训的基础上，终于逐步形成了现在正在积极落实推广的科学发展观。

（一）正确发展观是有针对性服务和取得高效的保证

稍有哲学常识的人都知道，为人处世少不了一定的世界观、人生观、价值观、幸福观、荣辱观等的深刻影响。发展也是如此，需要有正确发展观的指导。没有发展观的发展不可思议。也就是说，无论自觉与否，总是按照非正即误的思想认识去行动。

实践证明，不同的发展观有不同的效果。有时走了弯路，蒙受损失，或者碰上"钉子"吃到"闷棍"无不与原来的"思路"有关，其实是不符合、不适应客观规律所导致的。

因此，只有在正确发展观的指导下，为发展服务的针对性才能做到准确无误、有的放矢和箭无虚发，也保证能够取得高效、实现预期的结果。科学发展观的落实推广，必将更加有利于中国特色社会主义的建设和发展。

（二）科学发展观在长期建设和发展实践中逐步形成

我们现在所说的科学发展观不是原来就有或是凭空而来的。在长期革命和建设实践中，科学发展观经历了一个逐步形成的过程。其中，也有许多宝贵经验教训是付了"学费"的。它是经过历史的检验，尤其是改革开放以来的各种尝试，不断总结、筛选、提高，使之日益趋于成熟，而后得以诞生的。正因为有这样的"来头"，所以立即得到广大中国特色社会主义建设者的热烈欢迎和接受，并坚定不移地为它的落实而努力奋斗。

回顾一下，仅就改革开放30年而言，发展观的演变已有学者归纳为三种形态，即从生产力提高型、制度创新型到以人为本的科学发展观，分

别解决人与自然、人与人以及人与自身关系问题。① 前两种有所侧重可以理解,但科学发展观是统领全局的,归结到人的全面发展。

(三) 科学发展观的主要基本点及其统领全局的作用

科学发展观的第一要义是发展。其主要基本点是:①发展以人为本。②注意全面发展。③强调协调发展。④保证实现可持续发展。⑤旨在谋求经济社会的不断进步和人的全面发展。其中,以人为本是核心前提、是基础,通过全面协调可持续发展达到最后目的。

要求与发展有关的部门和人员,都应达成普遍深刻的共识,并认真地身体力行。"小道理要服从大道理",科学发展观就是大道理。所谓明大义、识大体、顾全大局,体现在按科学发展观指引办事,是否遵循科学发展观的指引,效果大不一样,对比鲜明。例如,不按科学发展观的引领,甚至反其道而行之,势必轻则欠妥、不顺,重则乱套、出格、离谱,可能出现严重问题。

五、以科学发展观引领全局首先落实于服务型政府

前面已经谈到,建设中国特色社会主义是人民政府的根本任务,因此,以科学发展观统领全局,首先落实于服务型政府是顺理成章的事。政府在经济社会发展中的地位和作用不可低估,而科学发展观所要求的正是服务型政府。这是本文的中心议题,以上和以下各点均无不间接或直接环绕这个中心展开。

(一) 建设和发展需要管理,首先是政府管理为之服务

自人类社会出现国家起,政府在社会公共管理中,一直起着安危存亡所系的作用。是什么性质的社会,政府就是那种社会"当家"者的工具。按社会发展的历史顺序,除原始社会外,各个朝代政府都分别为大权在握的奴隶主、封建主、军阀、财团等的利益服务,只有在社会主义国家,才是真正属于人民和为人民服务的政府。

造福于人民的中国特色社会主义建设事业及其发展,不能没有相应的

---

① 参见叶汝贤、王晓升《发展观的转变》,载《学术研究》2008年第6期。

管理，首先是政府管理为之服务。缺少了这一主要条件，美好的愿望不可能自发地和无序地成为现实。再说，认定要为建设和发展服务还不够，紧接着的是怎样服务好的问题，需要对改善政府管理的方方面面进行全面和系统的研究。

（二）建设服务型政府在国家社会发展中的重要作用

从上述情况来看，我们已经可以断言，建设服务型政府是势在必行的历史必然，因为这是建设中国特色社会主义的重要组织保证，它在国家社会发展中所起的作用是不可或缺和无可代替的，成败利钝，息息相关，绝不能掉以轻心。

政府的状况如何，对国家建设和发展的影响是直接的、具体的、全面的和由始至终的。试以几项常见的有代表性的测评指标来观察，即不难知其梗概，一如服务水平与发展质量，二如服务水平与发展成本，三如服务水平与发展速度。现在我们要求"又好又快"的发展，就同服务水平（包括思想、态度、精神、能力、体制、方法等）"捆绑"在一起，所以，建设服务型政府已成为当务之急。

（三）服务型政府必须在科学发展观指导下开展工作

我们已不止一次地提到过，以科学发展观统领经济社会发展全局，在这个全局之中，政府自然是首当其冲的基本组成部分，必须在科学发展观指导下开展工作是理所当然的事。

建设和发展中国特色社会主义的历史任务非常艰巨，服务型政府重任在肩，既要勇挑重担，又要不负众望。这就必须高瞻远瞩，牢牢抓住根本，瞄准最高目标，走上正确道路，积极审慎稳步前进不为功，而最忌的则是舍本逐末、避重就轻、顾此失彼、缓急颠倒、虎头蛇尾、有始无终、不计后果、难以为继等，直到成事不足、败事有余，那更不堪设想。现在最有利的条件，莫如严格、认真遵循科学发展观的指引，去认识、分析、估量形势和研究问题，然后决定对策和坚决执行。

六、发展全局和公共利益是服务型政府的服务对象

建设中国特色社会主义原来正是为了谋求更大、更好的公共利益,这里在标题里将发展全局和公共利益作为服务对象并列,不是抹杀它们之间的内在和本质联系,而是意在强调突出和提醒它们的一致性,以及可能在遇到"矛盾"时,能够做出通情达理的切实可行的明智处理。

(一) 遵循科学发展观的指导与否服务效果大不相同

自从科学发展观提出以来,我们在学习落实推广的过程中,不禁抚今思昔,遥望未来,感想和体会很多。最明显、深刻和集中的印象便在这个标题所说的,遵循科学发展观的指导与否服务效果大不相同。

反思过去,科学发展观尚未形成,行之有效的事情往往暗合今天已宣布的科学发展观的基本要求;而某些欲益反损或劳而无功之举,则与之相悖。看看现在,凡已落实科学发展观之处,只要随时检验、纠偏、改正,工作必正常顺利得多;发生问题也比较容易找出"故障"出在哪里,及时对症下药予以排除,而不致旷日持久,成为往日司空见惯的"老大难"。展望未来,我们颇有信心,只要让科学发展观深入人心,发展前景将更加喜人。

(二) 科学发展观要求服务型政府发扬民主依法行政

科学发展观的表述简明扼要,但在展开落实之际,可见其内涵非常丰富,要真正做到做好符合其基本原则要求,派生出来的待注意思考斟酌之点几乎多得不可胜数,例如发扬民主依法行政便是对服务型政府的本质要求。

政府工作历史悠久,对长期遗留下来的陋习、恶习等应坚决改变和高度警惕,居高临下、作威作福、当官做老爷的作风还不时重演,"门难进、脸难看、话难听、事难办"岂是服务型政府所能容许的?所以切记要发扬民主。

依法办事体现公平正义,要有法可依、有法必依,还要执法必严和违法必究,服务型政府在这方面须从自身做起。对人民负责,受人民监督,"问责制"即有待健全和普遍推广,要十足兑现"在法律面前一律平等"。

（三）科学发展观敦促服务型政府科学服务不断创新

为科学发展服务的政府所提供的各种服务难以想象是不科学的，甚至是反科学的，接受科学发展观的指导，服务型政府开展的全部活动都应该是科学服务，并根据科学精神在不断创新中前进。只有这样，才能使科学发展的目标顺利实现。

服务本来就是要按服务对象的需求去做，使之满足、满意。因此，服务型政府的各级领导和全体工作人员，很有对科学发展观加深理解最好是完全"吃透"的必要，关键在于深刻领会科学精神及其精髓所在——创新。服务型政府也应当是创新型政府，因为这种服务不是消极被动的。科学发展要求，敦促服务创新，鼓励积极主动，鄙弃因循守旧。换句话说，这不是一般的服务对象，通常的服务观念也面临变革。

七、以人为本谋求经济社会的进步和人的全面发展

以下我们开始就科学发展观的主要内容分别进行讨论。在顺序上做了一点调整的是将从以人为本与旨在经济社会的进步和人的全面发展结合在一起，使之首尾相顾，即自前提、基础、出发点到最后目标。至于肯定要发展，是"硬道理"，不发展便一切无从谈起，发展已属应有之义。

（一）坚持以人为本不可只见物而不见人或目中少人

以人为本既是服务型政府工作的出发点，又是绩效评估的根本依据。由于发展不是为发展而发展，而是为了人的全面发展，我们稍后就要谈到。但平素在具体工作中，比较注意经费、物资、建设进度统计数字、规章制度、文件资料之类容易发生见物而不见人的倾向；或者会有意无意和程度不同地只关注少数直接相关的人，而置广大人民群众于不顾。那可不行。

以人为本的"人"是广义的，与企业型政府或企业家政府所主张的将公民视为顾客不同。因为后者作为比方的局限性很大，构成顾客关系要有购买力，无购买力者（含赊购无偿还能力者）即非顾客。这里涉及如何对待社会弱势群体的问题，他们有的不仅没有纳税能力，甚至生活困难，服务型政府不能不管。发生灾害，首先要救人。

（二）以人为本应最大限度地调动发挥人的积极因素

以人为本除了发展是完全为了人之外还有主要是依靠人去进行发展的意思，为此，服务型政府必须千方百计尽最大努力和最大限度地去调动和发挥人在建设和发展中的积极因素，并力求持续不断增高，包括主动、自觉挖掘潜能、潜力，共同为建设中国特色社会主义现代化小康社会、和谐社会做出贡献。

在以人为本的条件下，致力于调动人们的积极因素不仅是十分必要的，而且是非常可能的，包括政府全体工作人员和整个社会的广大公众在内的积极性调动起来和发挥出来，真是威力无比和大有可为。服务型政府出色的公共服务本身，便大大有助于调动广大公众的积极性。请看最近四川大地震的抗灾情景和奥运会、残奥会志愿服务者的感人表现，我们的信心大增。

（三）归根到底在求经济社会的进步和人的全面发展

以人为本的科学发展，取得经济社会的进步，最后落实到共享其成实现人的全面发展。服务型政府的终极目标即在于此。这是一项人类历史上最艰巨和最豪迈的任务，大同世界，科学社会主义的高级阶段科学共产主义社会，正是以人的全面发展为标志。任重道远，我们现在起步不久，还处在社会主义的初级阶段，仍然是个发展中国家。

从逐步提高全民素质的角度来看，要重视教育问题，"科教兴国""人才强国""在发展中创新，在创新中发展"等都必须落实科学发展观，强化、优化教育事业的发展，使德才兼备、身心俱健的要求及于每个公民。这就事关公共卫生和社会福利事业，至于物质生活的保障和水平的提高更不在话下，要继续努力。

八、注意全面发展、点面结合、不留死角空白薄弱环节

全面发展的对立面是片面或局部发展，后者的发展趋势和结局是出现畸形，差距越来越大，发生矛盾、冲突，使总体受影响而停滞不前和导致衰败。一般的发展规律如此，大国的发展犹然。但这并不是说不管什么情况都要齐头并进，而是有条件的部分不妨先行，只是要创造条件带动其

余，不能不理不顾。

（一）注重统筹兼顾，切忌顾此失彼，以点带面不可偏废

国家有如一个有机整体，或者好比一部复杂的"机器"，特别是像中国这样一个历史悠久、幅员辽阔、人口众多、情况复杂的东方大国，发展必须注意统筹兼顾，切忌顾此失彼。为了开创新局面，有条件的局部率先有所突破既很有可能也很有必要。不过，应该及时抓紧扭转长期和严重存在发展不平衡的实际状况。以免在问题成堆以后，积重难返或尾大不掉。例如，实施让少数人先富起来的政策未尝不可，但是，不能听任分化的现象愈演愈烈。"三农"问题亟待认真妥善解决，是另一个具有重大理论和实际意义的实践；还有在强调建设服务型政府的同时，倡导构建学习型、节约型社会，共建和谐社会，以及提出"八荣八耻"的荣辱观等，都颇有现实针对性。

（二）全局在胸，慎重决策，沉着有序，既不失措又不失控

说到全面发展以及如何选择重点和以点带面等等，无不事关决策。因而既要胸怀全局，又要决策慎重。现代管理研究中有决策学派，表明决策正确与否，影响极大。对于个别、短暂轻微的事项如此，对于整体、长远、重大的规划可知。尤其是在紧急忙乱之际，贵能沉着有序，避免惊慌失措和失去控制。

决策尽管已慎之又慎，仍难以保证十全十美和万无一失。若出于始料所不及或情况突然发生变化决策出现偏差或失误，则一定要赶紧修正、补救。失策往往要付出高昂的代价和蒙受巨大的损失。正确的态度是想方设法，把代价和损失下降到可能实现的最低限度，并认真总结经验，以利再"战"，争取在新的一轮中获得补偿。

（三）清除死角，填补空白，加强薄弱环节，防治隐忧后患

在以上（一）（二）两节中，我们主要是从原则上谈到全面发展切忌失衡、失策、失措、失序、失控等以免归于失败。这里要说的是几件必须注意处理好的具体事项，即可能存在的死角、空白和薄弱环节，有待清除、填补和予以加强。这些对于全面发展都很不利，很有可能成为或大或小的"包袱"和不同程度的隐忧、后患。为此，必先从对全局进行普遍

深入调查研究以弄清事实真相入手，然后采取相应的有效措施，以求妥善解决。不难发现，其中既有由于忽视而尚未改观的如清洁卫生死角等，也有长期积累而成为老大难问题的如愚昧恶习等，凡不利于全面发展的各种因素，都应在考虑之列，也与科普、普法和移风俗的物质文明、精神文明、政治文明、生态文明等建设有关。

九、强调协调发展，关心矛盾冲突疑点难点盲区误区

全面发展与协调发展是分不开的。在全面发展中必然会凸显总体和各部分的关系及各部分之间的关系，有不协调处要使之协调才能照常顺利发展。强调协调发展是全面发展中不可或缺的主题，也就是要归结为能够在发展中协调和在协调中发展。西方有将协调（Co-ordinating）列为管理要素的，此说有理。

（一）消除梗阻内耗，摆正理顺各种关系，互相配合支持

全面发展所面对的各种关系，真是错综复杂，难以一一列举。从大体上看，诸如内外包括大小单位、地区内外直到外交与国际活动，上下从中央到地方基层各级领导与被领导关系、条块关系，左右指同级单位、地区和人员，前后指前任与继任、历史与现状以及各部门、各领域、各行业、公与私、公共关系、人际关系，等等，怎样摆正和理顺这些关系，可是个经常性的、有时会令人很感到头痛的难题，但又不能不注意处理好，因为在建设和发展实践中非常需要各有关方面的密切配合和大力支持。关系正常还是异常，积极还是消极，情况大不一样。对全面发展来说，有时发生梗阻内耗，会有很大的负面影响。应当清醒地看到：此害不除，后患无穷。要解决疑点难点和消除盲区误区。

（二）努力强化集体的向心力和凝聚力

和谐是个非常令人赞赏和向往的美好境界，因而提出和谐愿望以后，促进社会和谐在全中国和全世界都很得人心。和谐社会对全面发展无疑将更能够得到广大公众的共同大力推动和促进，但构建和谐社会需要从社会各"细胞"做起，具体到每个家庭、单位、团体。其共同的特征表现为在所有社会成员中，都对所属社会具有较强的向心力和凝聚力，扩展到整

个社会也是如此。现在人们经常提到的"团队精神",译自"Team Spirit"(协作精神)和"Team Work"(协力、配合或协作、合作),其实质亦在于此。顺便说说:"IT"原是信息技术(即 Information Technology)的缩略语,有人借用它做了另一解释,以"I"为我、"T"为"Team",即"我与团队",这不失为一种有趣的文字游戏。

(三)在各部门之间力求充分协作、互利互助、共同进步

这里所说的部门是广义的,可以扩大到全国范围和各地区之间。协作是具体的实际行动,一般总是必须互利才能协作;否则,往往只是一厢情愿,有如孤掌难鸣,没有办法实现共同进步。因而互利成为协作的前提或者原则,还要通过平等协商的程序,然后才进行合作。汉语言简意赅,"协作"算得一例。国际流行的另一种说法叫作"双赢"。其所包含的内容,并非彼此都有钱赚那么简单,有时表现为双方实行优势互补,便显然有利于共同发展和一起进步,为了促进经济繁荣和考虑到长远的利益,一方提供高水平的服务和有关的优惠条件,也可以同意进行双方都感到愉快和满意的协作,凭实践的效果证明合作比各自单干强。可见,协作的方式方法是不拘一格的,可以灵活多样。

十、保证可持续发展、资源能源合理使用和生态平衡

保证可持续发展而不致难以为继,对一个国家来说,真正是太重要了。因为如果不能保证做到这一点,就意味着发展中断,发生无法继续生存下去的严重危机,其他一切都不用说了。这是关系至国家兴亡(已不仅是盛衰)的头等大事,绝非夸大其词或故作惊人之语以危言耸听,而是万万不可掉以轻心的。

(一)有战略眼光,做长远打算,要思前想后,免难以为继

对于发展应有战略眼光,就是说必须考虑长远的发展前景,不能停留于就事论事或只顾眼前。说得不好听一点,那叫作鼠目寸光。有不少情况,也许一时表面看上去还比较红火、热闹,一切都似乎相当稳妥、平安无事。可是,仅仅安于现状是远远不够的,还要能居安思危、以防不测,做到有备无患。发展不是一次过的事情,要记住和经常想到来日方长,要

想到怎样继续发展下去。有一种"到时候再说"的习惯想法，其实存在很大的风险。"凡事预则立，不预则废"，是前人留下的宝贵经验之谈。我们常说的"左思右想"和"思前想后"，无非是要善于做权衡、比较、分析、研究，以及总结自身的和别人的经验教训进而谋划将来，都是为了维护可持续发展。

（二）切实保护环境，防治各种污染，直到确保生态平衡

发展总是在一定的发展环境中进行的。发展环境一般主要指的是自然环境，应当注意保护以保持生态平衡。但是，人文社会环境也应给以高度重视，倘若欠佳更不用说恶劣，也同样会对发展有不利的影响，尤其是在发展人才的培养和发挥积极作用方面影响更为显著。

试以自然环境常见的有关情况而论，各种污染、破坏都直接关系到具体的物质生产的数量、质量、速度、成本等方面，并对人的生活和生存的物质条件也有很大的负面影响。当我们在讨论落实"以人为本"涉及"宜居"概念和"民生"问题时，即包含许多与自然环境有关的重要因素。总之，毋庸讳言的是环境恶化是可持续发展的重大障碍。不可视而不见、麻木不仁，也不必惊慌失措，而应下大决心积极防治。

（三）合理使用和节约资源与能源，严防浪费，不断创新

现代社会中，人的日常生活和生产活动已经离不开某些必需资源和能源的持续供应。可是，那些资源和能源并不是取之不尽和用之不竭的。其中，即使有可能有所增长的部分，增长的时间和总量也受到一定的限制，而非随心所欲，予取予求。这种供和需之间的矛盾，随着全世界经济社会的发展包括人口的激增而日益尖锐。针对这一无可避免的现实，公认最明智可行的对策，莫如在积极开源的同时，大家都狠抓节流，也就是对资源和能源尽最大可能做到合理使用、厉行节约和严防浪费。这方面的潜力普遍很大，也存在改革、创新的广阔余地。其中，不少是习惯或惰性问题，一经转变，立即生效。有说服力的例子与日俱增，如日本改变用一次性筷子便是一例。

结束语

　　只有社会主义能够救中国,建设和发展中国特色社会主义是我们国家的根本任务。在改革开放后的新历史发展时期,科学发展观正在统领经济社会发展全局,建设服务型政府是落实科学发展观的必然要求,政府的行政管理体制改革,也必须在科学发展观的指导下进行。[①] 这是关系到我国继续和平发展和实现中国特色社会主义现代化小康社会与和谐社会的头等大事,我们应全神贯注和全力以赴,共襄其成。

(原为中国行政管理学会2008年年会论文)

---

　　① 参见夏书章《在科学发展观的指导下进行我国公共管理改革》,见中国行政管理学会编《落实科学发展观推进行政管理体制改革》,中国行政管理学会2006年年会论文集,列入《中国行政管理论丛》,兰州大学出版社2006年版。(本文部分内容基本相同,略有修改、补充。)

科学·实践·时间
——30 年的回顾

【编者按】 1982 年 1 月 29 日，夏书章教授在《人民日报》发表了题为"把行政学的研究提上日程是时候了"的文章，对恢复发展行政管理学发出了第一声呼唤，开启了我国行政管理学发展的新阶段。30 年过去了，我国行政管理理论研究和行政改革实践取得了有目共睹的成绩，借此机会，本刊特开设专栏《回顾与展望》，回顾行政管理学科恢复发展的历程以总结经验，反思学术理论和行政实践以展望未来，将陆续刊发有关文章以飨读者。

在学习和落实科学发展观的过程中，大家越来越深刻地体会到：如果不是科学发展，必将轻则事倍功半，重则徒劳无功，甚至欲益反损、大帮倒忙。但是，究竟科学与否，只有通过实践，由时间去验证和做出判断。

众所周知，我们正在努力建设和逐步实现的中国特色社会主义是科学社会主义，不是空想，更非空谈，必须付诸实践，进行科学发展是完全应该理解的。而实践的绩效如何，不能仅凭一时一事或在某些较短的时间段和局部、片面的零散状态来检测，要从全面、长远发展的实际情况去考察。30 年的时间不算短了，似可在这方面做一些有关问题的回顾。

说到科学，无论是自然科学还是社会科学，都无可避免地会涉及具体学科分类及其各级分支学科。一般来看，自然科学的共性较大，而社会科学则除某些共性外，个性非常突出和分明。基于历史的原因，各国社会有不同的性质和特点，既不可忽视个性，更切忌把别人的个性当作普遍的共性。一定要认真划清参考借鉴和机械照搬的界限，确保独立自主。

试以比较敏感的政治学为例。这是一门在资本主义国家流行已久的常见学科，旧中国也是如此。那里面所讲的，主要是资产阶级民主的一套说教。坚信只有社会主义才能救中国的中华人民共和国成立以后，本来理应以建设社会主义政治学代替继续讲授资本主义政治学，而不是简单撤销政治学。可是，在新中国成立不久的高等学校院系调整时却将它撤去了。决心为建设社会主义政治学尽力的人们,为此长期纳闷:社会主义政治文明极受重视,但不作为学科进行教学研究,实在很难做出有说服力的解释。

正是在具有划时代意义的改革开放前夕,建设中国特色社会主义的总设计师邓小平同志发出号召:由于过去多年忽视了,对政治学等学科要赶快补课。这绝不是偶然的,而是他老人家在高瞻远瞩和深思熟虑之余,在党的理论工作务虚会上所吐露的事关发展大计的心声。于是"补课"之说不胫而走,有关学科的研究者更是群情振奋和以最热烈、最积极的实际行动去响应。

上书建议条件较好的高校开始复办政治学系或专业、筹建中国政治学会之类不多说了,且说政治学系的重要基础课程之一的行政学即公共行政学、行政管理学、公共管理学,在汉语的"政治"中亦即"治"或"治理"之道,其重要性不难想见。当时我虽已年逾六旬,因有鉴于此,便不揣冒昧地撰写《把行政学的研究提上日程是时候了》一文,为《人民日报》采纳,于1982年1月29日发表。没有想到的是很快就得到人事部和国务院办公厅领导同志的高度重视。接下去的是多次关于社会主义行政学的研讨、筹建中国行政管理学会、筹办《中国行政管理》杂志、在具备条件的大学设置行政管理学系或专业(也有政治与行政学系或专业)等,很快形成了从无到有的局面和从少到多、从弱到强的发展趋势,并开始不断有国际学术交流、主办和参与各种相关活动,在国际组织中取得相应的地位和发挥前所未有的作用。

需要略加说明的是,学科名称似未完全一致。原因是对引进学科在不同历史时期的汉译存在差异。原名 Public Administraion 中的 Administration 是个多义词,可以是行政,也可以是管理。因学科最初从研究政府管理开始,中文与日文均译作行政学并无不当,Public 因不言而喻略去,将公共译出亦可。明显的例证是 Business Administration 即译作工商管理而非工商行政。后来学科拓展,及于非政府公共管理,故应以改称公共管理为宜。我国的处理办法是将公共管理定为一级学科,而将行政管理列入二级学科。至于 New Public Mangement 本是一个学派,MPA 并未改为 MPM,认为 Administration 是行政、Management 才是管理的论断宜慎。译事贵能等值,当力求准确无误。

30年来,学科的发展形势喜人。在高等院校方面,全国设有重点研究基地一个,原名"行政管理研究中心",近经教育部批准,改称"中国公共管理研究中心"；本科被授予学士学位、研究生被授予硕士学位和博士学位的大学已逐渐增加；也有设博士后流动站的；10年前引进的公共管理硕士（MPA）专业学位教育计划，已由24所试点院校发展到146所，还主要是侧重在职公务员的培养和提高。若计入非政府公共管理、社会管理人员，则潜在的需求更大。在政府培训机构方面，国家行政学院成立已久，各省、自治区、直辖市和不少县都设有行政学院，委托高校举办的培训班也是常见的一种方式。此外，还有函授、夜大学、自学考试、网络教育等，也几乎无一不有本学科的项目。

反映专业繁荣景象的专业期刊以及著、编、译作尚无统计，其中包括多种教材、参考资料以及案例库建设等。电子政务和绩效评估已成为热门课题，城市和区域治理也受到较多关注。中国在科学发展中和平崛起，亟须优质公共服务，公共管理学科也就必然要随之加强研究和努力创新。因此，回首前尘，我们没有任何理由可以自满，必须正视已经出现的问题和有待改善的不足之处。初步设想，我们应提高三种能力：一是鉴别力，能认清和精选可供我们借鉴的有益观点和成功经验；二是消化力，能吸收"营养"，而非食而不化；三是创新力，能在参考借鉴中有所创新，更重要的是发挥自主创新能力。让我们在共识、共勉、共信的基础上有较强针对性地做出过去30年所未有的学科研究顶层设计，以迎接下一个30年！正是：

三十年后忆邓翁，
改革开放喜从容。
政治行政关大计，
重视补课见奇功。

（原载《中国行政管理》2012年第1期）

行政管理学科研究顶层设计问题刍议

国务院办公厅主管、中国行政管理学会主办的《中国行政管理》鲍静主编来函（以下简称"鲍函"），嘱就行政管理学科研究顶层设计问题谈些想法。对此，作为这个领域一名久已超期"服役"的"老兵"，在深感义不容辞的同时，又觉得有点不揣冒昧，因为很有可能仍是老生常谈、缺乏新意，只好"恭敬不如从命"，姑妄言之了。

可喜的是，"鲍函"并非索稿短简，而是从学习《中共中央关于制定国民经济和社会发展第十二个五年规划的建议》（以下简称《建议》）说起，直到对行政管理研究者提出了新的任务和更高的要求，以及为学科的发展提供了前所未有的历史机遇这样一封洋洋千言的长信，让我受到启发和鼓舞。此外，在时间上与"鲍函"较近的两份资料，对于本专题也很有参考价值。一是《中国行政管理学会关于征集 2011 年年会论文的通知》（以下简称《通知》）。① 其中所开列的十项具体分题，便是在"十二五"规划实施的开局之年，围绕温家宝总理为学会题词"加强行政管理研究，推动政府体制改革"这个重要主题提出。二是《积极推进中国行政管理学的发展》（以下简称《发展》）。② 《发展》是记者喻匀访问中国行政管理学会执行副会长兼秘书长高小平的报道，通过对六个问题的回答，已经把学科在中国发展的概况说得一清二楚，也发出了学科研究者应做新贡献的呼吁。

一、改革应更加重视顶层设计和总体规划

《建议》指出："改革是加快转变经济发展方式的强大动力，必须以更大决心和勇气全面推进各领域改革。更加重视改革顶层设计和总体规

---

① 《中国行政管理学会关于征集 2011 年年会论文的通知》，载《中国行政管理》2011 年第 4 期。

② 高小平：《积极推进中国行政管理学的发展》，载《新视野》2011 年第 2 期。

划，明确改革优先顺序和重点任务，进一步调动各方面改革的积极性，尊重群众首创精神，大力推进经济体制改革，积极稳妥推进政治体制改革，加快推进文化体制、社会体制改革，不断完善社会主义市场经济体制，使上层建筑更加适应经济基础发展变化，为科学发展提供有力保障。"这段引文虽然较长，但是确实非常重要，特别是关于更加重视改革顶层设计和总体规划的问题。我们已经注意到，今年的政府工作报告中，也着重强调了这一点。

诚如"鲍函"所曾提及或转述的，更加重视顶层设计和总体规划，是对改革认识深化的表现，这表明我们的发展取向结束了过去"摸着石头过河"的历史阶段，改革已逐渐进入"深水区"。现在和今后必须实践科学发展观，要从战略高度和发展全局去研究和解决错综复杂的各种矛盾和难度较大的新、老问题，以利于排除障碍因素，从而保证正常、健康发展。

本来，"摸着石头过河"是一句众所周知比较形象和通俗易懂的说法。"过河"的目的一定要达到，"过河"的决心不能动摇。但是，在情况不明、心中无数、尚缺其他可以利用的条件之际，"摸着石头过"不失为积极、稳妥、可取的行动。当然并非长远如此，而是在与此同时逐渐弄清"河"的深浅、宽窄等有关信息、数据，掌握游泳、建桥、造船、架构缆车、利用航空器等技术，"过河"就会更方便。可见，在具备相当好的基础以后，改革发展之路必将愈走愈宽。这是渐入佳境的规律。关键在于，所有各相关方面都要达成共识和继续共同努力。

对学科研究者来说，这主要是一个自觉、主动、积极、给力配合做出应有贡献的问题。前面提到的"全面推进各领域改革"，当然包括学科研究领域，而且加强行政管理研究与推动政府体制改革有直接联系；或者叫首当其冲，属于当仁不让和责无旁贷的性质。面对如此重要、迫切和关系全局、长远利益的历史任务，学科研究者们又怎能不积极行动起来呢？因此，具体步骤的第一项，也正是在于及时从事学科研究顶层设计和总体规划的制定。我们随后所要讨论的，都是关于这个主题的几个重要方面。

二、关于学科研究顶层设计的目的和依据

一般而论，一门正规学科总有其特定对象、内容和范围，常非孤立

地、单纯地为研究而研究，而是有的放矢或对症下药，更根本的是不同于毫无所据和不着边际的空论、清谈。行政管理学科尤其是这样，顾名思义，它就是研究行政管理，使之体制健全、政策正确、工作得法、发展顺畅、不断改善、全面统筹和完满达标的学科；否则，便将偏离主题，可能文不对题或有名无实。

因此，在我们讨论学科研究顶层设计之初，必须十分明确其目的和依据。其实，通过上面的简短叙述，我们已经可以认识到：行政管理学科研究，应服从和服务于关系和影响国家与社会发展的行政管理的全过程。从头至尾，即从远大目标和战略方针的确立，包括各重要中间环节的密切配合和有效互动，直到绩效评估系统工程的构建等，无一不需要积极开展深入研究。那么，换句话说，学科研究顶层设计和总体规划的目的，显然应与行政管理的顶层设计和总体规划保持一致。而其依据，则在于行政管理运作、发展实践中主客观方面有待研究、评论的需要。所谓主观方面的需要，主要是指实践中遇到的矛盾、难题需要正确处理和回答，因而主动征求咨询性质的参考意见。所谓客观方面的需要，主要是指研究者的观察、调研发现的情况需要向有关当局提供信息和建议。至于是否采纳，并无明文规定，仍由主其事者斟酌。奏效与否，也要经实践检验。

不过，上述还只是研究工作据以启动的依据，表明不是凭空而来。除此以外，在研究开始以后，不能没有指导思想、基本原则、专业理论、科学知识、成功经验、失败教训，以及改革精神、创新能力等要求和依据。否则，若仅停留于就事论事，便不能跳出旧习惯的框框，难以提高原有水平并真正解决问题，更无从体现和发挥学科研究的积极作用。显然，在讨论学科研究顶层设计和总体规划的依据时，既要强调从实际出发，又不可忽视研究者的知识结构、理论功底和总体素质。因而在设计和规划的具体安排中，对学科研究者的要求虽不宜过高，但必须有适当的期待。例如，对实际情况毫无所知或不甚了了，又长期习惯于理论脱离实际，即不宜从事本学科的研究工作，其余随后还将继续谈到。

三、试从学科来源看学科研究的顶层设计

行政管理实践在中国古已有之，积累了相当丰富的知识、观点、论断，并保存于大量文献资料之中。但是，作为一门自成体系的新兴学科，

则是从国外引进的。其正式发源地公认为 20 世纪 20 年代的美国，不久即被中国引进。这就有一个如何实行"洋为中用"的问题，随之而来的是怎样建设自己同类学科的任务。在讨论学科研究顶层设计的目的和依据之余，不由得我们不迅速联想到建设中国特色社会主义行政管理学的问题。

　　回忆自改革开放初期恢复学科教研以来，已有长达近 30 年的历史，但仍不能说此项任务已经完成，更不能说完成得很好。问题不在学科名称而在实质性内容。关于学科名称，这里不妨多说几句。尽管原学科名称"Public Administration"基本未变，其专业（职业）学位 MPA 即"Master of Public Administration"照常流行，但因创始于政府行政管理，故译为行政学（即公共行政学，略去公共）或行政管理学，后来内涵拓宽，兼及非政府组织活动，又以译作公共管理学为宜。在这方面，日本似曾一直仍称行政学，而将非政府部分纳入其中。我国国务院学位委员会则将公共管理列为一级学科、行政管理列为其所属二级学科之一，MPA 定名为公共管理硕士专业学位，普通高校学士、硕士、博士学位专业目录中保留行政管理专业。若再译为英文，可按英文习惯处理。最近，教育部人文社科百所重点研究基地之一的原中山大学行政管理研究中心已被批准改称为中山大学中国公共管理研究中心，原英文译名照旧，即为一例。

　　说问题在实质性内容，首先是要正确理解和对待"洋为中用"。由于引进学科原产地有其独特的社会经济历史文化背景，尤其是思想政治因素，引进是在以我为主的前提下实行为我所用。参考借鉴不是照搬照抄。有必要清醒地知洋，不可盲目地崇洋。应警惕喧宾夺主、食洋不化，以别人标准（有时还是对己与对人不同的双重标准）判断是非，信所谓的什么"普世价值"，以及可能在有意无意之中滋长有洋无中、重洋轻中、信洋疑中、扬洋抑中等病态心理。说到底，是一个引进学科本土化的问题。《发展》转述的"身份危机""非中国化"和"本土化与规范化双重困境"等议论正是此意。

四、学科性质决定学科研究顶层设计取向

　　作为引进学科，同时又是应用学科的行政管理或公共管理，应当更加突出重视这个"用"字。既要认真区别共性与个性及其明显存在的各种差异，还要彻底考虑是否可用、会用和能否用对、用好。最忌的是不顾一

切地乱用、滥用，甚至达到执迷不悟的程度。后果如何，可想而知。那就好比药不对症、吃错了药，不仅没有药到病除，而且轻则增加和延长痛苦，重则突然急转直下而一命呜呼，岂不危险极了，糟糕透了！也许有人认为这是危言耸听，或有些夸张。下面就举可能很多人都知道的两个不久前的现成例子。

一个是美国曾经兴起的新公共管理学派。为了区别于传统的"Public Administration"，采用了"New Public Management"一词。据说当时在位的总统对此很感兴趣。但是后来的实践表明，它却在另外一个相对较小的国家比在生长它的本土更受欢迎。通过现象去分析，其中不乏可行性、可操作性的现实因素。稍后，美国出版的《新公共服务》一书内容，即有较多与"新公共管理"商榷之处。由此我们得到的启迪是：学术讨论应当力求广泛深入地展开，但付诸实施必须审慎，说慎之又慎亦不为过。

另一个是苏联解体事件。过去已有不少有关文章与新闻报道，最近还在北京举行过针对此事的20周年座谈会。虽然导致解体的原因是多方面的，但令人印象深刻的最后"插曲"之一，似属"吃错了药"的性质。大意是当时面临经济发展比较严峻的困局，渴望能有灵验速效的应对之计。西方学者提出了据说曾经在别处有神乎其神的"起死回生"之妙的"休克疗法"，苏联的末代领导者竟不假思索地信以为真，加以采纳。后果有目共睹，原以为可以一蹴而就的，却落得个前面所说的一命呜呼。

由此可见，应用学科要在"用"字上下功夫，是大有"文章"可做的。根据唯物辩证法的原则，不同的时间、地点、条件是考虑问题的出发点和根本依据。所谓"消化不良""水土不服"之类，莫不与此有关。仍拿医药来说，"杂药乱投""病急乱投医""急惊风遇到慢郎中"等都存在很大风险。"饮鸩止渴"分明是死路一条。当然又可能有人会说可以抢救，但要付出本可不付的代价，并且未必能救得回来。应当慎之又慎，我谨愿三复斯言。

五、有关的传统智慧与学科研究顶层设计

这是一个如何正确理解和对待"古为今用"的问题。在学科研究中，对传统智慧的利用是不可忽视的。它已成为一种重要和宝贵的文化资源，将有助于优化研究者的素质，包括提高其研究能力和水平。因而，在学科

研究顶层设计里，应当提出这方面的具体要求。不过，实行"古为今用"，也要用其可用和适用，用其精髓，弃其糟粕，不可食古不化、是古非今或厚古薄今，甚至复古、倒退。我们所说的传统智慧，正是指其活力尚存的部分而言，也同力倡创新没有矛盾。因为其中都有常用常新和鼓励创新的特点，而非出新要推的"陈"和立新要破的或布新要除的"旧"。不掌握这一区别，便容易带来令人遗憾的损失。以下试通过一些有代表性的实例来掂量掂量传统智慧的价值。

世界各国都有精彩、出色的传统智慧，我们大可博采众长。但在善取别人之长的时候，勿忘自己的优势。同样的情况是，中国的传统智慧也早已受到各国学者的高度关注。这里不妨从对几件"中为洋用"和本土事实进行反思入手，以加强我们的认识。儒家学说的国际知名度很高不用说了，不少外国名人常引用孔子的观点。此处随便举几个时间较近的例子也可见一斑：一如黎红雷在博士论文基础上修改而成的《儒家管理哲学》，在附录中介绍了欧美、日本、我们大陆和台湾地区研究概况。二如韩国学者李文永所著《〈论语〉、〈孟子〉和行政学》，认为《论语》《孟子》是行政学教科书。三如纪宝成主编的《中国古代治国要论》，包括儒家、道家、法家、兵家和其他学派的治国思想，涉及很多古典名著。四如台湾大学教授傅佩荣曾在北京《论语》管理精读班主讲："学千古不朽传世经典，悟修己安人管理智慧。"

值得特别一提的是《孙子兵法》对国际管理学界的重大影响。它已被公认为是论述管理的最早经典著作。西方曾出现过"孙子兵法管理学派"，日本企业界更曾经将《孙子兵法》《三国演义》和《西游记》列为培训必读的三本教材。他们的解释大意是《孙子兵法》中有管理理论原则，《三国演义》中多具体生动案例，《西游记》则可以活跃思维云云。看来不是无稽之谈，而是经过认真研究的。我虽应约出过两本拙著《"三国"智谋与现代管理》和《〈孙子兵法〉与现代管理》，以及发表拙文《"文官"也应读"兵书"》等，但仍待继续深入研究。

六、从学科研究的现状讨论顶层设计问题

前已提到的"鲍函"和《发展》，对近30年来学科研究的进展都做了简要介绍。后者所概括的四点，更加全面和中肯，这里不再复述。所要

补充的是些从无到有、从少到多、从小到大等方面的事实。例如，教研单位除高等院校外，有各级党校、行政和干部院校、研究所、室，以及自学考试、函授、广播电视教育等。授予学位有学士、硕士、博士和硕士专业学位（MPA）等，还有博士后流动站和全国重点研究基地。译著出版很多，期刊包括学报和综合日报也常有文章发表。总之，学科研究内容几乎应有尽有，发展之快、规模之大、从业人员之多，可以猜想为举世无双。但据实考察，有与优、快与好、大与壮、多与强之间还存在不同的差距。

正如"鲍函"所指出，目前理论研究仍落后于实践发展、存在基础薄弱、方法陈旧、创新不足、针对性及应用性不强、不能适应发展需要等问题。《发展》在回答目前存在的主要问题时，也列举了好几位学者的意见，如概念混乱、缺乏对真实世界的了解、缺乏学术规范和指导实践的能力、内容老化、体系交叉、重理论轻实践、视野狭窄等问题。这表明广大同行对此已大体上有了基本同感和共识，也成为在讨论学科研究顶层设计时的得力参考。在此，我谨建议扩大咨询范围以求集思广益，主要对象是中青年专家学者，受过专业教育、培训人员及其任职单位的直接领导者，并在与各类行政管理工作有较多接触的中外公众中进行抽样调研。因为这样一来，学科研究顶层设计者方可在全面了解现状的基础上开展工作。

不过，对于存在问题应做具体分析：一不是全盘否定过去已取得的成绩，二不是所有问题都人人有份，三不是要求过高脱离实际；而是出于主客观的共同需要，我们也可能经过共同努力把学科研究工作做得更好。于是一起回顾、总结、交流经验、交换意见，发挥集体智慧，集中到学科研究顶层设计中来。与旧社会的"文人相轻"和"同行是冤家"的陋规恶习截然相反，这是我们中国特色社会主义知识分子和同行学者大团结和共商大计的气派。我们就是要服从和服务于以人为本的国家科学发展，并为此自勉、共勉而深感自豪。面对如此重要的改革顶层设计，我们自己的学会和刊物——中国行政管理学会和《中国行政管理》杂志已经发出呼唤：学科研究领域的全体成员和关心学科发展的人士何不群策群力共襄其成呢？

七、学科研究改革的优先顺序和重点任务

在教育工作中，关于人才培养历来都有德才兼备或品学兼优的要求。

对于学科研究者，也显然不能例外。根据德育优先的原则，这里也照此办理。道德通常有公德、私德、职业道德等区分，从事某项职业便必须具有该职业的道德品质，如师德、艺德、医德之类。"德艺双馨""术德双修"等美誉即由此而来。那么，除一般共同的公民道德外，本学科专业研究者应着重强调什么呢？回答是在讲职业道德的同时突出公共精神。理由是本学科从名称、性质、内容到服务对象都离不开公共领域。要办好公共事业与维护公共利益，缺乏公共精神是不可能的。是否专心致志、乐业、敬业，也与此有关。

按照优先顺序，德后面是才。但学科总体所涉及的面广、问题很多，仍有必要试试"排队"。以下是未必恰当的初步意见，仅供参考。

（1）在经过实践充分证明完全正确的思想观点和理论原则的指导下，学科研究较能迅速纳入正轨、少走弯路和避免误入歧途，以及有助于解放思想、大胆创新、提高研究水平。既然学科研究服从和服务于国家发展需要，则指导国家发展的思想理论，也正是我们所必须遵循的。那就是马克思主义、毛泽东思想、邓小平理论、"三个代表"重要思想和科学发展观。方向性、原则性的根本保证即在于此。

（2）引进学科有其产生和发展的历史与现实背景，我们应当尝到原汁原味和认清本来面目，不能只看表面皮毛。学科引进了，其原来依附的自然和社会时代环境都无法引进。若不分青红皂白，一律囫囵吞枣、依样画葫芦、机械照搬，就会不服水土、对不上号，甚至先入为主，形成偏见，或认为应削足适履。前面关于"洋为中用"的讨论，这里不再重复。

（3）应用学科就是要学以致用。无用、不用、用得不好或用错了，研究即将瞎忙、白忙一阵，还可能欲益反损。问题的关键在于，研究应力求吃透立国之本、主要和基本国情，必要时还有省、自治区、直辖市、市、县、乡镇、村等实情。这是实行"洋为中用"的要害所在，切切不可掉以轻心。此外，案例教学和实地调研也有待加强。

（4）传统智慧原是国情的重要一环，前面已有专题讨论。这里只是在考虑优先顺序中单独列出。此外，根据学科综合、交叉的特点，研究者还要注意扩大相关学科的知识面，以及随时留心有关理论和实践的最新发展，才能使研究工作与时俱进和不断注入新的活力。特别要警惕的是故步自封、抱残守缺。

至于重点任务，看是否可以从抓科学决策和科学评估这两头入手，带动中间环节和全部"机器"？决策和评估是一头一尾，都无法避开和不可或缺，并且与全局和全过程有直接联系。现代管理中有决策学派，绩效评估成为当前世界热门课题，均非偶然。不过学科研究顶层设计中的重点任务，也可以根据国家需要来安排。

八、顶层设计中关于学科研究前景的预期

虽然目前学科研究存在不少有待努力改进的问题，但是抚今思昔，进行一些回忆对比，对可能有较好前景仍很有信心。先从纵向来看，自学科引进以后至新中国成立以前，学科研究根本脱离实际，只是在课堂讲讲而已。因为当时的政府连资产阶级的旧民主都怕，腐败无能、民怨沸腾。什么行政改革、提高效率，最多偶尔说几句好听的，当不得真。也曾装点门面，在"抗战"胜利前夕成立学者的"行政学学会"和政客的"行政学会"，其实没有学术活动。新中国成立之初，一度进行课程改革，仅课程名称略有变动。稍后宣布高校院系调整，则将本学科与政治学等撤销。从此学科"冬眠"达30年之久，直到邓小平同志为改革开放号召赶紧补课，才有今天这样的局面。党政重要会议常提行政管理改革，建设中国特色社会主义行政管理学科是应有之义。

从横向来看，30年的变化也很大。学科国际组织领导成员中的中国学者已从无到有。国际学术交流的频率大大提高，国际会议经常有中国学者参加，留学、访问成为双向活动，在中国举行的学科国际会议时有所闻。第一届世界华人公共管理学者大会已成功召开，第二届刚刚开过。许多公务员培训项目是分别与其他国家合作的，通常由高校承办。港澳在回归前后，内地高校也前往开办多次以学科为主题的研究生、本科生学习班。国际上关于中国的议论，一般总会直接或间接联系到与行政管理状况有关的方方面面。较近的例子如一批拉美青年政治家谈访华观感，认为"中国共产党执政经验举世无双"。说的是"执政经验"，学科研究者应受到鼓舞，下决心把工作做得更好。

最近，胡锦涛同志《在庆祝清华大学建校100周年大会上的讲话》把全面提高高等教育质量的"四个必须大力"（即提升人才培养水平、增强科学研究能力、服务经济社会发展和推进文化传承创新）作为教育改革发展最核心最紧迫的任务，并对全国青年学生提出了"三点希望"（即

把文化知识学习和思想品德修养、把创新思维和社会实践、把全面发展和个性发展紧密结合起来)。这对广大学科研究者和青年学生都有很大的启发与鼓励。学科研究顶层设计也应该不失时机地根据上述"四个必须大力"和"三点希望"去做。我们对于学科研究将迎来更好的前景也更有信心。

"刍议"到此为止。结束语权以2008年对一次活动(指为庆祝夏书章教授九十华诞,中山大学举办的"夏书章与中国公共管理学政治学研讨会"。具体内容详见本刊2008年第5期。——编者注)"抒怀"的几句顺口溜来代替。因其中提到学科补课、接轨、特色等,希望并相信在最后一句"百年更高举起"的"红旗"中会含有即使是极其细微的学科研究因素。

五四同年四八九进十抒怀

错爱愧不敢当　　盛情牢记心上①
往事长话短说　　前景无比辉煌
生不逢时老逢时　耄耋欣幸历盛世
星火燎原恍如昨　探索向前亲其事
改革开放气象新　学科补课不容迟②
国际接轨须审慎　中国特色见真知
一穷二白未能忘　和谐小康正可期
科学发展永持续　百年更高举红旗③

(原载《中国行政管理》2011年第8期)

---

① "错爱""盛情",均针对此次活动而言。
② 指小平同志号召对政治学等学科要补课。
③ 至2021年,中国共产党成立将达百年,预期实现小康。

夏书章自选集

第四部分

关于人才与人力资源管理

思想政治素质与其他素质的关系

谈到干部素质问题，人们很容易联想起许多有关的耳熟能详和印象深刻的说法或要求，诸如"德才兼备""任人唯贤""革命化、年轻化、知识化、专业化""有理想、有道德、有文化、有纪律"，以及曾经一度颇为流行的"又红又专""红透专深"等等。在平时的具体讨论中，也常会接触到像"思想政治素质""业务素质""文化素质""心理素质"之类，还有同人员素质有密切联系的各种结构、配备或组合。

在众多素质中，思想政治素质处于首要地位。这是我们所应该能理解和有共识的，对此，经典作家早已加以阐明，革命前辈也以最有说服力的实践予以证明。远的且不说，即以学习邓小平同志建设有中国特色社会主义的理论为例，其中就多次强调和高度重视这一点。最近，江泽民同志在一系列重要会议和全国各地考察中，都对这个问题有所论述。特别是在《关于讲政治》（1996年3月3日，载《求是》1996年第13期）和《努力建设高素质的干部队伍》（1996年6月21日在纪念中国共产党成立七十五周年座谈会上的讲话，载《人民日报》1996年6月24日）这两次重要讲话中，把关于干部素质的问题讲得很全面、很透辟。这里仅就思想政治素质与其他素质的关系，谈些学习体会。

一、全面提高各级干部素质的必要性和重要性

有些世代相传的古话、俗语至今仍在流传。因其有生命力或者说经得起时间和实践的检验，看来还将继续流传下去。例如："天时不如地利，地利不如人和""地缘不如人缘""事在人为""人定胜天""得人心者昌，失人心者亡""得人才者昌，失人才者亡""国家之败，由官邪也""政以得贤为本，治以去秽为务"等等，真是不胜枚举。说的都是事情的成败兴衰，不可忽视人的因素。

现代科学技术空前发达，即使不是一日千里，也可算得日新月异。但是，人的作用并没有因而减弱，而是日益同步加强。应当看到，"巧夺天

工"的是人,"创造奇迹"的是人,"人工智能"奇妙非凡,然而必须注意的是还有"人工"二字。因此,现代管理无论在理论上和实践中,对于人事管理或人力(人才)资源开发和利用重视的程度,与过去各个历史时期相比,实大有过之而无不及。许多管理学派和理论,都是以人为研究和立论对象的。比较著名的如"X理论""Y理论""需要层次论"等,关于管理行为、管理心理、人际关系等研究,也不用说了。何况,说到底,无论管理有多少要素或环节,莫不有待人去制定、掌握、运用和执行。

在中国长期的革命和建设实践活动中,人的因素的重要性已得到充分的证明。关于"思想路线政治路线的实现要靠组织路线来保证""政治路线确定之后,干部就是决定的因素"等论断,都极其中肯地表明了这一点。

当然,不言而喻,这里所说的"人的因素",不是"人口"意义上的人,最低限度是起"人手"作用的人;而对各类各级干部来说,则必须有"人才"的要求,即必须具备能称职、可胜任的各种素质条件,才能较快、较好地完成任务。事业的发展不断面临新的挑战,全面提高各级干部的素质是应有之义。

二、首先和特别要提高思想政治素质的战略观点和根本原因

干部的素质有多方面的内容,其中尤其重要的是思想政治素质,在《1996—2000年全国干部教育培训规划》(简称《规划》)中就明确指出:"全面提高各级干部的素质特别是思想政治素质……以提高干部的思想政治素质为重点……"这是由于:"在有些地方和部门的一些同志中间,确实存在不注意讲政治甚至忽视政治的问题,以致造成思想政治建设薄弱,思想政治素质下降。"(《关于讲政治》)也就是说:"在我们干部队伍中,确有相当一部分同志的素质特别是思想政治素质不适应党的事业要求。"(《努力建设高素质的干部队伍》)

对于思想政治素质下降和不适应的情况与问题,需要理论结合实际地加以考察分析。一方面,在理论上,政治是经济的集中表现,是为经济服务的;经济是基础,集中力量把经济搞上去,实现中国的社会主义现代化

本身就是我们当前最大的政治。另一方面或与此同时，在实践中，以经济建设为中心，建设有中国特色主义现代化，又必须有最根本的充分的政治条件和强而有力的政治保证；否则，在短短十几年的历史时期中，改革开放和经济建设获得巨大成就，以及综合国力的大大增强，是不可能的。政治与经济的关系是这样，干部思想政治素质与其他素质的关系也是这样。

讲政治、讲正气是思想政治素质的正常、必然和集中要求，在干部整体素质中占主导地位和起主导作用。正如江泽民同志在五中全会讲过的那样，讲政治包括政治方向、政治立场、政治观点、政治纪律、政治鉴别能力和政治敏锐性，还有"只有讲政治，才能……"那一段论述（见《关于讲政治》），以及在全国宣传部长会议上所讲的在原则问题上要注意分清的一些基本界限等，都事关重大，值得细读深思。由此可见，提高思想政治素质之所以要受到特别重视，显然是基于战略上的考虑，也可以说这是根本原因。

三、思想政治素质与其他素质之间的有机联系

思想政治素质不是孤立的、抽象的，而是与其他素质之间存在着内在的有机联系，并常通过后者得到落实和受到检验。关于这一点，前面在谈到主导、保证等作用时，实际上已经涉及。这里再稍具体一些举例展开，也可能更有助于对提高思想政治素质的深刻意义加深理解。

"政治过硬"不能误解或曲解为只是叫口号、搞空头，又去以阶级斗争为纲和搞"左"的一套。应当看到，真正、确实"政治过硬"，常能促进、带动、表现其他素质的过硬。亦即往往由于具有较好的思想政治素质，能够注意防止、主动避免和正确对待各种干扰；能够重视团结、以大局为重，努力调动自己和别人的积极性，维护共同事业的利益；能够出以公心，反对以权谋私和一切不正之风，能够勤奋学习，总结经验，不断增强业务能力，千方百计力求做好本职工作；等等。而与此相反，思想素质较差者，则在大是大非面前不能旗帜鲜明；遵纪守法观念薄弱，有令不行，有禁不止；对歪风邪气不予抵制，甚至同流合污；对工作马虎应付，潦草塞责，效率很低；以及诸如此类。对比之下，我们便不难领会建设高素质干部队伍为什么要以思想政治建设为重点了。

前面提到过的《规划》在"以提高干部的思想政治素质为重点"之

后,紧接着写明:"结合实践锻炼,用科学的理论武装干部,用现代科技知识和人类创造的一切文明成果充实干部,用党的优良传统和作风教育干部,培养造就一支坚持走有中国特色的社会主义道路、全心全意为人民服务、德才兼备、适应改革开放和现代化建设需要的干部队伍。"这既是干部教育培训工作的指导思想,也包含了最主要的具体要求。意思非常清楚,若能完全和认真照此办理,高素质干部队伍建设是一定可以计日程功的。必须指出的是,思想政治建设本身有其理论依据,是一门跨越多门的学科,亦属文明成果;优良传统和作风更是宝贵精神财富,应予珍惜和发扬。

(原载《人事》1996 年第 11 期)

在普通高校举办高级公务员研讨班的成功尝试

众所周知，几乎成为世界通例的是各国对各级公务员的学历、学位的要求，基本上可以说完全是在普通高校中完成的。但是，作为高级公务员继续进修、提高的教育培训模式，则常表现为多种多样和不拘一格。其中，也包括在具有较好培养研究生条件的普通高教举办各种研讨班之类，并且在不少发达国家行之已久和颇有成效。

我国自实行改革开放政策以来，对于干部教育培训工作极为重视。除已有中共中央党校和国家行政学院为最高层次的培训机构系统外，又新设了延安、井冈山和浦东三所干部学院。与此同时，在发挥普通高校作用和举办境外培训方面，也经过积极进行试点、认真总结和逐步慎重开展。

中共广东省委组织部委托中山大学和（英国）牛津大学联合举办了"广东省高级公务员公共管理知识研究班"至今已办完七期，第八期正在进行中。作为该项目参与其事的一员，我认为这应该算是一次成功的尝试。根据"与时俱进"的精神，我们很有必要及时抓紧做好既肯定、巩固、发扬成绩，又察觉、找出、研究问题加以改进的工作。

一

让我们首先来看一看有关的基本情况。

（1）关于时间安排。除在试点初期曾按"3+1"（即在中山大学三个月和牛津大学一个月）试行外，随后均已改为"2+1"。由于参加者都是忙人，全"脱产"不宜过久，但太短又难以见效。这样调整和确定比较切合实际，所以一直延续下来。

（2）关于参加人数。定为35人，大体保持稳定。这与组成人员特点和办班要求有直接联系。若规模过大，将不利于深入研讨，人数太少亦影响交流、提高运作成本和增加开展具体活动的难度（例如聘请高级专家或邀请高层领导给予指导等）。

（3）关于学员层次。顾名思义，这是一个"高级公务员"的研讨班，其人选级别由组织部门掌握。据了解，大致相近，无太大差距。教育背景都在大学本科以上，也有不少是已经取得硕士、博士研究生高级学位的。年龄差距一般不大，这与受教育和工作经历有关。

（4）关于研讨内容。在中山大学两个月，除提高英语水平以外，主要安排的是关于公共管理特别是行政管理或政府管理理论和实践的研讨，并为往牛津大学进修提供知识基础。鉴于大家的专业不同、集中于公共管理方面，已体现于研讨班的名称。

（5）关于方式方法。不同于大学本科和研究生教育，对主讲教师和全体学员都是新的尝试。选定若干专题，结合阅读、讲解、讨论、考察、思考等环节运用得较为经常和普遍，还辅之以介绍经验或学术专长为主的演讲、报告，也鼓励问答，积极互动。

（6）关于结业考核。组织部门提出，研讨班结束时，每个参加者都必须交一篇结合研讨心得、体会的书面作业，作为考核依据。作业有最后期限和最低字数的规定，经过认真评选，将以论文集形式出版。过去各期已经形成"制度"，不乏理论密切结合实际的佳作。

综上所述，情况基本正常、合理，各期的各有关方面（包括发起、承办、教、学、管理各方）都能及时和认真总结，主动沟通、反馈，研究、商量和解决问题，改进工作，注意互相支持、配合，通力合作。

二

以下分别谈几个印象较深又值得一谈的问题，这里且说上述"2＋1"的事，各省有所不同。据不全面的了解和非正式的交换意义，有的省也有公共管理境外培训项目，但在赴境外之前，仅集中一段时间做语言上的准备，而缺乏有关专业内容的"预热"，以致在直接进入高层研讨之际显得有点突然甚至茫然的感觉。看来，这先二后一的具体安排很有必要考虑其在全过程中所应发挥的积极作用。与此相联系的是在另一个性质相类似的教育计划中，对象也是有几年实践经验、大学本科毕业、有不同专业背景的公共管理从业人员。他们在开始接触到专业课程时，用他们自己的话来说，是感到"相见恨晚、如饥似渴"。据说，这是一种很有代表性的说法，曾在当地电视节目中现场陈述。原因是做公共管理工作，过去不知道或未学过这门学科，深感新鲜、对口。事实上，作为在职研究生，他们比全日制研究生还要勤奋。可见，上述感受确非虚语。在时间较紧的情况下，更应当把时间安排好、利用好。

还有一个与此相关的例子，说的是一位已获得工学博士学位、现任局长的同志。他出乎一般人意料地报考了难度很大的行政管理博士研究生而被录取。在一次课余闲谈中，同学们出于好奇，问他为什么对行政管理这门学科"情有独钟"，还要读"双料"博士。他的回答非常自然、朴素。大意是说他是工科出身，现在担任行政职务，需要行政管理理论知识，他是为学习研究而来，主要兴趣不在学位。因此，在短期培训计划中，尽可能争取高效、速效是各有关方面不言自明的共识。换个说法，或者叫作默契。

以上的所有说明、对比、引证、举例，无非是指研讨班一定要强调目的性并从而十分注重针对性，以及力求充分体现于课程设置、教学内容设计、教学方法的选择和改进中。提出理论和实践问题开展研讨、探索等等，尤其应着重现实性、对策性、可行性和有效性等方面切合实际的深思熟虑。在注意如何与国际接轨的同时，保持鲜明的中国特色，根据国情办事，处理好"洋为中用"。

三

课程设置、教学内容无疑都极其重要，现在正在执行的计划是经过认真研究决定的，需要不断总结经验以求得改进。可是，由于时间毕竟较短，不能求多、求全，所以如果要进行调整特别是打算增加些什么，就更必须从长计议和慎之又慎。这里将要提出的建议只是一孔之见，有待好好斟酌。

要说的是倘有可能，用"见缝插针"的办法，聊备一格；或者采取专题介绍的形式，引起关注。具体而言，我们联想到《中国古代治国要论》（纪宝成主编，中国人民大学出版社2004年版）《〈论语〉、〈孟子〉和行政学》[（韩国）李文永著，宣德五译，东方出版社2000年版]，以及备受国际管理学界推崇的如《孙子兵法》《三国演义》等古典名著。记得有一位大家所熟知的党和国家领导人曾经表示希望高级干部最好能通今博古和学贯中西。虽然在总体上应厚今薄古，但也要适当地实行"古为今用"。

在现行方案中，这方面似可考虑有所增补。"只有在善于向西方学习的同时，还善于向我们的古人、前人学习，我们才有可能后来居上，引领时代。"（纪宝成语，见《中国古代治国要论》序）这话是很中肯的。当然，因受时间限制，难以占有较大比重，不妨有选择地从无到有，先试试是否可行。

所谓有选择，就是在固定的较短时间内，列入课程表，或作为全面系统综合提要式的概论、通论、引论、要论、简论、泛论之类，主要是述其大要；或作为一家一派之言与公共管理和"治国安邦"有密切联系部分摘要介绍或进行述评，如儒家、道家、法家……或按人物、著作定为专题，略如举例或"解剖麻雀"，亦可聊胜于无。常见的如在有关专著的章节目录即可参考，有研究的专家学者不难提供适宜题材，推荐参考书目，以辅助讲述的不足。

在离我们较近和紧贴我国革命和建设事业的前人中，给我们留下了很宝贵的理论观点和实践经验的财富，更值得珍视。20世纪世所公认的中国三大伟人孙中山、毛泽东、邓小平的救国治国思想与方略都值得学习研究。还有在中国特色社会主义公共管理领域，周恩来是举世敬佩的全才、雄才和奇才。学习他们为国为民的精神是应有之义。

四

在增强纵向学习，即加多对古人、前人学习内容的要求下，时间已经很成问题。倘若还要说再拓展横向学习的范围，可能更难以实现。不过，前已言及，在基本或核心主题不受影响的前提下，机动灵活地做点变更，以便穿插一些有助于提高或扩大实效的"节目"也许不是绝对办不到的事。正是出于这种设想，所以继续鼓起勇气"姑妄言之"了。

现代公共管理学科起源和形成于西方，其发展和变化也大体上是如此。由于发达国家对工商管理的研究开始得较早和开展得较好，与公共管理研究之间的影响较大和关系较密，所以在理论和实践方面常常是相通的和互相启发、借鉴的。这完全是一种必须依据的"国情"或一个具体经济社会环境问题。尽管学习研究现代公共管理一定要"品尝"西方的"原汁原味"，但在实际运用中不能盲目机械照搬，便是这个道理。

理论要结合实际或不可脱离实际的原则，不仅在发展水平不同的国家和地区贯彻执行的效果有区别，即使在发展水平相近或同等的地方也不完全相同。因此，放宽眼界，多了解一些有关情况，将会大有好处。这里且举新加坡和我国香港行政特区这两个例子。

新加坡是一个比较年轻的小国，但是名气不小。被称为"亚洲奇迹"的新加坡，能够在较短的历史时期内出现举世瞩目的经济腾飞现象绝非偶然。公共管理尤其是政府管理状况，与此有极大的关系，不能孤立地就经济论经济。在发展过程中，其所遭遇的难题很多，不仅逐一解决，而且积累不少成功经验，值得我们参考借鉴。例如依法管理、治理贪污、高效竞争、科技立国、发展教育、重视环境和精神文明建设等等，都为国际教育称道。邓小平也曾指出，新加坡管理较好。

香港特别行政区在公共管理方面，也有较好的基础，表现在经济发展上与新加坡一样，同属"亚洲四小龙"之一。回归祖国以来，实行"一国两制"，保持稳定、繁荣，前景看好。在政府管理中，特别引人注目的，当推世界闻名的对付贪污行为的"廉政公署"。它对香港的经济发展有明显和重大的积极作用。联合国也曾邀请香港代表去介绍经验。

五

古今中外，任何一个教育培训机构，总少不了教育培训者和接受教育培训者，即通称为师和生的两方面人员。在正常的大、中、小学系统中，教师和学生一般年龄差距较大，学历和知识水平也保持相当的距离。但是，就高级公务员研讨班来说，情况并非如此。教师是老、中、青的都有，不少是受培训者的同龄人，或者反而较为年轻。实践经验更是学员比教师丰富。前面也已谈到，学员学历都在本科毕业以上，还有硕士、博士。在后者之中，可能有人背上资历、地位、职务之类的"包袱"，并不奇怪。他们都是领导干部，参加研讨班有一个"角色"转变的问题。

这里很容易使人联想到历史相传的一些有关说法。例如："吾师道也……道之所存，师之所存也。……圣人无常师……三人行，则必有我师。……闻道有先后，术业有专攻，如是而已。"（唐·韩愈《师说》）其实，只要明确是在学其所长，便完全可以保持心理平衡而不会对学习研究产生负面影响。这也就是人们常说的"能者为师"的意思。何况还大有思考分析和讨论评议的余地，并不是也不可能全盘消极接受。在某种意义或某种程度上来说，这类研讨班有知识更新和对相关业务知识提供参考咨询的作用，以利于今后决策、领导和管理水平的不断提高。

为了适应国内外各条战线客观形势发展的实际需要，党和国家的高层领导集体邀请许多中青年专家学者去做专题报告的事时有所闻，也受到国际媒体的高度关注，被传为美谈。这在实质上也是在经常进行各种专题研讨，实在是全国广大干部特别是各级领导干部的最好表率。

个人的生活体验相信也会有类似的情况，常见的例子如对高科技新产品的使用、操作和一般调试、维修之类，很多老人、高官、大专家很自然地向后辈、晚辈虚心请教。在"玩"电脑方面，更是青少年上手得快和显得灵活。有一种正常、健康的心态，则"赤子之心"将永远不会丢失，还我"童趣"不仅可能而且可乐。

六

再说教师方面，最需要牢牢记住的极其重要的一条是，努力争取正确处理与"学生"的关系。这里对学生加了引号，没有别的意思，而是在于引起注意，接受培训的是一个特殊群体。具体情况上面已经说了，他们可能期望很高，要做到所讲专题使他们认可、满意，应该说是面临极大的挑战。对此，千万要认真对待，力求全神贯注、全力以赴，切切不可掉以轻心、简单应付。

教育工作者不会忘记马克思的名言："教育者必先受教育。"对于这句话的理解，应该是广义的，即不限于在成为教育者之前要先受教育，以后还要随时先受教育才能真正尽到责任和做好工作。这种教育是多方面的，包括内容、方法和对教育对象的了解。就说这个特殊群体，其主要特点即须准确掌握从而切实针对，以便真正落实教学相长、师生互动、充分发挥双方自觉性与积极性的原则要求。常识告诉我们，不同情况应区别对待，更不用说差异显著大不相同了。

必须十分清醒地看到，广大教师的共同弱点之一是社会实践较少，有的理论脱离实际还相当严重。面对实践经验如此丰富的众多领导者，在这方面显然相形见绌，但亦正可视为一个难得的向他们学习、请教的大好机会。说到这一点，我们不能不想起管理学科领域最流行的案例教学，至今仍是我们工作中的一个薄弱环节。如果我们强化案例编制和开展案例教学的功底，这也是案例素材"送上门"的大好机会。

很巧，国际上就有与我国有关的先例。关于工商管理，我国海尔老总张瑞敏即曾为美国哈佛大学商学院工商管理案例库提供素材被编制为正式教学案例。或者说，是后者发现吸收的。事情无独有偶，关于公共管理或政府管理，历任惠州市长、广东省副省长、深圳市市长和市委书记的李鸿忠，也被哈佛肯尼迪学院公共管理案例库采纳了他的素材编制成教学案例。他们的素材都以"现身说法"为基础，主要是问题如何解决、局面如何打开、事是怎么办的、路是怎么走的等等。这些对我们都很有启迪。研讨班一期又一期地在办，我们也应该积累点什么，愿大家共识共勉！

善于总结是做完任何一项工作尤其是重要工作的基本功。譬如，在军事上，一场战争结束，无论胜败，总要认真回顾，找出缘由，以利再战。办高研班还在继续，也应该回过头去好好看一看、想一想：哪些地方得当，哪些地方不足，优点发扬，缺点改进，做到心中有数。

当务之急莫如开展调查研究，只有将全局和全过程的情况包括有关的必要数字弄得清清楚楚，才能言而有据。光凭主其事者或教学人员零星分散地发表些意见远远不够。最好是拟订一个调研计划或提纲，在分头调研的基础上再集中讨论。需要了解的有如下几个方面的有关情况：一是省委组织部。他们是办班的发动和主办机构，从决定试点到继续举办是有设想、有要求的，并且必然有来自各方面的信息反馈，包括对学员的选送、考察等。二是我方承办单位，即中山大学校院两级领导。如何接受和安排任务、有何考虑和困难等等。三是境外承办单位，即牛津大学，有何评价或社会反映以及对学员印象等。四是原工作单位，主要是参加研讨班前后的表现和变化等。五是教学和管理人员，主要是对全部教学和管理工作进行反思和评估等。六是学员本人，主要是自我感觉如何、是否值得和改进意见，等等。若认为不必过于隆重，酌情从简亦可，仅供领导参考。

2006年6月于中大

（原为广东省高级公务员公共管理知识研讨班第7期论文）

夏书章自选集

第五部分

关于城市管理

略论幸福城市的建设与治理

贫穷不是社会主义。中国改革开放的总设计师邓小平早就提出了中国特色社会主义现代化小康社会的理论。随后"三个代表"重要思想旨在保障、改善、提高人民群众的根本和长远利益。紧接着,用以人为本的科学发展观统领经济社会发展全局,从事和谐社会的构建。因此,普遍来说,中国城市的建设与治理,都应当注重将上述理念、思路付诸实践,予以落实。

与此同时,人们记忆犹新的是:由中国承办、以"城市,让生活更美好"为主题的上海"世博会",展现了未来城市的创新战略。前不久,"全国十大最具幸福感城市"公布了,媒体又有建设"幸福扬州"的报道[①]。最近,"加快转型升级,建设幸福广东"已被作为"十二五"期间的目标,更加引起广泛热议。看来也很自然,小康、和谐、生活美好同幸福本来就有密切联系。以下试对幸福城市的建设与治理略抒浅见。

一、从"建设幸福广东"说起

在中国近现代历史上,无论是在抗敌卫国,还是在进行旧民主主义革命、新民主主义革命、社会主义革命、建设中国特色社会主义,以及实行改革开放和平发展过程中,广东都发挥了重要作用。说到底,这一切正是为了谋求国家富强和人民幸福。

时至今日,新中国成立已经60多年。改革开放30多年来,广东的明显进步有目共睹。可以认为:提出"建设幸福广东"是时候了。这既是发展的必然趋势,也是人民群众的共同心愿。有了这样一个深得人心的目标,相信必将众志成城,更能群策群力,鼓劲加油,促其实现。

其实,这仍不妨看作广东"先走一步"的继续。"和谐中国"进入

---

① 郑晋鸣、陆金玉:《扬州:文明创建酿就"幸福成色"》,载《光明日报》2010年12月7日。

"幸福中国"当然也顺理成章和为期不远。常识告诉我们：一个整体包括多或少的组成部分，世界如此，国家如此，省区亦然。建设"幸福广东"，也要从建设"幸福城市"如"幸福广州"等基层地区开始。

二、对于幸福的认识和具体行动

说到幸福，在认识上，即使不是因人而异，至少存在各种很大的差别。面对许多不同的幸福观，虽然难以强求一致，但是，围绕社会主义核心价值研究制定一套合理的、切实的幸福指数体系，还是必要的和可行的。那就是有可能在达成基本共识的条件下，心往一处想、劲往一处使，做到同心协力、共襄其成。

必须指出，幸福的实质内涵，体现在物质和精神两个方面。二者互联互补、相辅相成，这在很大程度上是与共性的、正确的幸福观分不开的。假如停留在片面地、孤立地强调某一（即物质或精神）方面的轻微和表面改进，便难以或不能导致真正由衷的、实实在在的幸福感。一定要避免受到讽刺、调侃的"被幸福了"的局面出现。

至于有关具体行动，指幸福城市的建设和治理需要政府、社会团体和个人三方面的共同努力，并且缺一不可。前面说过，应该再次肯定：只有同心协力，才能共襄其成。

三、建设与治理幸福城市的指导思想

前面提到社会主义核心价值，实际上已经接触到建设与治理幸福城市的指导思想问题。以下要着重明确的，是三大理论、思想、观点。

一是建设中国特色社会主义现代化小康社会理论。那是1979年末，邓小平首先提出的中国现代化建设要实现的社会目标，也是最低目标。他还提出著名的六条标准和确立"三步走"的发展战略。那是全面进步的、共同富裕和稳定的社会。

二是2000年江泽民同志提出的"三个代表"重要思想。那是建设小康社会新的科学指导思想。2002年，在党的十六大上，正式提出经济更加发展、民主更加健全、科教更加进步、文化更加繁荣、社会更加和谐、人民生活更加殷实的奋斗目标。

三是党的十六大以后，以胡锦涛为总书记的党中央带领全国各族人民，努力践行科学发展观，开创了全面建设小康社会的崭新局面。党的十七大以后，又提出了一系列新的要求、新的思路和新的举措，开辟了更高水平小康社会的新前景。

四、和谐社会与幸福城市的必然联系

根据上述指导思想，可见小康社会、和谐社会与幸福城市之间存在着必然联系。设想一个普通人，身处于困苦、险象环生、矛盾重重、格格不入、根本无法安居乐业的生活环境之中，能够有幸福感么？

换一个角度观察：和谐与幸福是互相体现和折射的。幸福是和谐的趋向，和谐是幸福的因素。不仅如此，我们完全可以把构建和谐社会视为建设幸福城市的前提和基础。二者一脉相承，有如水乳交融、天衣无缝。就总体而论，都是在不断提高社会发展水平，即物质文明水平和精神文明水平。

这里，在积极提高发展水平之际，有一个期待相应工业努力提高治理水平和反映政治文明水平的问题。治理就是服务，领导（包括政治领导）也是服务。不仅为创业、守业服务，而且为持续发展服务。可谓任重道远，不可轻忽。正因为事关重大，所以必须保证服务质量、效率和效果。后面还将另列专题讨论。

五、建设幸福城市是城市化道路中的中国智慧

城市化是全球人类社会发展史的共同趋势。由于各国的具体国情不同，城市化的道路不宜全盘照搬、不能照抄别人的经验。在这个问题上，建设幸福城市表现了中国智慧。

首先是幸福城市的建设与治理在改革开放的条件下进行，并且是在条件比较成熟以后才提上议事日程。建设小康社会、和谐社会、幸福城市，循序渐进。

其次是幸福城市的建设与治理的方针、方案、方式、方法等，既保持独立自主和自身的特色，又参考借鉴外地和外国的经验，有选择地同国际接轨。这就有可能不走或少走弯路，避免重蹈覆辙，力求充分利用好在这

方面的后发优势。毋庸讳言，过去曾为盲目性付过的"学费"不可健忘。

最重要的，莫如建设幸福城市，就是要让人民生活更美好。这是万变而不可离的"宗"，是硬道理中最硬的道理，绝对不允许变质、走样、离谱、出轨。在城市治理过程中的任何倒行逆施、损害公益的迹象，都必须群起鸣鼓而攻之。

六、幸福城市的城乡关系及其辐射与反哺作用

幸福城市的建设与治理并非"独善其身"，即只顾自己，而是应该高度关注社会主义新农村的现代化建设和发展，维护正常、健康的城乡关系。因为包围城市的广大农村地区，对于城市的发展，有着长远的重要影响。如资金、资源、原料、粮食、副食品、劳动力、消费市场等，无一不是日常生活、生产必须面对的现实问题。

因此，切忌出现城乡对立，要注意缩短城乡差距，力求做到促使城乡同步协调发展，妥善解决在城乡共同发展中的各种问题，以利于双方的持续发展向前迈进。任何以邻为壑的举措，只能产生令人遗憾的后果。

具体来说，幸福城市更须对农村的发展发挥有利的辐射与反哺作用。这才是真正有远见卓识、顾全大局的做法，也才会结出城乡互动和两利之果：大家幸福，皆大欢喜。可喜的是像这样的好事，在全国范围内，早已不乏颇有说服力的生动实例。

七、幸福城市的规划必须着眼全局和长远发展

幸福城市的规划工作，更要高瞻远瞩和深思熟虑，不可草率从事。规划的科学性、严肃性应当受到尊重。不应该还只是"规划、规划，纸上画画，墙上挂挂"，那是装门面的；或者"规划、规划，不在话下，领导摇头，马上变卦"，那指的是乱表态、表错态，有时会铸成大错。

规划的实施，必须实事求是，讲求质量和精打细算。但是，如果遇到可行性确有争议的问题时，仍要以科学的态度和负责的精神去认真展开讨论，加以研究、论证，然后做出有针对性的决定。在这种情况下，领导者应特别警惕自以为是和偏听偏信，以免造成重大损失。

在规划及其执行已成定局之后，治理过程中有时虽然也可以采取某些

措施去补前者的不足，但是，远不如在规划、建设之际就为便于以后的维持、维护、维修之类和实际运作、使用等治理工作设想。也就是要让规划、建设与治理的思路贯通而不脱节。

八、幸福城市理应属于宜居城市

本来，任何类型的城市，都应该力求具备宜居条件。倘若幸福城市不是宜居城市，岂非不可思议？因此，"幸福城市理应属于宜居城市"之说，是站得住脚的。至于怎样才算是宜居城市，有关论述已多，这里不再详及。

值得注意的是：人们又常提到"和谐宜居"。去年还在杭州举办过"和谐城市与宜居生活"主题论坛①，不和谐，怎宜居？言之成理。再说，宜居正是吸引和留住各种人才以利于城市建设、发展的重要条件之一。幸福城市的建设与治理当然更需要大量优秀人才。

所以，可以这么说，宜居更是建设幸福城市的物质基础和环境（包括自然和社会环境）因素。幸福与和谐、宜居的关系密不可分，在建设与治理幸福城市的过程中，不可忽略和谐、宜居的程度、条件等的继续加强、改善、提高，直到实行某些必要的"补课"。

九、建设与治理幸福城市应特别重视环境保护

毫无疑问，幸福城市也有发展经济的重要任务。不过，对于环境保护应特别重视。切忌以牺牲环境为代价，去取得暂时的经济利益。那将得不偿失，不仅立即受害，而且祸延后代。千万别以"权宜之计"的侥幸心理来为自己找借口，从而掉以轻心。或者，用"先污染，后治理"的承诺来搪塞，实践证明那也是不可取的。上面刚提到的环境因素，就是不仅指人际关系，而且有人与自然的关系。弄得不好，前者尚有回旋余地，后者却是"报复"没商量的。

如果生存、生活、生产环境受到严重的破坏，经济社会既难以持续发展，也就说不上建设什么和谐社会、宜居城市，更没有幸福城市可言。建

---

① 参见董山峰、李金桀《城市质量看和谐宜居》，载《光明日报》2010年10月19日。

成了的，也会被逐渐彻底摧毁。这不是危言耸听，中外近代城市发展史上已有先例，不能视而不见。

看来，为了建设幸福城市，或在建设幸福城市的同时，积极努力建设生态城市，不失为一大明智决策。这将可切实保证全面实现和谐、宜居、感受和享受幸福。请问：对靠制造污染发家致富之徒纷纷迁往别处宜居城市去住，原地居民做何感想？

十、幸福城市应当是创新型城市

我国早已宣布要建设创新型国家。依此推理，我们省、自治区、直辖市和市、县基层都应当是创新型的。幸福城市应当是创新型城市，显然更不言自明。因为没有创新就很难发展，甚至转趋衰退、落后，幸福城市对此也经受不起，结果幸福感会逐渐淡化，甚至完全消失。

因此，幸福城市必须在不断积极创新中迈步向前，才能保住幸福感不致减弱，并且会有所加强和随创新幅度而提升；同时，还要扩大创新领域，使各方面都存在的创新余地活跃起来。从建设与治理的角度来观察，创新的潜力很大，大有可为。

众所周知，开展创新的关键，在于拥有较多和较好的创新型人才。幸福城市的有利条件虽然是能够吸引和留住人才，但是，更重要的是要充分调动和发挥人才的积极性，使"英雄有用武之地"。因为有志者总是不甘心自己的专长报效无门而"生锈"的。

十一、幸福城市应关注知识经济的兴起

不言而喻的是，创新型城市也必然是学习型城市。为此，我们也就不另列专题。说到学习，除必须明确发展核心是转型升级外，在经济领域有必要关注知识经济的兴起和随之俱来的知识管理。这是建设与治理幸福城市所要认真学习的一个重要方面。在发达国家，知识经济的比重日益提高，知识管理也大力推广。

实际情况是，通过知识创新、价值转化，保障知识产权，加强了发展优势。例如，在制造业中，别人掌握了新产品的核心技术，制造者出力加工，利益分配只能是以前者为主，而后者所得微不足道。所谓"制造"

和"创造"之分，即在于此。

由此而出现的关于按生产要素进行分配的实践，就不足称奇了。这对创新者的激励作用很大，对教育事业的发展提出了一系列新的要求；还有，发展知识经济，需要高水平的咨询服务，有信誉卓越的"思想库""智囊团"。在人力资源管理方面，对知识管理中所设"知识主管"这一重要职位的权能和责任及其实践经验，似亦不无参考价值。①

十二、幸福城市必须正确处理旧城改造

城市无论历史长短和规模大小，迟早都会在不同程度上面临旧城改造的问题。可是，改什么、造什么，怎么改、怎么造，改造的理由和目的是什么，等等，都应该能够说得清、道得明，至少要心中有数。

一般来说，对于旧城改造，应当持比较审慎的态度。不可单从为了"政绩工程"出发。有时过于贪大求洋，甚至主其事者头脑发热，进行瞎指挥和"乱弹琴"，一律来个似乎好听的"破旧立新"。不是说要提倡"创新"吗？岂不正好是个"机会"！至于破了什么，又立了什么，那就是不必多管的"闲事"了。还有官商勾结、借机发财，那已是另一种性质的问题。

集中、突出的事例，如关系到文化古迹和城市特色之处，若非慎之又慎，常会造成巨大的破坏和损失。其中，有的是难以弥补和挽回的。何况，幸福城市不只体现于物质生活的层面，还必须有优秀的文化品牌和美好的城市记忆。那才有可能是真实、深厚和健全的幸福感。

十三、幸福城市必须对"城市病"认真防治

通常的"城市病"，可以说是既难免又难治。需要保持清醒，既非漠不关心，又不讳疾忌医或束手无策，甚至病急乱投医。应该主动、及时、沉着应对，力求做到尽快恢复"健康"，不留下"副作用"和"后遗症"，不影响以后的正常发展。

首先是注意预防，即防患于未然。未雨绸缪，而非临渴掘井，那才算

---

① 参见夏书章《知识管理导论》，武汉出版社2003年版。

得是治理高手。果真遇到实在防不胜防而出现了"常见病",那也不必大惊小怪,抓紧"医治"就是了。要认真找出"病因""病源",研究"病史",经过"会诊"准确"诊断",然后"对症下药"。要讲求"疗效",不仅治标,而且治本。最好是能"药到病除",并防止"旧病复发"。

当然,不排除出现"急症"的可能性。如属于天灾人祸性质的突发事件,完全是出乎意外的不测风云。当然应立即进行危机管理或应急管理,尽快实施急救、抢救。城市是生命财产高度集中的地区,行动缓慢,必误大事。鉴于事关重大,随后列专题讨论。

十四、幸福城市中的应急管理

凡是留心时事的人,都会觉察到:在全世界范围内,关于应付危机和灾难的问题,已经受到普遍和积极的关注。"危机管理"或"应急管理"早已成为专业性较强、广泛流行的应用学科之一。现在国内不仅已有专业期刊,最近还办起专业学院以培养专门人才。这叫作应运而生,也是大势所趋。

对于应急的事,在平时就贵能安不忘危、治不忘乱,做到有充分准备,随时可以出手。不难设想,对付各种突如其来的灾害,倘若没有相当数量救灾物资的储备,一旦事到临头,就会极其被动。例如,发生特大水灾,需要大量装土的袋子。若库存很少或全无,便难以措手足。还不说水利设施中的"豆腐渣工程",那是犯罪行为,必须从严问责。

归根结底,应急要千方百计地把可能随灾难俱来的损害降到最低限度,至少不能任其扩大,并以救人为先;还要办好善后,及早治好创伤,争取早日恢复生产和正常生活,以及重建家园。非灾区政府、社会团体和人民群众也应该对灾区大力支援。

十五、幸福城市要处理好建设、发展与治理关系

这是一个共性的问题,并非幸福城市所特有。如处理不当,势必影响其目标的实现,因而提出讨论。

治理是服务,领导也是服务。为人民服务,包括为人民利益的建设和发展服务,这是治理的本质和原则,不容做任何曲解或误解。所以,在治

理过程中，无论是政府还是非政府组织的公共管理人员，都不可耍"官威"、打"官腔"和沾染官僚习气。

建设和发展实践充分表明，它们始终离不开、少不了治理的优质服务。建设幸福城市，更应如此。因为建设和发展不是孤立的单枪匹马，而是需要多方面的支撑、配合的。在许多重要环节上，治理一不到位，就会直接或间接影响建设与发展进程。

让我们进一步思考和观察：精细高效的治理才能保障建设发展的顺利前进。常见到的例证之一，如停工待料，就会拖延工期。又如合同、契约，由于措辞欠周、不当，便往往导致扯皮现象。还有如其他后勤问题，有的影响更大。诸如此类，不一而足。过去有过管理与科技的重要性之争，较好的比喻是两个车轮，一大一小就不行。

十六、幸福城市政府是服务型政府

刚谈过治理就是服务，这里着重专指政府而言。因为政府在治理中居主导地位，若非服务型政府，则建设幸福城市必将徒托空言。好在为人民服务是各级人民政府一贯的根本宗旨，公务员担任行政工作，须做到勤政、廉政。从事的是为人民服务的专业，必须敬业、乐业。

必须肯定，我国公务员队伍的主流是好的；否则，我们国家的现状不可能如此欣欣向荣。但是，也不可否认，还存在害群之马。后者当官做老爷，与为人民服务大相径庭，而且大搞贪污腐败，一定要彻底肃清，要坚决反对一切官僚主义作风。这些都是建设幸福城市道路上有待清除的障碍。

最重要的一点是，服务型政府必须高度尊重和充分发扬广大人民群众当家做主的精神。人大、政协这"两会"要活跃起来，使人民参政、议政的热情持续高涨。不仅如此，还要经常通过各种媒体、网络、调查研究和专题访问等渠道反映民情、民意，以及注意弱势群体的处境和存在的问题。

十七、幸福城市应合理使用资源与能源

维持现代幸福生活，一定的资源、能源保证必不可少。倘使资源、能

源短缺，或者枯竭，那么宜居、和谐、幸福均将难以为继。就算资源、能源暂时相当或非常丰富，但也不可能取之无穷、用之不尽。

明智之举当然是对资源、能源注意合理使用、厉行节约，不许挥霍浪费。因为后者却正好是幸福生活中最容易产生和常见的一种不良习惯与严重弊端。什么"日子好过了，浪费一点没有啥""家大业大、啥都不怕"，白白浪费还认为是"慷慨大方"。

为此，在幸福社会也仍然需要倡导对资源、能源的节约，使之成为良好的社会风气。这是应该大大发扬的一项优良传统。要让那些无聊的"摆阔""炫富"之类的"发烧友"自讨没趣，失去"市场"。不要忘记，幸福是社会全体成员共同创造的，得来不易，保持、维护、发展也要共同负责。经济社会的进步和人的全面发展，有待共同努力。

十八、幸福城市人民应增强向心力和凝聚力

幸福城市的建设与治理，既然需要多方面的共同努力，只有全市人民不断增强向心力和凝聚力，达到精诚团结，才能办好正事、大事、难事、急事和移风易俗，使正气上升、充盈，邪气下降、消失。

幸福城市不是一劳永逸和一成不变的，即必仍在不断发展、变化之中。变化可能有三种情况：一是变化不大，基本维持原状；但常会不进则退，而致相形见绌。二是由盛转衰而不自觉，对消极因素失去警惕，渐趋落寞。三是奋发图强、继续前进，使幸福城市更上层楼，只升不降。

显然，建设与治理幸福城市的成功经验非常重要。这样的城市愈多，其宝贵经验愈能推广，也愈能扩大其正面影响。同时，可望幸福地区日益扩展。如此则幸福某省、某自治区、某直辖市等，达到幸福全中国，也就会如水到渠成。我们正满怀信心地祝愿和期待建设与治理中的幸福城市取得圆满成功！

建设与治理任何类型的城市，均非轻而易举。幸福城市的建设与治理难度更大。但如常言所说，"天下无难事，只怕有心人"。我们拥有建设小康社会理论、"三个代表"重要思想和科学发展观等这些法宝，只要完全、彻底遵循与落实，必将有志竟成。

最近消息传来，"金砖四国"之一的巴西，已经有"追求幸福运动"

这样的非政府组织，支持该国议会欲将"幸福权"入宪的议案。同一消息来源，还提到英国政府启动衡量民众幸福程度的项目，以及不丹在20世纪70年代初，已提出了使用"幸福指数"的理念等。① 又有消息说，国际智库组织发表全球繁荣指数报告，将公民幸福指数作为排名重要因素。② 墨西哥报纸发表《欧洲注重"幸福配方"》一文，说荷兰、瑞典、丹麦和挪威等国已对儿童进行"幸福教育"，将幸福概念作为国家研究计划的核心元素等。③ 德国专家有"笑增加了对脑的供氧量，并释放幸福荷尔蒙"之说。④ 这些情况，表明追求幸福是世界人心所向。我们深信向往和谐、幸福总比制造纠纷、破坏和平、称王称霸、掀起军备竞争直到引发战争强。最理想的世界前景，应是幸福城市、幸福地区、幸福国家遍布幸福全球。那才是整个人类社会的大幸！

（原载《中国行政管理》2011年第6期）

---

① 参见《巴西会议将"幸福权"入宪》，载《参考消息》2011年2月4日。
② 参见克·里青《金钱、幸福PK全球繁荣榜》，载《参考消息》2011年2月10日。
③ 参见因·布加林《欧洲注重"幸福配方"》，载《参考消息》2011年2月10日。
④ 参见《笑：最快乐的药物》，载《参考消息》2011年2月10日。

夏书章自选集

第六部分

关于高等教育管理

改革管理是提高高教质量和办学效益的中心环节

党的十三大报告中谈到经济发展战略问题时，认为必须解决好的三个重要问题的第一个，是把发展科学技术和教育事业放在首位，使经济建设转到依靠科技进步和提高劳动者素质的轨道上来。我们深感高等教育改革应加快步伐。

去年，中国高等教育管理学会召开高等学校管理专题学术讨论会，集中讨论办学思想和主要任务管理，以及体制改革、组织结构和工作运转等问题；要求与会者在坚持两个基本点的前提下，通过讨论，明确办学思想、正确认识体制改革的意义，俾有助于提高学校管理水平和把高校教育工作重点放到提高学校素质、教育质量和办学效益上来。

上述讨论切合实际，抓住了要领。所以，目前有必要将高校管理和办好高校之间的关系弄清、摆正、理顺，才不至于对管理的重要作用掉以轻心，才会下决心去改善管理，提高学校素质、教育质量和办学效益。

一

管理现在已不能用陈旧和狭隘观念去理解。现代管理含义很广，不仅包括作为现代管理"心脏"的决策、颇为流行的目标管理和过程管理、必不可少的组织体制及其运行、对不可避免的各种矛盾的协调，以及精简机构和讲究效率之类的内容，还包括工作计划、人员配备、领导（指挥）、检查督促（监察）、财务、立法（规章制度）、道德、信息处理、机关（办公室）建设、公共关系、后勤服务、工作研究、兴利除弊和利用咨询等管理要素。

高效管理除以上共性内容外，还有个性项目，如教学、科学研究、师资、学生、仪器设备、实验室、图书资料、体育设施等管理。这些无不具有高校特点，要按高等教育规律去办。

例如，高校管理目标和决策，便涉及办学思想。其他管理要素也都要针对出人才、出成果的要求，互相配合发挥积极作用。像高校师资工作，就是一件关键性的大事。优秀教师从何而来？其挑选、培养、提高和使用安排等都要慎重考虑。因为师资直接联系到教育质量，若教育质量差，则显然不能够称该校素质好，并且有负党、国家和人民的期望，是浪费人才资源和社会物质财富的一种表现与难以补偿的损失，也就较少办学效益可言。如出"废品"，更可能对社会不仅无益，而且会成为有害因素。

中央宣传部和国家教委不久前宣布：今后对各校工作评估，以毕业生所反映出的教育质量为主要依据。这是要害所在。因高校不能徒有其名，任何名牌"产品"，从来都是以其优质而受到社会承认的。名不副实不啻表明：纵有优越的办学条件，但不能发挥作用，也是枉然；还应在主观上感到惭愧，在客观上大可惋惜。

实践证明，优越的办学条件不会自发、孤立地起作用。在办学过程中，必须端正办学思想、改善办学条件和正确地安排、运用，并努力调动师生员工的积极性，教育质量方能逐步提高。所有这些，离开有效的管理工作，是很难设想可以胜利实现的。

以上情况，换句话来说，即学校管理诸要素的高度协同、配合和竞相做出较佳努力和贡献，是提高教育质量的根本保证。教育质量提高了，学校素质和办学效益亦必如水涨船高，相应可致；反之，也不可能出现虽管理不善仍得以提高教育质量的"奇迹"。

二

比较容易显示管理作用的，是现代管理要素之一的领导。在现代管理中，领导处于关系全局的地位。对学校整体而言，领导者是掌握着"方向盘"和"指挥棒"的角色，要对全部工作负主要责任。教育质量、学校素质和办学效益假如太差，领导者首先难辞其咎。

根据目前实际情况，高校校长虽然是某一学科领域的专家、学者，不可能精通学校的全部专业，但对校长履行领导职责，这丝毫也没有影响。因为校长所要履行的职责，主要不是从事包括本人所擅长的学科在内的各专业性活动，而是在于率领大家办好学校，实际上是领导好全校的管理工作。

我们所说的学校管理，断非消极的"守摊子"式的管理，而是积极进取、有所作为，使学校提高水平和向前发展的管理。这与做一门学科学术带头人大不一样，要求和作用也不相同。可以这么说，高校领导人宜乎是学者，但未必凡是学者（尽管是非常杰出的学者）都适合担任学校领导职务。

学校要健康发展，需要全校师生员工共同努力。教师要自觉地更新知识、教材和教学方法，潜心研究，做到为人师表、教书育人；学生要立志成才、勤奋好学，不愧是有理想、有道德、有文化、守纪律的社会主义新中国的大学生；管理工作为教育事业提供优良服务，也要管理育人；等等。凡此均非领导者所能代替，而是贵在启发、引导、动员、鼓励、保证、协助、促进，使大家为了共同事业，团结互勉、奋力向前，蔚为风气。这样，才能真正体现领导作用和管理能力。

因此，学校领导者，无论其专业背景如何，都要努力争取成为教育家，成为教育改革家，成为全面领导学校管理和管理改革的专家。也就是说，担任高校领导职务，仅仅是对学术研究是行家里手还不够，更重要的是还要懂得高等教育事业的规律，要会管理学校。

学校素质、教师质量、办学效益都不能任其自然就得到提高。现代高校不同于过去三家村的学塾，而是学科多、规模大、结构复杂，领导不全神贯注和全力以赴，学校就办不好。问题的焦点在于神注何处、力赴何方。答案只能是注于教育事业和赴向学校管理。

"学者从政"（借指"校政"）的有利条件，原在于治学有术和熟悉学校生活。"从政"以后，对所一贯从事的专业，无疑将有所影响和牺牲。与其做了牺牲而无济于事，倒不如专心致志把事情干好。这就需要琢磨"理政"之道，即认真地去研究办好、管好学校的方法、路数。在进行改革之际，尤须如此。

三

改善学校管理，是深化高等教育改革的中心环节。不妨再强调一下，这种管理是广义的、积极的，包括坚持正确的办学方向、端正办学思想、明确目标、优化决策等在内的管理。这种管理可以带动全面工作、改变学校面貌，效果显著，影响深远。这在高等教育发展史上，不乏正反两方面的实例。权引数则，以资佐证。

美国哈佛大学教育研究院和企业管理学院合办"大学校长暑期研讨班",每年1期,限额100人,至今已达20期左右。其活动内容,主要是读书、听讲、讨论,旨在为了当好校长、办好学校而学习新知识、新经验。那是要交学费的,而且放弃休假。身为大学校长却甘当小学生,还要限制名额,偏又经久不衰。这足以发人深思。试想:仅以100所高校的校长共聚一堂这一事实来说,他们交换意见、交流经验的机会就很多,比起平常抽时间、花旅费到各校(极少可能一口气到100所学校)去参观访问,所谈的要广得多、深得多,收获要大得多,亦即经济有效得多。这是对想办好学校的有心人而言,至于"醉翁之意不在酒"的便未必对此有什么兴趣了。

西方某大学,原来学校素质、教育质量和办学效益都属上乘,但经一位校长执"政"10年后,学校地位急剧下降。原因在于管理,即由于工资管理不当所引起。事情很简单:校长每年有一笔机动经费,用于增加工资。他所采取的是平均主义的做法,人人有份,以为如此当能皆大欢喜。但结果事与愿违,既然干好干坏一个样,干得好的没有鼓励,不好好干的反受"奖赏"。结果是,好的教授、职员逐年离去,差劲的更差劲,学校每况愈下。继任校长有鉴于此,对这笔经费的使用改弦更张,使工作好的工资多加,工作一般的略加,工作差的不加。开始时有人怕老办法大变,会遭反对。新校长头脑清醒、态度坚决,认为反对者无非少数只想多要钱少干活之徒,此辈若不愿续留,正好"欢送"。这样不过几年,学校又渐有新气象。可见,领导和管理风格不同,效果也截然两样。

在人才培养和学术研究中,高校防止"近亲繁殖"和形成"杂交优势"。有的国家和地区的高校做得较好,从求学到任教终老于一校者极少。有的高校,这类人的比例较高,往往老校更严重。一个大学生在一所高校从毕业当研究生读高级学位,留校任教,逐步升到教授和学科领导人,再加上几代同堂,"衣钵"相传,成为"嫡系",便容易有局限性,对学科的发展和提高不利。这不仅较难实行学术民主,而且较少机会取长补短、扩大视野和吸收不同经验。不无小补的办法不是没有。例如,聘客座教授(不同于因师资缺乏而聘请的兼职教授),派往外校做访问学者,在各校之间进行学术交流和安排合作项目,参加国内、国际学术会议或学术活动等,即加强横向联系。假如坚持"闭关锁校",甚至"锁系""锁室""锁科",即不足以言弥补之计。这也与学校管理有关。

世界通例，高校教师有退休金制度，但非一退了事。这是个值得研究的课题。由于平均寿命延长，智力资源可贵，有的国家把教授退休年龄推迟。有的国家因高级学衔（我们叫职称）所限，不退不补，推迟退休则影响年轻人，所以照旧。有的教授退休，只因工作需要，又特聘回校，主要是担任指导性工作（非一般教学工作），常被引以为殊荣。1985年10月间，在上海举行的"大学师资管理国际讨论会"上，日本筑波大学一位教授介绍了日本大学教授退休年龄的情况，引起与会者的很大兴趣。他说，日本国立、公立和私立大学教授退休年龄不同，各相差几年，有可能在一类高校退休后，转到另一类高校任教，直到退休年龄的最高限度；如此则只要双方愿意和本人身体尚佳，各类高校都有机会聘到富有经验的学者任教。这不失为充分利用社会智力资源的办法之一。而学者、科学家的一个重要生活特点，正在于"一息尚存，此志不容少（稍）懈"，是乐于继续贡献自己的力量的。在目前高等教育的改革中，这个问题还不能说已经得到妥善解决，需要总结和思考；同时，这涉及宏观管理，一所高校难以自定。

四

我国面临加快建设社会主义现代化的大好形势，各条战线的管理工作都不断得到改善。其中，有的对高校管理也有启发。例如，为了搞好城市管理，中央组织部和城乡部等单位合办的"市长研究班"，至今已办6期。持续举办，说明有此需要。现在建制市将近400个，而普通高校数已逾千，何不仿此，也来办一个"校长研究班"，研究高校管理（中央教育行政学院也许已有计划，那就更好）。

市长、校长并无本职需要的专业训练，而又要求他们善于组织、领导和管理。可见，研究比不研究强。最近有"科技人员领办企业为何成功率低"的问题，缺乏管理经验和组织能力是原因之一。① 办企业和办学校虽有所不同，但要求能领导、会管理其理则一。联想到党的十三大报告中提到要抓紧筹办国家行政学院的事，对我们也很有启发。

全国六大区的"高校干部培训班"办得较早，近已改为"教育管理

---

① 见《文汇报》1987年11月1日第2版。

干部培训中心",办得有成绩,还将长期办下去。"高校管理"过去是六门主要培训课程之一,表明对管理已相当重视。但对象主要是中层干部,虽很重要,似还不够,因校级领导若不对管理进行认真学习、研究,中层干部是难以打开局面的。以提高工作效率为例,倘上焉者并不欣赏或不以为意,则下属怎么卖力也是白费劲,只有啼笑皆非、徒唤奈何而已。所以,决策人的思想、作风和水平,在管理工作中不可等闲视之。

可喜的是,全国高等教育管理学会成立不久,已积极开展高等教育管理改革的研究。关于师资、教学、科研、图书资料、思想政治、实验室、后勤工作等研究会也分别活动。湖北省已有高校行政管理研究会,并出了刊物和专著。这反映了对高校管理改革研究的积极性存在于各有关方面,各种研究会和研究活动是有此需要,遂应运而生。

此外,在高校改革实践中,一些新的措施或实验,应予以研究与总结。例如,高校教师实行聘任制,退休后有需要在不占原职称编制情况下复聘等,即仍有待改进之处。关于高校结构、办学思想、管理体制、专业设置、课程设计、招生方案、分配制度、思想政治工作、颁发奖学金办法,以及后勤社会化等,也都是高校管理中事关高校发展的互相联系和制约的各项重要内容,亟待根据客观形势和国情做适应性的变革。可见,高校管理改革的课题很多,大有文章可做,不是经过几次讨论会即能大功告成的。正如党的十三大报告中所说:"新旧体制正在交替,许多制度尚不健全,各方面的管理和监督还跟不上形势的发展。"在高教领域也是如此。

高校管理一般以谈校内为主,这是很自然的。不过,校外的某些"动静",有时难免对校内发生积极或消极的影响。高校管理要改革,并且要加快和深化。但是,高校不能关起门来搞改革,高校的改革是与整个社会息息相关的。改革的各个环节也不能各自为政,这就有个"一盘棋"的问题。

(原载《天津社联学刊》1988年第6期)

夏书章自选集

第七部分

关于合作治理

中美合作是上策，是高招和明智选择

中美关系既有竞争的一面，又有合作的一面，但最终只有合作才能双赢，才是明智的选择。

中国的传统文化里一直强调合作的重要性。中国有很多显示合作优势的名言、成语。信手拈来的如"众志成城""众擎易举""众人拾柴火焰高""协力山成玉、同心土变金""同舟共济""共襄盛举""集思广益""一人不如二人计、三人想出大主意""三个臭皮匠、赛过诸葛亮""聚沙成塔、集腋成裘"等等，以及诸如此类，不一而足。这些成语的基本含义就是人类只有通过合作才能解决问题，共同前进。作为世界上最重要的双边关系之一的中美关系，其处理得好坏不仅影响两国人民的利益，也必然对全球治理和各国人民的利益产生影响。因此，对中美两国提出合作是上策、是高招和明智选择，实在是很重要、很及时。

世界正面临着需要改进全球治理的紧迫任务，这需要各国的合作。从国家层面上说，公共领域的公共治理所面临的对象，一般是指各个国家和地区的政府与社会有待处理的事务和问题。其中，有由政府直接主管的，有归非政府、非营利的社会团体间接分管的，也有从内部到外部的分工合作（包括公私机构之间的合作），从而日益形成广泛的合作治理网络。合约共谋、互动管理，名目繁多，都是合作原则精神的体现。

国际关系则是更大范围和更高层次的公共领域，对各种国际事务的处理也分明可以和应当采取合作的方式去解决问题和促进共同发展。天下事历来有"非不为也是不能也"和"非不能也是不为也"两种，国际合作的缺失在很多情况下属于后者。这就需要有关国家拓宽胸襟和提高对合作重要性的认识。中美关系这些年来总体上在稳步发展，其原因也在于双方都还有合作解决问题与分歧的意愿和需要。

人为万物之灵绝非虚语。其具体表现之一，即在于有合作的理念和行动。比如，一个正常、健康的人体结构稍不协调便是病态。人际互助合作的现象，非常普遍、自然。"一个和尚挑水吃，两个和尚抬水吃，三个和尚没水吃"的笑话是讽刺笨蛋的，实际上会分工合作的结果一定更好。

进入国际范围的合作，自是顺理成章的应有之义。

尽管有无数的天灾人祸影响人类社会的顺利发展，但在整个历史长河中，合作共进的主流仍然浩浩荡荡。一部社会发展史，实质上可以看作人类合作发展史。因为在生存、生活、生产等方面，没有广泛的社会合作都难以为继。"我为人人，人人为我"，无论意识到与否，事实就是这样。

发达国家如何能可持续地发达？发展中国家如何发展，摆脱贫困？都有各种相关因素的配合（合作）问题。倘能互通有无，取长补短，合作互助，共求发展，则人类社会某些令人遗憾的现状必将大为改观。

最近在巴西里约峰会上人们呼吁的正是各国的合作精神，不管是发达国家，还是发展中国家，都必须携手合作，全球的经济、环境、治理问题才能得以解决。一次峰会难以解决现存的问题和分歧，但是一种合作意识和精神的培育弥足珍贵。

最近媒体报道，有科学家提出协作使人类变得更聪明的说法。应当认为，这是科学论断。前已述及人为万物之灵。合作原属人类聪明的表现，又会使人变得更聪明。不幸的是，也有人因一己私利干了最终是损人不利己的事情。

大家都把聪明才智用于合作，合作更将逐步上新台阶和出现新局面。这是对人类智慧的一种最强而有力的检测与考验。让聪明正直的呼声响彻云霄，全球携手结伴，共同努力，联合国可持续发展的千年目标及人类面临的各种问题才能在公平合理的条件下达成与解决。

要争取世界持久和平、保证人类共同繁荣，合作是必由之路。合作的通俗解释是大家一起来干，不是徒托空言，而要见诸行动。务实的合作必须平等、协商、互信、互利，互相尊重主权独立和领土完整，自主选择社会制度和发展道路，互不干涉内政，形成公正、民主的国际秩序，重视磋商、沟通、交流。

团结一致、不搞双重标准和借势压人等都很重要。尤其要保持高度警惕的是，对破坏合作的消极、负面影响的因素应防微杜渐，不给那些破坏合作的人以可乘之机。

我们坚信遵守合作原则、发扬合作精神，必将为全人类造福，导致真正天下大治。

（原载 China U. S. Focus 2012 年第 11 期）

加强合作治理研究是时候了

由于旧作《把行政学的研究提上日程是时候了》在《人民日报》发表 30 周年之际，有关报刊曾设专栏或专版进行回顾与展望，"公共管理的未来十年"特刊编者嘱就这一专题谈点感想。因为盛情难却，只好恭敬不如从命。

近来我想得比较多的，是如何进一步加强和改善直到全面优化公共治理的问题。下面试从发展前景的简要设想，结合学科的历史变化和现实状况，最后归结到本文所预定的主题"加强合作治理研究是时候了"。

一、公共管理未来十年前景在望

放眼全球，无论哪个国家和地区，莫不存在公共管理这一普遍事实。其质量和水平关系到该国家和地区的盛衰成败。对此，历史早已给以充分证明，并必将屡试不爽，绝无例外。因为正常、健康的发展，有效的公共服务从来是不可或缺的重要条件和因素。

新中国成立前后的对比，是足以显示上述情况的实例。从闭关锁国到改革开放，更生动地看到公共管理在建设中国特色社会主义伟大事业中的重要作用。应当认为，我国公共服务队伍的主流和本质是比较好的，不然便不会有今天这样的大好局面。对于存在的弊端，则必须大力消除，通过深化改革继续不断前进。在崭新的发展形势下，我对我国公共管理的未来十年前景看好。

二、学科译名变更反映学科拓宽

对于引进学科名称，有切合实际、对等和等值翻译问题。Public Administration 可以译为公共管理或行政。因学科创立时从研究政府工作入手，故略去公共而称行政学，后来又改作行政管理学，也有仍称公共行政学的。但其原意本未限于政府范围，经过一段时期，已逐渐拓宽到非政府、非营利组织的管理领域，政府行政管理便不能概括，需要转称公共管理学。另一方面，学科发展过程中出现过不同学派，如 New Public Administration 和 New Public Management 学派等，于是有人认定 PM 才是公共管理。但应慎重，我国是这样处理的：在引进 MPA 教育计划时，其译名定为公共管理硕士专业学位，并将公共管理定为一级学科，而将行政管理学作为所属二级学科之一。教育部人文社科百所重点研究基地之一的原行政管理研究中心正式改为中国公共管理研究中心，外文则仍按其习惯办。

三、学科采用新词表明学科进展

学科在发展。值得一提的是 Governance 译为"治理"，这个词已经被广大理论和实际工作者乐于采用，其变化却具有较广泛和深刻的意义。在许多地方，人们在常说管理时改说治理，如公共治理、社会治理、区域治理、城市治理、合作治理等等。这一字之差，确有大不相同的内涵和气势。特别是在汉语中，天下大治可是了不起的大事，治病救人也是大好事。治理需要主动、积极、负责、及时、有针对性地认真扫除前进中的障碍，坚决克服发展中的困难、设法解决各种各样的问题，而不允许消极、被动、应付拖延、逃避和推卸责任，亦即大家都应有励精图治的精神，好好为人民服务。

四、当前热门话题显现学科新貌

最近一个时期以来，关于加强社会管理的议论较多、呼声较高。这无疑是当前的热门话题之一。从上述情况来看，社会管理属于公共管理范畴。所谓非政府、非营利、中介等组织和第三部门之类，其性质和工作无不涉及社会管理。日前应约给新办的《社会管理》杂志题词，写的就是："全面优化公共治理，有待转变政府职能和加强社会管理。"再说出现这样的热门话题并非偶然，而是转型升级、深化改革的应有之义。

发展实践证明：许多社会公共事务，是政府所包不了和办不好的。邓小平早已预见及此。为了更好地落实科学发展观，创新社会管理正是进行全面协调和保证可持续发展的必要举措，不可掉以轻心。

五、加强合作治理研究是时候了

说起社会管理，无可避免地要接触到政府与非政府组织如社会团体等的关系如何处理和工作如何开展的问题，于是又不能不面对合作治理这个既古老又新鲜的对策和路径选择。说古老是指古已有之，人类社会的存在和发展都离不开合作，中国社会就有很强的互助合作的传统。说新鲜是指于今更甚，更有合作的需求。20世纪90年代兴起的互动管理也终将导致互利合作。请看大规模、高层次的有国际合作、区域合作以及各级政府、政府与社团、社团之间合作，小到人际合作，更是司空见惯了。

在历史长河中，也曾有过以不合作为手段进行斗争的，可见合作是多么得力！又如对抗到发生战争，总还是和平共处的时间较长。当然，要做到合作愉快有效，还必须双方具有并严格遵守的共同原则精神和相关理念。还有在合作方式、方法等方面的考虑和磋商，务必能保证平等互利。为此，加强合作治理研究便显得很有必要。尤其是在新的历史条件下，其中理论和实践都大有文章。最近，科学家发现合作使人类变得更加聪明。我所看好的公共管理未来十年前景，也正是在很大程度上寄厚望于能开创中国特色社会主义合作治理的新格局，从而走向民族伟大复兴的无比辉煌。

最后，为了争取世界持久和平，谋求人类共同幸福，也希望在国际事务中能优化公共治理和实行合作治理。我们深信，治理必须合理，合作比单干和对抗强。公共服务与时进，科学发展步康庄，合作治理待普及，做好这篇大文章。愿与国内外广大的老中青同仁共勉！

（原载《公共管理未来的十年》，见《复旦公共行政评论》第9辑，上海人民出版社2012年版）

夏书章自选集

第八部分

关于《孙子兵法》

略论《孙子兵法·计篇》与现代管理

15年前，正当国际又一次掀起《孙子兵法》热之际，拙著《〈孙子兵法〉与现代管理》由中山大学出版社出版。现在热潮似已降温，其实早就转入经常持久研习。如在军事和商学院校、管理培训中开设课程等，特别是孔子学院、孔子课程在全世界范围内日益普遍成立以来，从学习汉语汉字开始，必将涉及儒家哲学、中华文化包括《孙子兵法》这一经典著作。世人如此，国人自当更加珍视。此次承蒙编者不弃，嘱据有关内容选一专题以见梗概，因感盛情难却，于是欣然一试。但非全炒"冷饭"，而是在原著引文基本照旧的框架下着重谈些新的认识和体会。

《计篇》是《孙子兵法》中居于开宗明义地位的第一篇，又作《始计篇》。列于全书之首，绝非偶然。即在指出讲的是国之大事以后，继续开展论述。可见其意义和作用极为重要，也是现代管理中所不容忽视的具有前提性、根本性的问题。

一、大事不可不察

《孙子兵法·计篇》原文（以下均略称"原文"）：

孙子曰：兵者，国之大事，死生之地，存亡之道，不可不察也。[①]

真是言简意赅！关系到生死存亡，自然是大事了，怎么可以不当回事和不予重视呢？真正高度重视就必须积极认真去"察"，即进行全面深入的观察、考察，了解具体情况，研究已经存在和可能将要发生的问题，从而克服困难、排除障碍、化解危机，保证顺利与健康发展，趋于繁荣昌盛、兴旺发达，避免倒退、衰落、失败。国家大事如此，无论什么性质、

---

① 引自中国人民解放军军事科学院战争理论研究部《孙子》注释小组《孙子兵法新注》，中华书局1977年版，第1页。（以下同篇引文均据此书，注略。）

规模和层次的现代管理，也都应当是这样。

毫无疑问，这种"察"应力求有预见性，以免事到临头，手忙脚乱，不知所措。还要注意整体性（包括全局和全程），以免顾此失彼，未能观微知著，以致得不偿失或因小失大。最重要的当然是有效性，以免为"察"而"察"，当"察"未"察"，结果失"察"，导致徒劳无功。这些并非随意设想，而是在历史和现实的实践中确多其例。

打开全世界的历史来看，所有王朝、国家、家族、政党和大大小小的企业、事业与社会集团等的盛衰、兴亡，几乎都在"察"与"不察"或"误察"方面有明显的迹象可寻。比较近期的例子，如没有被多达十几个国家进行武装干涉指望消灭之于萌芽状态的苏联，却在取得"二战"胜利日益强大成为全球两大阵营之一的巨头以后，经过"和平演变"而突告解体。外因总要得到内因的配合才能发挥预期的作用，这个内因在很大程度上取决于"察"的正确与否。当年义旗高举、以弱抗强，后来壮志消磨、自甘沉沦，如此而已。手边刚好有一份资料可为佐证。《苏联特权阶层的形成及对苏联剧变的影响》中指出："苏联剧变是特权阶层主动选择的结果。……苏联解体、苏共垮台，苏联放弃社会主义转向西方的资本主义制度，这是苏联权贵阶层大多数人所向往的。"①

人们把《孙子兵法》同现代管理联系起来，并不局限于国家层面和军事领域。也就是说，其主要观点和思路，对于各种管理的各个部门工作和在岗人员（包括领导者和普通职工）都很有启发。这在前面已经提到，再次强调是因为应将"大事不可不察"的原则推广运用。不能孤立地看待"国家大事"，不是事不关己，而是"国家兴亡，匹夫有责"，事无巨细，莫不与国家社会的发展息息相关，只有这样去想才能自觉地重视自身的工作并努力做好。因此，必须十分明确：即使真的是一颗"小螺丝钉"，弄得不好也会坏大事。一部庞大、复杂的"国家机器"当然需要有好的"零部件"和各个环节的配套，这是大家所能够理解的。

可是，在实际生活中，仍难免有人常口是心非和言行不一。对于认真负责和精益求精的态度，有的是口头上重要，心里头次要，干起来不要；

---

① 戴隆斌：《苏联特权阶层的形成及对苏联剧变的影响》，载《书摘》2011年第3期，第63页［转引自《苏联真相——对101个重要问题的思考》（上、中、下），新华出版社2010年版］。

有的是消极应付，不求有功，但求无过，捧着"铁饭碗"混日子；最糟糕的是抱住"有权不用过期作废"的邪念，贪污腐败，严重违法乱纪，成为反面教员。这些情况，正是造成某些低效现象，使人民产生不满和失望情绪的原因。我们是人民当家做主的国家。国家与人民的根本利益完全一致，不做好工作就对不起国家和人民，所以大家都要有敬业精神，实行共建、共享，维护共同利益。对于品质恶劣之徒，更不能容许他们胡作非为。

以上所讲的，只是对大事不可不察，举国上下都应该明大义、识大体、顾大局；至于怎样去"察"，原文紧接着便展开论述。

二、经之以五事和校之以七计

原文：

> 故经之以五事，校之以计，而索其情：一曰道，二曰天，三曰地，四曰将，五曰法。道者，令民与上同意也，故可以与之死，可以与之生，而不畏危。天者，阴阳、寒暑、时制也。地者，远近、险易、广狭、死生也。将者，智、信、仁、勇、严也。法者，曲制、官道、主用也。凡此五者，将莫不闻，知之者胜，不知之者不胜。故校之以计而索其情，曰：主孰有道？将孰有能？天地孰得？法令孰行？兵众孰强？士卒孰练？赏罚孰明？吾以此知胜负矣。

先简单解释一下："故"即接上文。"经"是分析研究。"校"与"较"通，即做比较。"索其情"就是了解实况。"五事""七计"虽谈的是军事，但对现代管理很有启发。尤其是旨在"索其情"，那是古今中外所必须坚持的主要原则。其余则不必拘泥，大有灵活变通的余地。以下仍按原文内容，略抒所见。

关于"五事"中的"道"，就是要志同道合，有共识、能团结，为实现公共目标而齐心协力地奋斗。现代管理中的目标管理即有这样的要求。"天"和"地"是自然条件，军事以外的管理，也有要注意气候和地理条件的。"将"在现代管理中可比作领导者，那几点素质要求颇有相通之处。最后的"法"，指的是组织、人事、后勤方面的制度，重要性可想而知。现在强调依法管理，也重视制度建设。"知与不知"同"胜与不胜"直接联系起来，依然有现实意义。

关于"校之以七计"，其实是把"五事"落实或具体化，天地合一，另增三计，即强兵众、练士卒和明赏罚。这些都是具有基础性的条件，经过对比，优势和劣势分明，胜负当然可以做出切合实际的判断。对现代管理来说，人力资源的素质要求和进行各种培训工作不仅没有减弱而是不断加强。至于赏罚必须公平，则与扬正气、树新风和调动积极性等有直接联系。

关于旨在"索其情"，以上的分析、比较，目的在于把有关实际情况尽可能了解得清清楚楚，然后才能真正心中有数，做出正确的决策或对策，从而保证取得胜利、成功。军事上如此，其他领域皆然。现代管理有决策学派，可见决策受到高度重视。但科学决策必须有客观依据，而不是随心所欲的信口开河。古人早有高见，《孙子兵法》受到推崇可以理解。

看来，最重要的还是真知灼见，尤贵能发挥和善创造。后人在竞争对手之间，都想学用《孙子兵法》，结果大不相同，值得深思。就说那个"道"字便大有文章。史实表明，正义、进步、文明战胜非正义、反动、野蛮常会出现以少胜多、以弱胜强的奇迹。毛泽东和蒋介石都知道《孙子兵法》，后者还貌似强大得多，结果却真的是"星星之火可以燎原"。

三、听吾计则留不听吾计则去

原文：

将听吾计，用之必胜，留之；将不听吾计，用之必败，去之。

这里文字上有两个问题要注意：一是两个"将"字，是"将要""如果"之意，还是指"将领""将军"而言？二是两个"用"字，是"用"别人还是"用"本人去指挥作战。这关系到去、留的是谁。对古籍常有此类议论，今译虽有不同说法，但都认为去留的是孙武本人。可能还有别的解释，尚难逐一考证。愚见则在于不妨"推敲"一下"听吾计"，是谁"听"或"不听"，"吾"又处于何种地位和有何权力。试稍作设想，当可知分晓。

曾经有人觉得这段话未免"盛气凌人"和"欺人太甚"。其实不仅无可厚非，而且这是一种高度负责、极其自信、坚持原则、光明正大的态度。本来，若已"道不同不相为谋"了，又明知和确信其必败，即使勉强、违心地留下，坐观其败，还同受其败，则将情何以堪！

因为孙武是个有才、有志、有胆、有识、能文、能武、能说、能行的高人，而非只是口出狂言或只图混口饭吃的平庸之辈。说的是必胜，不是可胜，要通过实践去检验，即必须看事实。后来吴王用他为将，"西破强楚，入郢，北威齐晋，显名诸侯，孙子与有力焉"。[①] 这是听计、愿留、用之必胜的历史例证。

在现代管理中，仍然非常重视作为决策和战略方针的"计"，与此联系得最直接和密切的是"尊重知识、尊重人才"的问题。随之兴起的有"智囊团""思想库"等咨询业，以及在全球范围物色各种高级人才的所谓"猎头公司"，大有日益普遍和热烈的"求贤若渴"之势。

当然，现代管理中也仍然存在听计与否的选择。孙武不听计则去的决定是正确的，用时下的说法，那就是由不听计者"后果自负"。亦即咎由自取，与原计的提供者无关。如果已不听计而不去仍留，便很可能处于难以想象的困境，表现为啼笑皆非和进退两难。这在关于战争的历史故事中不乏其例。

说的是十分肯定的必胜和必败，是截然相反的两面或两个极端。面对关系生死存亡、不可不察的国之大事的大计问题，人们将情不自禁、不约而同地提出疑问：为什么竟然会有人不听必胜之计而自甘失败呢？非也。不听是由于不信，不信是由于相信自己的一套可以取胜。这里明显涉及鉴别、判断能力和水平，以及决策者深层次的总体素质差异。

这仍然关乎人才因素。中国自古以来，就公认"得人才者昌，失人才者亡"是一条历史规律，现在还是要靠"人才兴国"和"人才强国"。前面已经提到现代管理重现人才的情况，实际上重视的程度比之古人大有过之而无不及。因为在积极争夺拔尖人才的同时，早已把对人力资源的研究拓展到更广和更深的方面。即谋求更好地发挥"人为万物之灵"的"灵性"，更多地发掘常人所具有的潜能，不仅是"众志成城""众擎易

---

① 《史记·孙子吴起列传》，中华书局1959年版，第162页。

举",而且要推动"众智"创优和各献其长。下面是信手拈来的两个新近的例子：一是"城市创新能力有多大希望就有多大"①，二是"人的智力水平影响 GDP"②。这些都显然不是局限于个别或少数英才的小圈子里的事。

四、计利以听和因利而制权

原文：

计利以听，乃为之势，以佐其外。势者，因利而制权也。

上文说的是听计与不听计，这里接着说听了以后如何、如何。大意为：有利的计谋被听取、采用以后，需要去造"势"作为辅助作战的外部条件。而所谓"势"，便是根据实际情况是否有利而决定采取相应和适当的行动，即"制权"。

决定接受必胜之计虽然至关重要，但还只是事情的开始，尚待付诸实施。若仅停留于欣赏、赞美，而无所作为，则胜利、成功不会自发地出现。想想《孙子兵法》历时如此之久，至今仍在中外备受推崇，确非偶然。它不仅富于哲理，而且非常重视切实可行的方法，使之成为完整的兵法体系。这里所讲的"计利以听"之后的事，便充分体现了上述令人信服的精神。其对现代管理的指导意义，亦在于此。

试以现代管理中的目标管理为例。环绕为实现目标而制定的政策、计划、方案等，无一不需要认真对待和执行。干得好的对事业做出积极贡献不用说了。遗憾的是，那些态度不严肃者，说什么"计划、计划，纸上画画，墙上挂挂"，那是用来装门面的；有的领导者也常自以为是，结果是"计划计划，不在话下，领导发话，马上变卦"。如此这般，美好的目标又怎能如期和圆满实现呢？

---

① 《朱铁臻在"2008 中国城市创新论坛"的发言》，载《光明日报》2008 年 12 月 4 日第 2 版。

② （阿根廷）雅·马丁内斯：《人口智力水平影响经济运行》，载阿根廷《21 世纪趋势》用刊网站 2011 年 3 月 18 日，又见《参考消息》2011 年 3 月 21 日第 4 版。

让我们把话再说回到"乃为之势，以佐其外"方面去。关于"势"的问题，原著第五部分即为《势篇》，将另做专题讨论。这里是先说一说它的作用和重要性，在于造势作为外部条件来辅助作战。因为战争在进行过程中，外部条件的帮助、配合和支持不可或缺。倘能密切注意和积极主动地创造各种有利的、良好的外部条件，则可以化阻力为助力，变误解为理解，工作要顺利得多；否则，大大小小的困难，必将消耗、浪费主要的人力、财力、物力和宝贵的时间去应付和解决，从而或轻或重地影响、制约主力的正常发挥，难以顺利前进。古代战争久已如此，近现代战争则更加看重范围要大得多和复杂得多的外部条件。

在现代管理中，用现代语言来表达，这就是要重视和强调建立、维持、发展好正常、健康、积极、友善的公共关系，以树立本部门、本单位在外界心目中的良好形象和声誉，从而在有需要时比较容易地获得有关外界的广泛理解、信任、支持和合作。看看作为热门学科"公共关系学"的忽然兴起和迅速发展的情况，可知其由来有自，而非突如其来。中国古代并无这一名词，现在也是从英语原词 Public Relations（简称 PR，即"公关"）翻译引进的。在较短的时期内，它已是在高等院校设置的一门新专业，开展对"公关"人才的培养，以应管理实践之需。这里，我们在谈到《孙子兵法》注意到外部条件时，可见是古已有之的了！一点没有牵强附会，事实正是这样。

与此密切联系的一句古语是"得道多助"，重视外部条件岂能与此无关！这方面的工作是功夫在乎平常。早着手早得益，"急就章"不成。《孙子兵法》中的论述如此安排（即听计以后紧接着提出下文），很值得我们深深领会。胜于雄辩的事实是：许多特定或专门的具体事项中，外部条件如何关系重大，绝不可掉以轻心。这里，也很自然地令人联想到现在流行的关于"软实力""攻实力"的说法。

关于"因利而制权"的问题。那是对似乎笼统、抽象的"势"的一个清楚的说明和总的原则，亦即根据实际情况的是否有利而决定采取相应和适当的行动、措施。汉语中的"权"字不仅有权力、权利方面的意思，有时也用于权衡、权变之类的随机应变，以及暂时适宜、变通的"权宜"等。"制权"就是要因利乘便、因势利导与因时、因事制宜。现代管理当然仍必须遵守这个原则。

五、关于兵是诡道

原文：

兵者，诡道也。故能而示之不能，用而示之不用，近而示之远，远而示之近；利而诱之，乱而取之，实而备之，强而避之，怒而挠之，卑而骄之，佚而劳之，亲而离之。攻其无备，出其不意。此兵家之胜，不可先传也。

这个"诡"字，一般常与"诈"字相连，如说"诡诈"，尤其是在军事上，早有"兵不厌诈"之说。但这似乎未必尽合原意，因为"诡"字还有怪异之意，如"诡秘"即隐秘难测、"诡计"是变化多端等等。因此，对于"诡道"可以理解为：战争是诡诈、怪异、变化无穷和隐秘莫测的，甚至是机动、灵活、巧妙无比的活动。原文中的一系列"示之"说得很清楚，其余也不需要解说。而"不可先传"，则分明是说没有什么条条框框，完全要靠对原理、原则经验、案例等的领悟程度和现场应对时的"灵机一动"与"运用之妙在乎一心"了。那确是无法先传的。特别是"出奇制胜"，若早被人识穿、看破，便不能称奇，也无法取胜。可见，"不可先传"并非不用学习，而是鼓励创造。这在后面还将继续讨论。

对于"兵不厌诈"，大家没有异议。有时还赞叹胜利一方"诈"得有趣、高明。而在现代管理中，则是不能和不许玩弄欺诈手段的。不过，去掉欺诈性质的内容，如随机应变、有备无患、居安思危、注意团结等，对现代管理仍颇有实际意义。

从本段原文来看，除头尾两句之外都算是作战中"诡道"的要点。连"攻其无备，出其不意"在内，共有14点之多。这些在实战中的例子，古今中外，真可以毫不夸张地说早已不胜枚举。这里也打算一般从略，只是稍有选择地谈一些与现代管理比较有关的情况。例如：应真诚地谦虚谨慎，而非虚伪做作；应坚守诚信，忌轻诺与弄虚作假；勿贪图小利走邪门歪道；维护正常秩序并加强团结；提高警觉，保持清醒，不因一时冲动而失去理智；若遇到有人进行欺骗，具有从正面给予识破的本领；等等。至于常备不懈,提高应急能力,那是再怎么强调也不为过的事。

虽然管理不同于战争,但是在应急问题和保证工作质量、讲究工作方法、重视工作效率等方面,也都要经得起严格检查和重要考验。碰上天灾人祸的突发事件和紧急状态,能否应付裕如,处理得比较妥善,把可能产生的损害降低到最低限度,便是对管理能力和水平的检阅与测试。一个不谋而合的现象,是退役或转业的军事人员不少成为高管能手,中外都有。其中似有必然联系,可做专题研究。本文开头提到的拙著,后来又接着发表的《"文官"也应读"兵书"》① 一文,即属于在这方面所进行的尝试。

为什么会有"太平宰相好当"这句俗语呢?为什么要讽刺那些只能处常而不能应变的旧官僚的为"治世之能臣,乱世之饭桶"呢?为什么要说"疾风知劲草"?"急惊风遇到慢郎中"的后果如何?"病急乱投医""饥不择食""慌不择路""饮鸩止渴"的结局怎样?诸如此类的问题,无一不与当事者的素质功底、基础、潜力有关。

最后,关于"不可先传"的问题,前面虽已提及,但在本段结束之前,仍应略加补充。千万不可误会的是"不可先传"并非什么都不传,而是指"兵家之胜"不能存任何侥幸、依赖、懒汉思想,搞"纸上谈兵"或者叫本本主义、教条主义。因为客观情况千变万化,甚至瞬息万变,现场发挥全靠自身的"悟性"和积累的"功夫"。

六、庙算胜否与算多算少或无算

原文:

夫未战而庙算胜者,得算多也,未战而庙算不胜者,得算少也。多算胜,少算不胜,而况于无算乎!吾以此观之,胜负见矣。

"庙算"是古代战前在"庙堂"开会共商战争大计,包括对胜负的测估。"算"为计数筹码,可看作得胜条件,也有计算周密之意。多算、少算、无算与胜负的关系已经说清楚了。这里有两点可以引起我们注意:一是用开会的形式共商大计,表明古人早已重视集思广益,不是光凭居主位

---

① 夏书章:《"文官"也应读"兵书"》,原载《行政人事管理》1997年第1期。

者说了算；二是古人也早就采用定量方法（Quantitative Method）或定量分析（Quantitative Analysis）了，不过不会像现代这么精密而已。

让我们先来看"庙算多则胜"。这是从"大事不可不察"逐步演进而来。焦点就是那个"察"字，包括"察"什么、怎么"察"等一系列的议论，直到"因利而制权"和"兵是诡道"，到了要深思熟虑如何方能稳操胜"算"的时候了。"庙算"颇有现代"军事民主"的味道，可能已经是当时比较流行的做法。在孙武死后百余年，《孙膑兵法·客主人分》中还提到此事："众者胜乎？则投算而战耳。"① 显然仍在继续沿用。这又有点像是投票决定，或如现在各种竞赛中的评委打分。具体项目或内容虽未开列，大概不外"五事""七计"之类。面对这样重要的大事。与会者想必也都具有高度责任心和非常严肃认真的态度，以及一定是些有见识、有经验的得力人物。

在现代管理中，开会已成"家常便饭"。但要认真对待的是会风要正，特别是讨论重大问题的会应做好准备，保证开好并收到预期的成效。不搞"文山会海"流于形式，免致失时误事。还不说可计算会议成本及其可能产生的广泛和深远的负面影响。

再说"庙算少不胜"。与"算多"相反，其意已明。但需要加以分析的是这个"少"究何所指和从何而来。值得注意和思考的至少有两个问题：一是计算问题，即由于计算不周而致难以取胜，如果计算得很周密，本来是可以获胜的。二是正因为已经过周密的计算，未得出不胜的结论，那就并非计算问题，而是由于胜利的条件确实不足。

不过，试看原文的意思和语气，是把"算"和胜利条件相提并论、等量齐观的，如"多算胜，少算不胜"。因此，我们不难肯定，上述两个问题中失去胜利的机会是失"算"造成的，实在令人惋惜、遗憾！古今中外战争史上不乏以弱胜强的战例，关键即在"得算多也"。现代管理也不可缺"算"，失策、失效、失败莫不与此有关。举世公认的决策必须科学化、民主化，实际上是对古老的"算"的肯定和发展，是在新的历史时期智谋运用方面的进步。

至于"庙算无必败"，本已不言自明，但最后予以点明和着重强调一下，也很有意义。说的是"必败，没有任何可以心存侥幸的余地"。历史

---

① 徐子宏等：《中国兵书十种》，湖南出版社1993年版，第114页。

上的这类败局有的早已入戏，令人记忆犹新。那些貌似强大或自恃强大的轻敌妄为者，一个接一个地败下阵来，进了历史的垃圾堆。他们不想失败，但都没有胜利的条件。

这里还应当明确指出：《孙子兵法》所讲的"算"是正面的、积极的，是"稳操胜算"的"算"。"无算"是从取胜的角度来衡量毫无胜利可能的意思，必败无疑。这完完全全是实事求是的朴素唯物论的论断，绝非"天命""鬼神"那一套。因为历史上把战败归于"天命"的大有人在，或者说败得莫名其妙，就那么"鬼使神差"般地败了。其实后者才都是鬼话。现代管理中若有闪失，仍必须从"算少、算无"的方面去分析和总结，否则得不到正确、合理的解释，难以吸取教训和有针对性的改进。可笑的是，有人却在大谈"风水""命运""神灵"等封建迷信，岂非21世纪的咄咄怪事！

关于《略论〈孙子兵法·计篇〉与现代管理》，大体上已可结束。但还有一直最想说的一点，不能不说。那就是：即使仅以《计篇》为例，无论从军事上、政治上、思想上、工作方法上，以及其他各有关方面，毛泽东运用、发挥得炉火纯青、淋漓尽致、出神入化，又发展、创造得不拘一格、前无古人、得心应手。不说别的，只看在群雄角逐、争霸无比复杂的世界历史环境中，在强手如林的国内外敌对势力重重包围、封锁的情况下，能以"星星之火终于燎原"，还要逐步实现中华民族的伟大复兴。对此，已有人编著了《毛泽东兵法》[①]，显然我们更应该全面学习毛泽东思想体系，包括邓小平理论、"三个代表"重要思想和科学发展观。这是最直接地关系和影响到我们目前和今后实际生活中不可不察的国之大事和统领经济社会发展全局以持续不断地取得新的更多、更大胜利的大问题。我们研究"《孙子兵法·计篇》与现代管理"这一专题，目的不也是正在于此么？

（原载黎红雷主编《治道新诠》，中山大学出版社2011年版）

[①] 柏桦：《毛泽东兵法》，海南出版社1996年版。

夏书章自选集

第九部分

关于『中国梦』

"中国梦"与社会性别平等

在6年以前,我曾经就社会性别与公共管理问题写过一篇以"性别平等"[1]为题的短文。虽不足千字,也谈了几个基本观点。最近看了鲍静同志在博士论文基础上经过修改后出版的专著《女性参政——社会性别的追问》[2](25.7万字,以下简称"鲍著"),自问在研究广度和深度上都还很不够,所以在把读鲍著之余,难以言评,只能略述所感。"社会性别主流化"是一个大家应该关心的重要课题,希望有关专家学者多多发表高见。

一、试从"两个半边天"说开去

不用引经据典,不管排列顺序,也无论人们怎么议论,谁都不能否认的一个基本事实是永远存在的,那就是人类社会有性别差异,亦即人类社会由男性和女性共同构成。众所周知,"妇女能顶半边天"的说法,是流行得最广、最久和最朴实的群众性语言。因此,我在开头提及的短文中顺口溜了这么几句:"公共管理性别研究,事关两个半边天。以人为本当全面、协调和谐齐向前。"

可不是么?以人为本中的人不是抽象的,而是具体的。"两个半边天"正是上述俗语所描绘的实际景象,天岂能只有一半!既然大家都是所属共同整体的组成部分和主人,便理所当然地应该是互相尊重的平等关系。这样,也只有这样,才能齐心协力去调动、发挥和保持为共同事业发展做奉献的积极性。对正常平等关系的任何扭曲或背离,必将给整体利益带来消极影响或直接损害。

鲍著非常重视这方面的情况。在其作为全书出发点的绪论和开宗明义的第一章中,已做了可信度较高和说服力较强的论述。这里没有必要详细

---

[1] 夏书章:《性别平等》,载《中国行政管理》2008年第7期。
[2] 鲍静:《女性参政——社会性别的追问》,中国人民大学出版社2013年版。

介绍。值得注意的是,历史和人类认识已达到这样的拐点:"……从'天赋人权'到'男女平等',逐渐演变成一股越来越大、越来越汹涌的思想潮流和社会运动。"① 其实,当年"天赋人权"和"男女平等"的提出虽具有历史进步意义,但对于"人"和"平等"的具体含义与实质性内容并未十分明确,以至于在实践中难免流于含糊其词和表面形式。这就需要在正确的社会性别理论指导下,促使崭新局面出现和取得成功。

说到相关理论,我们高兴地读到著者所引用的马克思的著名论断:"每个了解一点历史的人也都知道,没有妇女的酵素就不可能有伟大的社会变革。社会的变革可以用女性(丑的也包括在内)的社会地位来精确地衡量。"② 这可比"半边天"的说法精确多了。至于如何认识和衡量,正如著者所说,要靠研究者们的共同努力了。可是,应当认为此项研究很不简单,作为庞大、复杂的"系统工程"来看待并未夸张。想想所涉及的问题和事项,可谓面广量大,既有理论、观点、主张等的差异,又有制度、政策、措施等的不同,也难免夹杂某些偏见、误解。可能仁者见仁、智者见智,同样会男方见男、女方见女,要求达成理性共识的难度很大,更显得有必要认真研究。

二、"中国梦"与社会性别平等

回顾前述短文发表和鲍著付梓的时间,分别是 2008 年 7 月和 2011 年 12 月(见著者"后记"③)。当时正在热议的是构建社会主义和谐社会,提出"中国梦"是近期以来的事。不过,其中的本质联系是一脉相承的。对"中国梦"追梦、筑梦、圆梦的具体要求是比构建社会主义和谐社会更全面和更高了。与此同时,为争取早日实现"中国梦",对社会性别平等的要求也变得日益迫切。由此可见,鲍著所研究的主题也更有现实意义。

这里就先让我们插入一段"中国梦"与对社会性别平等的基本认识。"国家富强、民族振兴、人民幸福的'中国梦'是全国人民的梦,是

---

① 鲍静:《女性参政——社会性别的追问》,中国人民大学出版社 2013 年版。
② 《马克思恩格斯全集》第 32 卷,人民出版社 1975 年版,第 571 页。
③ 同①。

符合人类社会健康发展利益的梦",这段话家喻户晓。其目标深孚众望,内容丰富多彩。从三个层面来观察,可以得到最简明扼要的深刻印象:国家层面是富强、民主、文明、和谐,社会层面是自由、平等、公正、法治,个人层面是爱国、敬业、诚信、友善。这 12 项不是也不可能是各自孤立出现、存在和发展的。它们之间都有紧密联系和互依互动、相辅相成的配合与影响作用。譬如"平等"虽仅作为一项列于其中,社会性别平等又只是"平等"分类中的一种,但是必须看到,社会性别能否平等,将会产生牵一发而动全身的后果。前面所引马克思的论断,便是有针对性的明证。

事实和道理都很明白,社会性别不平等的消极因素绝非无关宏旨,而是所关至大。试将"平等"以外的 11 项逐一追询,我们便完全可以理解了。极而言之,如果"半边天"长期处于不平等的生存状况,岂非略如"半身不遂"?若是问题解决得又好又快,则必将心情舒畅,又是另外一番喜人光景。也就是说,对于富强等能否尽快实现或对实际成效会不会大打折扣,这里已成为无形的关键所系。

再说"中国梦"的顺利实现,优质的、高水平的、卓有成效的公共治理是不可或缺的。广义的"参政"必进入公共治理领域,所以鲍著的主要内容也完全适用于研讨公共治理中的社会性别平等问题。相信在原著的基础上著者必将按照实现"中国梦"的需求,继续加强研究。愚意以为,非常重要的一点是彻底清除根深蒂固的思想障碍。这有待认真反思。

三、男性对待传统影响的反思

人类社会,尤其是在中国,由于封建统治的时间特长,性别歧视和不平等的情况格外明显和严重,朝野上下,莫不如此。首先是一夫可以多妻,妇女却只能"从一而终",于是皇帝有三宫六院、七十二妃、佳丽三千,官民(主要指达官贵人和富商大贾)则常有三妻四妾或妻妾成群。接着是定下规矩,君为臣纲、父为子纲之外,还有一条是"夫为妻纲"。妇女完全处于服从的地位,在家从父,出嫁从夫,夫死从子。哪有丝毫独立自主的余地!"嫁鸡随鸡,嫁狗随狗"这句无可奈何的俗话,便由此而来。

尽管说得好听,如说什么"妻者齐也",其实很不平等,还有各种歧视。最难听也令人最难忍受的是一些绝对化的流言，如"最毒妇人心""女子无才便是德""天下女子皆祸水也""唯女子和小人难养也"，以及诸如"头发长，见识短"之类，不一而足。至于"男不跟女斗"，表面上似乎有点"礼让"的味道，其实听口气和看神情，倒像是在显示"男子汉大丈夫"不屑同"小女子"计较的派头。同时，这可以肯定是在公开场合，因为在背地里，"家暴"却时有所闻！

在旧的男尊女卑、重男轻女等传统思想的影响下，我们至今仍不难看到种种有关的迹象。中国有，外国也有。家庭暴力玷污社会文明，自不待言。对妇女就业的歧视，已引起普遍关注。重要媒体发出的呼吁表明问题正日趋严重，其中让人感受最深的是性别歧视和残疾人歧视。[①] 中国女大学生投诉招聘遭歧视的报道也进入美国《纽约时报》的网站了。[②] 又如出生性别比失衡（即男多女少）已成为中国的人口顽疾，会导致严重的社会后果。[③] 这与传统的重男轻女思想有关，将影响社会和谐稳定。此外例子还很多，难以一一列举。从总体上看，在全球男女平等排行榜中，作为经济大国的中国和美国相比虽有进步，但仍远远落后，有待努力赶上。

说到这里，应当明确指出，认真反思非常重要和必要。但要大家反思并非说大家都是不平等现象的制造者，而是要求大家从传统思想影响、束缚、暗示中解脱出来，达到新的理性高度，从而认定男性中心、大男子主义等偏见所造成的男女不平等的事实，并认识到其对共同、正常、健康发展极其不利，甚至完全可以说是有害无利。女性的处境虽有不同，也要在如何应对、适应、改变等方面进行反思，以求在达成科学、合理共识的前提下阔步前进。

四、女性对待传统影响的反思

反思的目标相同，都是为了实现真正的性别平等。但内容和重点大不一样。在男尊女卑、重男轻女的传统思想影响下，男性和女性的处境不同，必然有不同的感受、反应和思路。因此，很有必要分别讨论，才能有

---

① 参见邓宇《何不立法反对就业歧视》，载《光明日报》2013年12月23日。
② 参见田策《中国女大学生投诉招聘遭歧视》，载《参考消息》2014年1月1日。
③ 参见宋健《如何医治性别比例失衡顽疾》，载《光明日报》2013年7月18日。

较好的针对性。同时,最好是由女性专家学者在进行普遍和深入调查研究的基础上提出建设性意见。以下只是一些零散、粗浅、表面、主观,甚至有属于猜想和误解等不切实际之处的观察,希望得到批评指正!

在社会性别不平等的情况下,我们所要注意的是问题的主流和实质,不能因个别实例(如也有"泼妇"等)而冲淡或转移。对过去和现在某些流行的论调,宜加以分析,以免干扰关于主题的认识。历史上和现实生活中,确实有"女中豪杰""巾帼女英雄",包括女皇、国王、总统、总理等等,但不能因此而产生错觉,以为性别不平等并不存在或不严重。看看"夫贵妻荣""母因子贵"等现象,就显示出妇女的依附地位。说得更直白些,便是"嫁汉、嫁汉,穿衣吃饭"。其实,妇女往往是家务和生产劳动的主力,特别是在农村。至于说什么"惧内多豪富,欺妻一世贫",那可能是好心人的一种希望善待妇女的劝喻,除非果真另有所恃或另有所忌,一般还是照欺不误,何惧之有!

遗憾的是,时至今日,时代已大不相同,竟然还有一些知识女性传出消极无奈的言论,如"干得好,不如嫁得好""考不上公务员就嫁给公务员""宁愿坐在宝马车里哭,不愿坐在单车上笑",不惜加入"二奶""三奶"行列,等等。也有的反应过激,把不满简单集中到全体男性身上,痛骂"男人没有一个是好东西"。这可不是争取真正性别平等的正道。可喜的是:我国自五四运动开始,尤其是中国共产党成立以来,妇女解放运动的理论和实践已经积累了很多有益的、具有创造性的成功经验。在长期革命和建设的过程中,男同志和女同志并肩奋斗,奔向共同的理想和目标,取得节节胜利。鲍著设有专章论述中国共产党的女性参政思想及其实践,是在我国研究这个问题所不可或缺的应有之义。希望能有更多的有志者、有心人参与研究,我们应当仁不让和理直气壮地努力推进中国特色社会主义妇女解放运动,使性别公正率先在中国开花结果。

五、力求达成科学合理的共识

关于在社会性别平等问题上要达成共识这一点,在前面的有关部分已经分散地和不止一次地提及。反思属于开展研究的基础性工作,其作用和目的即在于达成科学合理的共识,然后才能真正形成强大的合力,去为共同的理想共同奋斗。这里涉及需要认真切实反思的另一个重要问题,就是各种社会性别理论，包括不同的观念和主张以及女性理论等。鲍著在这方面已经很注意了，并以一定的篇幅谈到西方女性参政的缘起与方式（以英国女性选举权运动为例）。① 研究重要问题，需要参考借鉴，以免闭门造车和少走弯路。随后还有专题研讨，暂不多说。

为了达成共识，慎重地选择指导思想非常重要；否则，众说纷纭，莫衷一是，结果是旷日持久、难见实效。在由男性实际把持的一统天下和多数女性认"命"的历史时期，若非双方自觉地认识到男女真正平等符合共同发展的根本和长远利益并见诸行动，女性的"半边天"是亮不起来的。尽管少数觉醒了的先进女性奋起抗争和有足以令人心服的表现史不绝书，但一直没有成为主流（或者叫"大气候"）。在西方的资产阶级民主革命运动中，"男女平等"的口号很响，女性也发挥了较大的积极作用。但往后一直到现在，实质性的平等并没有得到显著的进展。相形之下，中国共产党领导的中国妇女解放运动，可以称得上一株大放异彩的奇葩。众所周知，这完全是同以马克思主义妇女解放理论为指导思想分不开的。

马克思主义妇女观与中国妇女运动相结合，便形成中国马克思妇女解放理论。对此，毛泽东做出了积极贡献，这也是毛泽东思想的重要组成部分。② 这条中国特色的妇女解放道路，必将伴随中国特色社会主义建设和"中国梦"的完美实现而越走越宽广。

不过，应当看到，对于妇女解放即两性真正平等程度的现状，还与预期或理想存在相当大的距离，有待我们共同努力去争取达到更好的状态。在现实生活中，有一个自觉排除和抵制各种干扰的问题。除对不良的传统思想影响保持高度警惕外，在改革开放中也难免夹杂一些不健康的因素或沉渣泛起，或在有意无意之间进行侵袭、腐蚀。尤其是在生活习惯和思想作风方面，千万不能让歪风邪气、劣根、毒苗、低俗、恶俗等谬种流传！

---

① 参见鲍静《女性参政——社会性别的追问》，中国人民大学出版社 2013 年版。
② 参见刘宁元、王峻《毛泽东对马克思主义妇女解放理论确立的贡献》，载《北京行政学院学报》2013 年第 6 期。

六、平等互尊不能流于形式

一定的形式总是同一定的内容相联系的。如果只有形式或徒具形式,没有内容,那是空话。或者形式和内容相去甚远,便是不切实际地流于形式了。我们所讨论的社会性别平等问题,应该避免发生这些情况。但是避免不了,而且早已开始,并一直不同程度地存在和"表演"着。其"精妙"之处在于:谁也没有反对性别平等,甚至"赞美"的调门唱得更高、更好。不过,事实胜于雄辩,听其言接着观其行,就真相大白了(说明可能是多余的,这里的"谁""其"是泛指)。

关于注意性别平等的形式,一般常见于语言文字。例如,西方的绅士们在女性出现的场合,就把"妇女第一""妇女优先"之类的短语随时吐露。在集会致辞时,也称"女士们、先生们",而不是"先生们、女士们"以示"尊重"。有"妇女节"而没有"男人节",先有"母亲节"后有"父亲节",妇女平均寿命较长而退休年龄较早,等等,据说都有"尊重""保护"妇女的考虑。至于对妇女的就业等各种歧视,也有人认为,那不能叫歧视,而是"区别对待"!真是说得太好了,事情果然是如此这般的么?光凭一些表面现象拌嘴皮子不成,需要更多、更广、更深、更具体、更实在和更细致的观察、体验与调查研究。

关于研究什么和怎样研究,随后还要集中讨论。这里仅举几个例子表明问题并非那么简单。人们记忆犹新的是当年纳粹声称把妇女赶回厨房去,那当然是歧视。没有想到近来社会上已出现对全职母亲越来越严重的偏见[1],这也是歧视。在"二战"时期发生的日本侵略者犯下的对"慰安妇"的罪行,至今没有清算,侵略者竟仍否认其事。最近研究报告显示:"性暴力是全球妇女共同的威胁。"报告的作者指出:"7.2%的比例对任何关心其女性公民的国家来说都是个足够严重的问题。"[2] 无可否认,性别不平等的事实,仍不同程度和或明或暗地在不同领域延续。如在《全

---

[1] 参见王宇丹《全职母亲歧视》,载《参考消息》2014年1月8日。
[2] 《性暴力是全球妇女公共的威胁》,载《参考消息》2014年2月14日。

球性别差距报告》中,美国始终未能进入性别差距最小的前 20 个国家排名。① 《在科学领域的全球性别差距》这篇论文中,也"发现女性学者的论文平均引用率低于男性"是有原因的。② 在相隔不久的另一篇报道中指出,"在学术界,身居高位的女性仍然少之又少",也提出了改善的建议。③

七、共同体现和谐合作实质

前面讨论过的力求达到科学合理共识和平等互尊不能流于形式,都旨在落实到共同体现和谐合作的实际行动,出现社会性别真正平等的局面。看来说来说去,最重要的还在于双方保持清醒,仍经常进行反思。合作不是一厢情愿的单方面的行动,必须互动互利,才能延续下去。否则,孤掌难鸣,即使勉强共处,也会貌合神离。

在和谐合作的过程中,有一个不可忽视的求同存异问题。因为两性之间存在生理差异,女性有例假、怀孕、生育、哺乳等情况,必须给予合情、合理的保护与照顾。像医药卫生、体育活动等方面均须有不同的标准和安排。但在精神方面,对社会责任、家国情怀则应求同。因而对过去许多习惯上的说法有必要做新的考虑。诸如"国家兴亡,匹夫有责""男儿志在四方""三更灯火五更鸡,正是男儿立志时""男儿当自强"之类,都可谓目中无女。新女性也勇于担当,同样要立志、自强。那种甘居弱小、自卑、自轻、自贱等被扭曲了的心态应该一扫而光。两性并肩战斗、共创辉煌,正是和谐合作的康庄大道。

可是,由于年深日久,旧的影响难以一时摆脱干净,还会不时对新时代的生活进行各方面的干扰破坏。所有改头换面、沉渣泛起、故态复萌、旧病复发等等,有的似曾相识,有的花样翻新、变来变去,到头来都阻碍妇女彻底解放和两性真正平等的顺利实现。实践充分证明,各种形式和性质的腐败,总离不开、少不了不正当两性关系的因素。女性则完全或较多

---

① 转引自褚国飞《论文引用率差距突现学界性别不平等问题》,载《中国社会科学报》2013 年 12 月 18 日。
② 同③。
③ 参见王悠然《学术界身居要职女性太少》,载《中国社会科学报》2014 年 1 月 10 日。

处于依附恶势力、被玩弄和利用工具的地位，毫无人格尊严可言。所谓"繁荣'娟'盛"，那是什么样的"繁荣"？最近广东东莞"扫黄"，取缔了一批色情场所，竟然引起了一些令人惊讶的奇谈怪论。说什么"嫖娼有理，色情无罪""同情弱者""顺应市场""选择自由"等等。全然无视法治常识，更是罔顾社会良知。① 如此荒唐，几乎令人难以置信！无论从道德或者法律上来说，把"黄赌毒"视为值得同情、可供选择和顺应市场的"职业"，简直是极端的胡言乱语。可见，在引导、保证社会两性和谐合作共谋正常发展的道路上，还有很多宣传教育工作有待大力开展，所以在本文最后将专题讨论研究工作。

八、继续努力扩大加深研究

鲍著书名虽为"女性参政"，但其副标题为"社会性别的追问"，内容也联系到不少理论、思想、观点、制度、政策、实践等分析和论证。对于社会性别平等的研究，颇有参考价值。本来，此项研究内容极为丰富，前面早已提及。这里打算再就怎样继续努力扩大加深研究，谈些很不成熟的初步设想，以便与有志于此的学者们共同商议、思考。

（1）研究要与"中国梦"全面联系，针对社会主义核心价值观所倡导的那三个层面和12点具体要求，估量社会性别平等的积极作用。

（2）研究要受到各个领域的各级领导的高度重视，因为这是一个具有普遍性的重要课题。经过研究，得到改进，普遍受益。

（3）研究需要提供发布研究信息和成果的园地，如各种媒体和出版机构的紧密配合、支持，开辟定期或不定期专栏，开展有关讨论，等等。

（4）研究应重视从基础理论研究入手，在指导思想方面旗帜鲜明，即前已述及的马克思主义的妇女解放理论在中国的具体运用、发展。

（5）研究要有综合性研究，这是由课题的普遍性决定的。尽管有各行各业之分，但一定有不少共性问题有待探讨。

（6）研究少不了专题研究。专题有大有小，数量之多难以计算。随

---

① 参见马永《"无良大V"的歪理邪说》，载《人民日报》2014年2月15日。

便举个小例子——《农村留守妇女的村庄政治参与及其影响因素》①,便是过去无法预见的一个现实生活中的课题。

(7) 研究要争取有更多人的参加,则可众擎易举。因为问题太多,少数人难以胜任。

(8) 研究应包括历史研究。古今中外都有关于社会性别问题的理论观点和实际情况,尤其是在妇女解放方面,早已有所酝酿和具体表现。

(9) 研究要着重关于现状的研究。不限于本国、本地或本工作和生活领域,以便同看待历史一样进行参考借鉴,在对比中取长补短。

(10) 研究可有选择地对有特点的对象,如单位、家庭、个人等做专题访问。鲍著作者即曾兼做过这类工作②,这对研究工作很有帮助。

(11) 研究如有可能,可建资料库和案例库,进行调查研究,在条件较好的高等院校开设课程、举办讲座和研讨会等,以加强研究力度。

(12) 研究可见机而作或闻风而动,遇有适当机会及时开展。如联合国报告称北京是世界最平等城市。③ 但报道没有具体提到两性平等,似可跟踪了解。

行笔至此,已没有什么结束语可说。但想起长期以来,人们对女性从政,常有"花瓶"之讥。大意是指只作为点缀、摆设,而无实际意义。这可是个应该严肃认真对待的问题,因为事关两性真正平等和对女性才能的公正评价。既不可出于偏见、成见,也不宜一概而论、一笔抹杀。必须探明究竟,做出科学分析和合理判断。试看任职女性,有来自著名家族者,其表现褒贬不一。这种情况在男性中也有,可能更多。也有经正常渠道担任公职者,往往名噪一时而其夫却默默无闻。还有些独身女性业绩卓著得到公认。总之,果能做到男行正道、女无遗贤,充分发挥正能量,则中国美梦必将早日成真,举世两性一定大快人心!

---

① 吕芳:《农村留守妇女的村庄政治参考及其影响因素——以16省660村的留守妇女为例》,载《北京行政学院学报》2013年第6期。

② 参见鲍静《在全面建设小康社会的伟大进程中进一步推进妇女事业的创新发展——全国妇联副主席、书记处第一书记黄晴宣接受本刊专访》,载《中国行政管理》2004年第3期。

③ 《联合国人居署年度报告评价北京为全球最平等城市》,见 http://www.gov.cn/irzg/2008-10/24/content1129699.htm。

编后语：

夏书章（夏老）是新中国行政管理科学的主要奠基人，也是中国行政管理学会的创始人之一。1982年夏老在《人民日报》发文呼吁："把行政学的研究提上日程是时候了。"1984年在国务院办公厅与劳动人事部召开的全国行政管理科学研讨会上，夏老等专家学者呼吁成立中国行政管理学会，创办《中国行政管理》杂志。夏老历任中国行政管理学会副会长、名誉会长，始终关心会刊《中国行政管理》杂志的每一步成长。自2001年我刊为夏老设立专栏《夏老漫谈》，一期一文，14年来，每月我们都能准时收到夏老亲笔书写的杂文，言简意永，每文都以其敏锐的眼光、宽阔的视野、深邃的思想给行政学的发展以启迪和引导。

近日，夏老寄来他近来罕见的长文——《"中国梦"与社会性别平等》。文章按学术规范包括"摘要""关键词""参考文献"等近9000字，皆夏老亲笔书写，行云流水，规范工整，鲜有改动。所涉"社会性别"问题似乎普通，但内涵极为丰富。夏老从社会化了和性别化了的"人"来理解、研究社会发展和进步，来研究现代化的"人"，来研究行政管理，视野开阔，高瞻远瞩。凡30多年来，夏老始终站在时代的前列，引领中国行政管理学的恢复和发展。2014年初春，95岁高龄的夏老，又以这样一篇长文，给我们展示了他对公共管理发展热点的把握和思考，对行政管理发展方向的真知灼见。

党的十八届三中全会提出全面深化改革的总目标，是完善和发展中国特色社会主义制度，推进国家治理体系和治理能力现代化，强调必须更加注重改革的系统性、整体性、协同性。人的"现代化"实为现代行政管理的题中应有之义，是大问题，是个大的系统工程。本刊致力于面向现实的中国行政管理研究，积极倡导以国家现代化过程中的问题为导向，打破学科壁垒，摒弃学科发展的封闭化和碎片化倾向，从国家治理体系和治理能力现代化的高度，加快行政管理科学研究和发展的现代化。今年以来，我刊努力以党的十八届三中全会提出的全面深化改革总目标的精神来办好刊物，回应时代的需要。年近期颐的夏老，以他的健康而年轻的精神，激励我们为"中国梦"而不断努力！

（原载《中国行政管理》2014年第4期）

公共管理与"中国梦"

"中国梦"无疑是当前全国乃至全世界的崭新热门话题之一。它不仅拨动了全国人民的心弦，而且也引起了世界人民的关注。因为国家富强、民族振兴、人民幸福，既是中国人民的由衷愿望，也是各国人民的共同需求。对广大弱势群体来说，就自然更会深有同感。

现在，追梦、筑（或铸）梦、圆梦的热潮已经在全国范围内形成，并正持续发展。由心动转入行动。大家不约而同地聚焦或达成的共识在于：公共管理即公共服务必须紧跟形势进行加强和优化，才能更好地发挥其应有的引导、保证、配合、支持等责无旁贷的积极作用。这是成就共同事业的关键所系，绝对不可掉以轻心。也就是说，在这股热潮中如果公共管理缺位固然不可思议，倘若从而给予的是阻力而非助力，那将更不堪设想。

会不会言过其实？让我们看一看"中国梦"的实质性内涵便完全可以理解了。国家层面的目标是：富强、民主、文明、和谐。社会层面的状况是：自由、平等、公正、法治。个人层面的要求是：爱国、敬业、诚信、友善。其中无一不与公共管理存在直接、密切和重要的联系。试问：若在公共管理方面尚未具备相应的必要条件，一个国家或地区能够只凭主观愿望进入富强之境么？当然不能，而只能是痴心妄想！人们记忆犹新的是：我国设置经济特区之初，许多投资者持币观望，直到投资环境改善符合公认标准以后才放心、放手。同样或相似的情况出现于申请加入世界贸易组织（WTO）的谈判，历时竟达15年之久，也与市场经济所要求的条件有关。其余依此类推，不必一一列举。公共管理与"中国梦"的关系可想而知。

再说，在历史上和现实生活中，有无数例证已经充分地证明了或正在生动地证明着公共管理在国家和地区发展中的地位和作用极其重要。中国自鸦片战争到中华人民共和国成立前夕是一回事，从"中国人民从此站起来了"到改革开放和平崛起是另一回事。在无比鲜明的对比中，我们清楚地看到了公共管理承担的任务确实是千头万绪，论服务的对象又何止千家万户，论产生的影响说千秋万代也不为过。即以正在努力建设的经济、政治、社会、文化、生态五大文明而论，已可略窥中国公共管理的艰巨任务、为民造福及其深远影响的一斑。

这里不能不谈到作为专业分类，公共管理是一门新兴的、重要的、综合性特强的应用学科。从学科的诞生地来说，它是一门引进学科。在译名问题上，有一个演变过程（因已在多处述及，故从略）。值得注意的，正在于这个学科性质。复合性显示出交叉学科较多，应用学科必须重学以致用，而引进学科则切忌全盘照搬，只参考借鉴。要以我为主，为我所用，在立足本土和吃透国性的基础上，建设中国特色社会主义。改革开放也正是为了更好地和平发展，以及择善从而更有利于探索实现"中国梦"的道路。我们所具有的道路自信、理论自信和制度自信，都基于清醒的实践经验总结。

此外，不可忽视公共管理领域很广。凡有公共事务、活动、关系等存在或出现之时、之处，即需要进行公共管理。传统的政府管理虽属"大头"，但非政府组织、非营利组织的公共管理已与时俱进。近期议论较多的社会管理也是公共管理。至于在公共管理领域中作为新型治理秩序的合作治理，那是以公私合作为基础提供公共服务的，亦即实行公共服务民营化的政策。中国怎么考虑？岂不很值得研究？我们似乎大可借合作的思路，跳出别人所定下的"框架"而大有作为。例如，只要无损于公共利益和收到互利的效果，扩大到国际合作，必将有助于促进和平共处。

面对清华大学公共管理学院同仁所编关于中国公共管理的文集，深感这是一次很有意义的尝试。由于主题鲜明，内容都是经过挑选的"土特产品"，所以读来倍感亲切。这门学科在中国如何建立和发展，是中国学者共同关注和认真研究的任务。从选文标题来看，其中不少并未提及公共管理，但在实际上无不直接或间接与公共管理有关，而这正是学科特点所在。可见，编者是行家里手。可是，当承蒙编者不弃嘱为该文集作序时，确使老朽有却受两难之感。常言老马识途，其实未必。如今"新路"很多，若不及时"充电""加油"，即有落伍、掉队之虞。现谨就公共管理与"中国梦"一题略抒浅见，以与广大中青年同仁共勉。

（原载曹峰主编《中国公共管理思想经典》，社会科学文献出版社2014年版）

附录

夏书章主要著述索引

说明：

一、分出版著（译）作和发表论文两部分，基本上按时间顺序排列。作者本人姓名从略，如有合作者另行注明。

二、列入主编书目，但本人为副主编、编委、顾问者免。系列丛书任总主编者仅标明丛书名称，具体书目从略。

三、"文革"前（含新中国成立前）论文毁失，只能凭回忆和零星线索追记，肯定残缺不全并难以具体，而以改革开放以来的论著为主，亦有遗漏（参见"学术自传"）。

四、未征得本人同意的挂名之作和选入其他文集者，以及已有文稿但尚未公开发表者概不收录。

一、专著

[1]《管理·伦理·法理》，法律出版社1984年版。
[2]《高等教育管理学讲话》，山西人民出版社1985年版。
[3]《人事管理》，人民出版社1985年版。
[4]《行政学新论》，中国政法大学出版社1986年版。
[5]《市政管理八议》，山西人民出版社1986年版。
[6]《管理·心理·医理》，法律出版社1987年版。
[7]《从"三国"故事谈现代管理》，湖南科学技术出版社1987年版。
[8]《香港行政管理》，光明日报出版社1991年版。
[9]《新加坡行（市）政管理》，中山大学出版社1992年版。
[10]《市政学引论》，中共中央党校出版社1994年版。
[11]《"三国"智谋与现代管理》，湖南科学技术出版社1994年版。
[12]《〈孙子兵法〉与现代管理》，中山大学出版社1996年版。
[13]《现代公共管理概论》，长春出版社2000年版。
[14]《行政奇才——周恩来》（与汪淑钧合撰），中山大学出版社2002

年版。

[15]《知识管理导论》,武汉出版社、科学出版社2003年版。

[16]《"金石"家话》(与汪淑钧合撰),中山大学出版社2004年版。

[17]《学林寄语:序言集》,中山大学出版社2007年版。

[18]《夏书章自选集》,广东人民出版社2007年版。

[19]《夏老漫谈》,中国人民大学出版社2010年版。

二、主编著作

[20]《行政管理学》,山西人民出版社1985年版。

[21]《行政管理与改革》(论文选),广西行政管理学会与上海社科院法学所1985年联合编印。

[22]《中国城市管理》(与严家明合作),知识出版社1990年版。

[23]《市政学自学考试大纲》,高等教育出版社1990年版。

[24]《市政学》,高等教育出版社1991年版。

[25]《市政学自学考试指导》,高等教育出版社1991年版。

[26]《行政管理学》,中山大学出版社1991年版。(第2版,1998年;第3版,2003年;第4版,2008年;第5版,2013年)

[27]《广东百科全书·政法分编》,中国大百科全书出版社1995年版。

[28]《行政效率研究》,中山大学出版社1996年版。

[29]《小政府大社会之路》,天津人民出版社1997年版。

[30]《公共管理硕士(MPA)专业学位联考考试大纲及考试指南(英语、数学与逻辑、管理学、行政学)》(总主编——国务院学位委员会办公室、教育部研究生工作办公室、人事部公务员管理司),中国人民大学出版社2000年版。

[31]《公共管理硕士(MPA)系列教材》(编委会主编),武汉出版社、科学出版社2002年1月首批教材开始出书。

[32]《行政成本概论》,中山大学出版社2009年版。

三、译作

[33] A. 奥库诺夫:《列宁斯大林为马克思主义政党的理论基础而作的斗争(1908—1912)》,三联书店1954年版。

[34] 赛沃斯奇雅诺夫:《美国在远东战争策源地形成中的积极作用》,世

界知识出版社 1957 年版。

[35] A. E. 库尼娜：《1917 年—1920 年间美国争夺世界霸权计划的失败》，世界知识出版社 1957 年版。

（以上均系俄译汉，并均与汪淑钧合作。）

四、论文

[36] 《我的故乡》（社会调查），载南京《首都学生》1935 年春。

[37] 《抗战总动员之我见》，1940 年冬于重庆。

[38] 《德国从民主到独裁的剖视》，1943 年春，应保存于原国立中央大学（今南京大学）图书馆。

[39] 《中国战时地方政府》（英文），1946 年初，应保存于哈佛大学图书馆或有关分馆。

[40] 《公教人员薪给问题之理论与实际》，载（南京）《中央日报》1947 年春。

[41] 《美国市政展望》，载上海《市政评论》1947 年。

[42] 《战后西班牙之市政建设》载上海《市政评论》1947 或 1948 年。

[43] 《公共秩序与市政建设》，载上海《市政评论》1947 年或 1948 年。

[44] 《工作情绪与行政效率》，载广州《建国日报》1947 年或 1948 年。

[45] 《泛论简化行政机构》，载广州《建国日报》1947 年或 1948 年。

[46] 《市政建设中之人的因素》，载上海《市政评论》，1948 年或 1949 年。

[47] 《论裁员》，载南京《社会公论》1948 年或 1949 年。

[48] 《再论公教人员的薪给问题》，载上海《市政评论》1949 年。

[49] 《官僚制度与民主政治》，载《中山大学社会科学论丛》1949 年（当年仅出一期）。

（说明：新中国成立前发表文章全部存底和完整目录，已在"文革"中毁失。以上所记乃凭回忆或从有关资料中发现的部分题目，故时间、期数等难以具体。虽然多非进步报刊，理论思想、观点未必正确，但应存其真，以见变化以及发展的线索、轨迹，并供检讨、批判。）

[50] 《共同纲领和宪法在社会主义事业中的作用》，载《中山大学学报》（社会科学版）1957 年第 2 期。

[51] 《加强行政法科学研究》，载《政法研究》1957 年第 2 期。

[52]《要改变教学方法》,载中国人民大学《教学与研究》1959年第7期。

[53]《科学态度与负责精神的典范——〈新民主主义论〉发表20周年》,载《中山大学学报》(社会科学版)1960年第1期。

[54]《学习、学习、再学习,团结、团结、更团结》,载《中山大学学报》(社会科学版)1961年第1期。

[55]《列宁关于辛亥革命的科学预见》,载《中山大学学报》(社会科学版)1961年第3期。

[56]《阶级与道德》,载《中山大学学报》(社会科学版)1963年第3期。

[57]《重温毛主席关于宪法的教导,学习五届人大通过的新宪法》,载《中山大学学报》(社会科学版)1978年第3期。

[58]《伦理学与四个现代化》,载《学术研究》1979年第6期。

[59]《上书中央有关领导同志建议在高等学校设置政治学系》(多人联合),载《政治学研究通讯》1980年8月30日试刊第1期。

[60]《机构改革与行政学、行政法学的研究》,载上海社会科学院法学研究所《政治与法律丛刊》1982年第1期。

[61]《机构改革与行政法》,载《人民日报》1982年3月15日。

[62]《既然如此,该怎么办?》,载《文汇报》1982年3月19日。

[63]《教师与德育》,载《羊城晚报》1982年5月12日。

[64]《从宪法修改草案看行政立法的任务》,载《人民日报》1982年6月29日。

[65]《就宪法修改草案论副职》,载《光明日报》1982年第7期。

[66]《论市政与市政学研究》,载《城乡建设》1982年第7期。

[67]《论领导班子专业化》,载《人民日报》1982年8月24日。

[68]《发展社会主义民主和建设两个文明》,载《羊城晚报》1982年10月6日。

[69]《论干部轮训》,载《光明日报》1982年11月22日。

[70]《新宪法与社会主义精神文明建设》,载《羊城晚报》1983年1月12日。

[71]《关于建立我国高等教育管理学的设想》,载中山大学《高教研究》1983年第1期。

[72]《现代管理中的咨询服务》，载《科技管理研究》1983年第3期。

[73]《要抓紧培养专业管理人才》，载《光明日报》1983年4月9日。

[74]《关于人才必须合理流动的谈话》，载《南方日报》1983年4月18日。

[75]《人事工作大有学问》，载《中国劳动》1983年第8期。

[76]《领导干部要敢字当头——读〈邓小平文选〉》，载《羊城晚报》1983年9月21日。

[77]《"知识分子成堆"与干部知识化》，载《高教研究》1983年第10辑。

[78]《人才与人才信息》，载《人才信息》1984年第1期。

[79]《喜读〈行政法概要〉》，载《政治与法律》1984年第1期。

[80]《人事行政中的人才评价》，载《中国政法大学学报》1984年第2期。

[81]《行政法在加强法制中的地位和作用——读〈邓小平文选〉》，载《政治与法律》1984年第3期。

[82]《人才·人格·人心》，载《广东人事工作》1984年第3期。

[83]《城市科学的学科建设和人才培养》，载《百科知识》1984年第3期。

[84]《干部梯队建设和在职培训》，载《光明日报》1984年5月15日。

[85]《人事管理是一门重要专业》，载《广东人事工作》1984年第6期。

[86]《只有科学能治愚昧》《不能让老问题"永葆青春"》，载《羊城晚报》1984年7月25日。

[87]《行政改革与社会主义现代化》，载天津《社联通讯》1984年第7期。

[88]《论责任制和责任心》，载《中国劳动》1984年第10期。

[89]《行政管理要适应经济改革的要求》，载《人民日报》1984年12月5日。

[90]《关于开展行政管理学研究的一些粗浅认识》，见国务院办公厅调研室编《中国行政管理学初探》，经济科学出版社1984年版。

[91]《关于科研体制改革问题》，见全国科研体制改革学术讨论会论文集《论科研体制改革》1984年。

[92]《关于人事管理的若干问题》，载《中国行政管理学初探》1984年。

[93]《论领导班子专业化》，见《政府机构和干部制度改革问题论文选》，人民出版社 1984 年版。

[94]《行政法在加强法制中的地位和作用》，见《中国法学文集》第 1 辑，法律出版社 1984 年版。

[95]《开展中国行政管理学研究很有必要》，载《中国行政管理》1985 年第 1 期。

[96]《什么是行政管理学?》，载《政治与法律》1985 年第 1 期。

[97]《高等教育实行"三个面向"不能徒托空言》，载《高教探索》1985 年第 1 期。

[98]《略论人事工作中的人和事——兼祝〈人事〉创刊》，载《人事》1985 年第 1 期。

[99]《高等教育师资管理中的质量要求和数量控制》，载《高校师资管理研究》1985 年第 1 期。

[100]《社会管理、行政管理与人事管理》，载《中国人事管理》1985 年第 1 期。

[101]《要重视社会主义行政管理的研究》，载《人事》1985 年第 2 期。

[102]《政治家与行政改革》，载《政治与法律》1985 年第 2 期。

[103]《高教改革中的教学改革问题》，载《高教研究》1985 年 3 月第 15 辑。

[104]《干部培训工作的紧迫性和战略意义》，载《教育与开发》1985 年第 3 期。

[105]《我国的人事管理机构必须改革》，载《中国行政管理》1985 年第 3 期。

[106]《关于"文官"规模和组织结构等问题》，载《人事》1985 年第 3 期。

[107]《简政放权的必要条件》，载《社会科学战线》1985 年第 3 期。

[108]《人才管理亟需管理人才》，载《深圳特区科技》1985 年第 4 期。

[109]《人事管理工作的广度、深度和难度》，载北京经济学院《劳动与人事》1985 年第 4 期。

[110]《市政管理改革中的观念更新》，载《广州研究》1985 年第 5 期。

[111]《识才·用才·惜才》，载《开拓者》1985 年第 6 期。

[112]《中国人事制度改革的理论和实际》（在联合国文官制度改革国际

研讨会上的发言），载《人民日报》1985年8月16日。

[113]《怎样学习行政管理学?》，载中共湖南省委《学习导报》1985年第9期。

[114]《人才研究中的一个重要的问题》，载《广州人才》1985年第12期。

[115]《中国行政法学的教学和研究在前进》（应松年、朱维究编著《行政法学总论》序），工人出版社1985年版。

[116]《行政管理改革与行政管理学研究》，见山东省社会科学联合会编《行政管理科学论》（作为该书第10章），山东人民出版社1985年版。

[117]《人事管理改革与人事管理学研究》，载武汉市人事管理学会编印《人事管理研究》1985年。

[118]《提倡对学术讨论会实行"综合利用"》，载夏书章主编《行政管理与改革》（全国行政管理与改革学术讨论会论文选），广西壮族自治区行政管理学会、上海社会科学院法学研究所1985年联合编印。

[119]《改革必须研究，研究需要组织》，载《广西壮族自治区行政管理学会成立大会专刊》1985年。

[120]《行政管理学与改革》，载《广西壮族自治区行政管理学会成立大会专刊》1985年。

[121]《是"约定俗成"，还是"半间不界"?》，载《政治学研究》1986年第1期。

[122]《行政管理的关键在人事管理》，载《行政与人事》1986年第1期（创刊号）。

[123]《人才流动理论与人才合理流动》，载《中国人事管理》1986年第2期。

[124]《中国人事管理改革的理论与实际》，载《社会科学战线》1986年第3期。

[125]《思想教育与教育思想》，载《开拓者》1986年第3期。

[126]《建议改"成人教育"为"继续教育"》，载《高等教育学报》1986年第3期。

[127]《论市政管理与城市科学》，载《城市问题》1986年第4期。

[128]《谈谈高等院校办公室建设问题》，载《高等教育行政管理研究》1986年第4期。

[129]《公共关系学漫谈》，载《百科知识》1986年第5期。

[130]《干部梯队建设中的三个重要环节》，载《华声报》1986年5月9日。

[131]《祝〈人事〉创刊一周年》，载《人事》1986年第7期。

[132]《政治体制改革是为了发扬社会主义制度优越性》，载《羊城晚报》1986年8月27日。

[133]《淡化当"官"心理，亦免治丝益棼》，载《人事》1986年第9期。

[134]《政治体制改革的关键在于尊重科学和发扬民主》，载《理论与教学》1986年第10期。

[135]《建设社会主义精神文明和发扬社会主义民主》，载《广州日报》1986年10月9日。

[136]《管理是城市工作的中心环节》，载《城乡建设》1986年第11期。

[137]《城市发展必须重视管理》，载《政治学信息报》1986年第12期。

[138]《特区与沿海开放城市的高等教育发展战略中的国际学术交流问题》，载《高教研究》1987年第1期。

[139]《果真锐意改革就要有敢为天下先的精神》，载《天津行政管理通讯》1987年第1期。

[140]《要重视和发展我国的继续教育》，载《中国教育报》1987年1月20日。

[141]《秘书专业要发展和加强》，载《秘书之友》1987年第2期。

[142]《特区与沿海开放城市的国际学术交流问题》，载《高等教育未来与发展》1987年第2期。

[143]《必须重视发展高等教育和加强国际学术交流》，载《高教探索》1987年第3期。

[144]《谈干部人事制度改革》，载《中国人才报》1987年8月12日。

[145]《让我们共同为创建有中国特色的社会主义行政管理学而努力》，载《中国行政管理》1987年第10期。

[146]《中国国际地位的历史性变化》，见杜联坚主编《坚持四项基本原则纵横谈》，广东高等教育出版社1987年版。

[147]《"北京教授讲学团"给我们的启发》,载《高教探索》1988年第1期。

[148]《改革就是要兴利除弊》,载《人事》1988年第1期。

[149]《有了定心之音、同心之源、信心之本,还要问心无愧》,载《岭南学刊》1988年第2期。

[150]《政府工作机构必须改革和改革之道》,载《机构与编制》1988年第2期。

[151]《依法治城,强化和优化城市管理》,载《广州日报》1988年3月4日。

[152]《高校办公室工作应给予重视和加强》,载《广东高教研究丛刊》1988年第5辑。

[153]《现代行政管理必须有法可依和依法办事》,载《法学杂志》1988年第6期。

[154]《加强对办公室工作研究》,载《中国教育报》1988年7月2日。

[155]《社会主义商品经济新秩序中的机构和人事制度改革》,载《中国人事管理》1988年第12期。

[156]《行政管理学的学科建设,参考借鉴和普及提高》,载《行政管理研究》(创刊号)1988年12月。

[157]《中国行政管理学会成立大会闭幕词》,载《中国行政管理》1988年第12期。

[158]《〈读书与实践〉满百期感言》,载《广州日报》1989年1月25日。

[159]《学以致用》,载《广州日报》1989年3月1日。

[160]《行政管理学的有益探索》,载《经济日报》1989年3月2日。

[161]《关于校风、学风建设》,载中山大学《康乐之意》1989年创刊号。

[162]《"羡鱼"不如"结网"》,载《羊城晚报》1989年3月24日。

[163]《在改革中建立行政管理科学体系》,载《中国人事管理》1989年第4期。

[164]《城市如何管理亟待广泛深入研究》,载《中国城市科学研究会会讯》1989年第4期。

[165]《高校人事管理与办学效益的内在联系》,载广东高校《人事管理

研究》（创刊号）1989年6月。

[166] 《对廉政建设与监督机制的一些思考》，载《开拓者》1989年第7期。

[167] 《思想教育在现代管理中的地位和作用》，载上海《行政与人事》1989年第8期。

[168] 《必须坚持共产党的领导》，载《深圳特区报》1989年10月6日。

[169] 《从"符号理论"看高校领导》，载《西北教育管理研究》1990年创刊号。

[170] 《不宜孤立地就高教论高教》，载《高教探索》1990年第1期。

[171] 《弘扬民族文化，汲取思想精华》，载《哈尔滨经济管理干部学院院刊》1990年第1～2期。

[172] 《在中国行政管理学会首届年会闭幕式上的讲话》（1989年12月13日），载《中国行政管理》1990年第2期。

[173] 《有中国特色的社会主义行政管理学必须建立和发展》，载《南京大学学报》（哲学、人文、社科版）1990年第5～6合期。

[174] 《必须切实了解现状才能进行有效改革》，载《中国行政管理》1990年第10期。

[175] 《深化高教改革中的"老生常谈"》，载《高教探索》1991年第1期。

[176] 《从庄周论道和烹饪专业说起》，载《中国行政管理》1991年第7期。

[177] 《中国行政效率，是旧话更是新题》，载《中国机构与编制》1991年第12期。

[178] 《深化高教改革必须加强高教研究》，载《高教探索》1992年第2期。

[179] 《关于加快广东经济发展而深化高教改革的一些设想》，载《高教探索》1992年第3期。

[180] 《行政学学科建设必须研究的一个重要课题》，载《中国行政管理》1992年第4期。

[181] 《借鉴香港行政中的"积极不干涉主义"》，载《唯实》1992年第4期。

[182] 《"精兵简政"就是要实事求是地提高效率》，载《行政与人事》

1992年第5期。
[183]《口岸和口岸城市管理之我见》，载《中国口岸》1992年第5期。
[184]《有感于英国理工科大学……》，载《中国行政管理》1992年第7期。（原为《英国行政管理》中译本序，商务印书馆1991年版。）
[185]《人生价值问题值得继续广泛深入开展研究讨论》，载《广州日报》1992年7月31日。
[186]《关于建立有中国特色的养老保险制度问题》，载《人事》1992年第7期。
[187]《行政管理体制改革必须转变职能才能加快建立市场经济体制》，载《中国人事》1992年第12期。
[188]《从"闻鼙鼓而思良将"说起》，见王乐夫主编《现代领导科学》序，中山大学出版社1992年版。
[189]《富尔顿报告》《美国文官制度》《杜威廉报告》《彭德尔法》《西方文官制度》《1978年文官改革法》《英国文官制度》等条目，见《中国大百科全书·政治学卷》，中国大百科全书出版社1992年版。
[190]《深化改革以提高行政管理水平应与发扬优良传统并行不悖和相得益彰》，载《广东行政学院学报》1993年第1期。
[191]《走出机构改革的循环圈》，载《社会主义研究》1993年第2期。
[192]《论中国行政体制改革》，载《新大陆》1993年第2期。
[193]《并非"发思古之幽情"而是实行"古为今用"》，载《中国行政管理》1993年第3期。
[194]《秘书工作探"秘"》，载中山大学《高教研究》1993年6月秘书培训班专辑。
[195]《开展有中国特色社会主义的行政监督学的研究刻不容缓》，载《中国行政管理》1993年第11期。
[196]《试论事业单位管理体制改革有关的若干问题》，见《事业单位管理体制改革》，南京大学出版社1993年版。
[197]《百期·百炼·百尺·百家·百年》，载《人事》1994年第1期。
[198]《具备行政管理基本知识是做好秘书工作的必要条件》，载《广东秘书工作》1994年第1期。
[199]《高教管理改革应有中国特色并与国际接轨》，载《高教探索》

1994 年第 3 期。

[200]《应当特别重视行政与人事的有机联系》,载《行政与人事》1994 年第 4 期。

[201]《中国政治学、行政学、市政学世纪末展望》,载《政治与法律》1994 年第 10 期。

[202]《高等教育管理体制改革中的"个性"考虑》,见中山大学高教研究文集《改革·开放·振兴》,中山大学出版社 1994 年版。

[203]《编写〈行政管理学〉的情况概述》,见中山大学教务处编《教学撷英》,中山大学出版社 1994 年版。

[204]《北京、上海强化人才(力)资源开发的思路和举措给我们的启迪》,载《人事》1995 年第 1 期。

[205]《从急需人才看秘书专业的加强和发展》,载《广东秘书工作》1995 年第 1 期。

[206]《城市发展程度的标志》,载《广州日报》1995 年 2 月 9 日。

[207]《重要的课题,有益的尝试》,载《编制管理研究》1995 年第 4 期。

[208]《我所知道的"行政管理学"专业》,见《教授谈高校专业》,中山大学出版社 1995 年版。

[209]《战后日本行政改革对经济发展的影响》,见复旦大学日本研究中心编《日本政府在经济现代化过程中的作用》,复旦大学出版社 1995 年版。

[210]《就联合办学论办学规模》,载《高教研究》1996 年第 1 期。

[211]《理论与实践相结合强大生命力的显示》,载《羊城晚报》1996 年 5 月 2 日。

[212]《读〈改革开放与统一战线〉》,载《广州日报》1996 年 5 月 24 日。

[213]《行政文化中的正负两面》,载《行政人事管理》1996 年第 9 期。

[214]《应当把行政法教育作为干部教育培训的重要内容》,载《中国机构》1996 年第 11 期。

[215]《思想政治素质与其他素质的关系》,载《人事》1996 年第 11 期。

[216]《从研究生的研究志趣、研究能力和研究成果看素质》,载《中山大学高教研究》(研究生院成立 10 周年专辑)1996 年。

[217]《如何看待急需文字秘书专业人才?》,载《企业秘书》1997年第1～2合期。

[218]《由衷期望切实发挥重庆直辖市真正优势》,载《理论阵地》1997年第2期。

[219]《政治体制改革要继续前进》,载《南方日报》1997年7月8日。

[220]《国际关系中霸权主义的过去、现在和未来》,载《中山大学学报》(社会科学版)1997年第9期。

[221]《进一步推进政治体制改革》,载《广州日报》1997年9月26日。

[222]《继续推进政治体制改革,大力加强民主法制建设》,载《深圳特区理论与实践》1997年第10期。

[223]《广东行政管理学研究》,见《1997年广东年鉴》,广东人民出版社1997年版。

[224]《依法行政必须有丰富的行政法律知识》,载《中国行政管理》1998年第4期。

[225]《关于世纪之交行政科学的发展问题》,载《行政人事管理》1998年第8期。

[226]《热烈欢迎和庆祝"地方行政管理研究中心"成立和〈地方行政管理〉试刊》,载《地方行政管理》1998年试刊。

[227]《祝贺与期望》(广东省经济管理干部学院学报公开发行),载《广东省经济管理干部学院学报》1999年第1期。

[228]《行政研究中应当重视的一些问题》,载《重庆行政》1999年第1期(创刊号)。

[229]《生机无限,活力无穷》,载《羊城晚报》1999年3月30日。

[230]《依法治国是"政治与法律"研究的重要结合点》,载《政治与法律》1999年第3期。

[231]《中国行政史研究的一个新的"范式"》,载《中国行政管理》1999年第9期。

[232]《知识管理宜尽早破题》,载《广州日报》1999年9月30日。

[233]《评〈邓小平行政理论与政府管理〉》,载《人民日报》2000年1月18日。

[234]《中国政治学会成立20周年感言》,载《政治学研究》2000年第4期。

[235]《永不过时的精神》，载《人事》2000 年第 4 期。

[236]《思想政治工作中的不变和必变》，载《羊城晚报》2000 年 7 月 9 日。

[237]《为珠海市实行绩效评估叫好》，载《珠海特区报》2000 年 11 月 24 日。

[238]《可喜的努力》，载《中华读书报》2001 年 12 月 12 日。

[239]《依法行政同样需要思想政治工作》，见中国行政管理学会编《政府建设与思想政治工作》，知识出版社 2001 年版。

[240]《电子政务与政务公开》，见中国行政管理学会编《政府建设与政务公开研究》，知识出版社 2001 年版。

[241]《一部开创性的行政史》，载《中国行政管理》2002 年第 3 期。

[242]《中外行政制度比较研究贵在创新》，载《中国行政管理》2003 年第 5 期。

[243]《依法行政问题研究的新探索》，载《中国行政管理》2003 年第 6 期。

[244]《喜迎中国特色社会主义政治学的"春天"的到来》，见《中国政治学年鉴 2002》，中国大百科全书出版社 2003 年版。

[245]《全面建设小康社会开创中国特色社会主义事业新局面迫切需要行政管理现代化》，本人主编《行政管理学》（第 3 版）序，中山大学出版社 2003 年版。

[246]《对现代公共管理人员素质的基本要求》，载《河南社会科学》2005 年第 3 期。

[247]《中国（广东）政府管理创新国际研讨会综合点评》，载《中国行政管理》2005 年第 5 期。

[248]《必须着力切实提高行政管理水平》，载《中国行政管理》2005 年第 5 期。

[249]《研究教学方式，提高教育质量》，载全国公共管理硕士（MPA）专业学位教育指导委员会《工作简报》2005 年 7 月 24 日第 43 期。

[250]《虚实并举，点面结合》，载《中国行政管理》2005 年第 9 期。

[251]《逻辑决定法治行政的未来》，载《光明日报》2005 年 12 月 8 日。

[252]《行政管理学科如何写好学术论文》，见《学海领航》，上海高教音像出版社 2005 年版。

[253] 汪明生《公共事业管理方法》序，2006年4月初。
[254] 《建设创新型国家需要创新型公共管理》，载《中国行政管理》2006年第6期。
[255] 《建设创新型国家需要创新型公关管理》，载《中国行政管理》2006年第6期。
[256] 《孙中山与公共管理》，2006年10月澳门国际会议论文。
[257] 《青年孙中山的壮志豪情》，载《文汇时评》2006年11月。
[258] 《从建设创新型国家看我国的MPA教育》，2006年MPA教育研讨会论文。
[259] 《在科学发展观的指导下进行我国公共管理改革》，见《中国行政管理论丛》，兰州大学出版社2006年版。
[260] 《构建社会主义和谐社会应加强中国特色社会主义政治学研究》，载《政治与法律》2007年第2期。
[261] 《孙中山与公共管理》，载《公共管理学报》2007年第3期。
[262] 《加强行政成本研究贵能及时到位》，载《汕头大学学报》2007年第4期。
[263] 《行政成本是发展成本的重要组成部分》，载《中国行政管理》2007年第6期。
[264] 《试评史军著〈领导特质——领导人才之魂〉》，载《中国行政管理》2007年第7期。
[265] 《欢迎填补空白或加强薄弱环节的新尝试》，载《中国行政管理》2007年第9期。
[266] 《加强行政成本研究意义重大深远》，载《财政监督》2007年第12期（上）。
[267] 《区域公共管理理论与实践研究》序，载《中国行政管理》2008年第5期。
[268] 《博取众长、择优而用》，载中国科技大学《MBA·MPA人》2008年。
[269] 《建设服务型政府是落实科学发展观的必然要求》，中国行政管理学会2008年年会论文。
[270] 《记一个真正实在的学术团体：中国行政管理学会》，"建设服务型政府的理论与实践"研讨会暨中国行政管理学会年会论文。

[271]《必须高度重视行政成本研究》,见应星主编《公共管理高层论坛》第 7 辑,南京大学出版社 2008 年版。

[272]《公共管理必须加强对预算的研究》,见马骏、王浦劬、谢庆奎、肖宾主编《呼吁公共预算》,中共编译出版社 2008 年版。

[273] 王枫云著《和谐共进中的政府协调》序,中山大学出版社 2009 年版。

[274]《孙中山与公共管理》,见 2009 年 1 月第二届"21 世纪的公共管理——机遇与挑战"国际学术研讨会论文集,格致出版社、上海人民出版社 2009 年版。

[275] 王枫云著《城市管理新编》序,中山大学出版社 2010 年版。

[276]《略论幸福城市的建设与治理》,载《中国行政管理》2011 年第 6 期。

[277]《行政管理学科研究顶层设计问题刍议》,载《中国行政管理》2011 年第 8 期。

[278]《略论〈孙子兵法·计篇〉与现代管理》,见黎红雷主编《治道新诠》,中山大学出版社 2011 年版。

[279]《科学·实践·时间》,载《中国行政管理》2012 年第 1 期。

[280]《中美合作是上策、是高招和明智选择》,载 China U. S. Focus 2012 年 11 月。

[281]《加强合作治理研究是时候了》,见《复旦公共行政评论》第 9 辑,上海人民出版社 2012 年版。

[282]《"中国梦"与社会性别平等》,载《中国行政管理》2014 年第 4 期。

(注:至 2014 年 12 月,共发表 500 余篇,限于篇幅,凡有关"自选集"和《管理·伦理·法理》及《管理·心理·医理》已列入者不再重复,其余亦仅有选择地做些介绍。又自 2001 年起,《中国行政管理》月刊每期有"夏老漫谈"千字文一篇,未计入,至今仍在继续,标题不另列。)